U0920806

珍藏本
纪念版

汉译世界学术名著丛书

俄国革命史

第二卷

〔苏〕列夫·托洛茨基 著

丁笃本 译

2017年·北京

目　　录

第二卷　十月革命　第一部分

第 二 卷

十月革命　第一部分

前　言 5

俄国完成自己的资产阶级革命是如此之迟，以致它不得不把这次革命变成无产阶级革命。换句话说，俄国是如此落后于其他国家，以致它不得不至少在某些领域赶超了它们。这似乎是不合情理的。其实，历史充满了这类反常现象。资本主义英国曾经远远超过其他国家，以致它现在又不得不落后于它们。教条主义者认为辩证法是无聊的智力游戏，而实际上它只是再现着靠矛盾而生存和为矛盾所推动的发展进程而已。

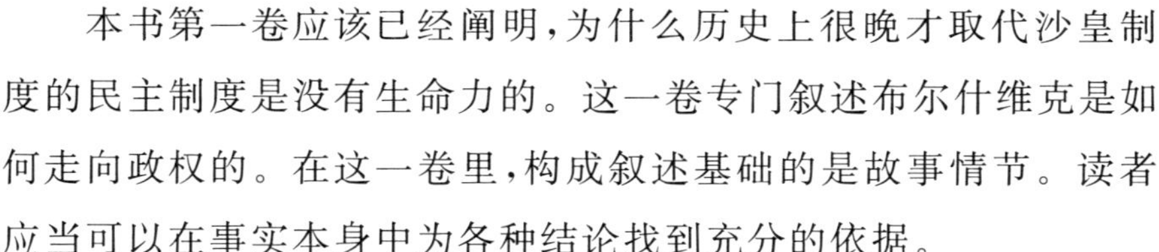

本书第一卷应该已经阐明，为什么历史上很晚才取代沙皇制度的民主制度是没有生命力的。这一卷专门叙述布尔什维克是如何走向政权的。在这一卷里，构成叙述基础的是故事情节。读者应当可以在事实本身中为各种结论找到充分的依据。

作者这话并不是想说，他避免做出社会学总的结论。历史如 6
果不能给我们任何教益，那它也就没有什么价值可言。俄国革命强有力的系统性及其发展阶段的连续性，加上不可战胜的群众冲击、完全成熟的政治团体、明晰清楚的各种口号，这一切使得总体上理解革命因而也是理解人类社会容易得多了。因为可以把被内部矛盾撕裂的社会恰恰是在革命当中最终不仅暴露了自己的解剖学形态，而且暴露了自己的“精神”这种现象视为已经得到证实的全部历史进程。

本书理应更直接地帮助人们理解苏联的性质。这一卷书的现实意义不在于十月革命是现在仍然还活着的这一辈人亲眼目睹下发生的(当然这也具有不小的意义),而在于从革命中诞生的制度仍然存在和发展着,并且把新的谜团摆在了人类面前。全世界都经常在讨论有关苏维埃国家的问题。如果不能事先解释清楚现存的事物是怎样出现的,那就不能理解它到底是什么。对重大政治事件做出评价,需要进行历史的展望。

叙述 1917 年 2—10 月的 8 个月期间的事件需要写成厚厚的两大卷,批评意见一般来说不会责备作者的叙述过于冗长。本书之所以卷帙浩繁,完全是因为需要处理大量资料的缘故。可以用一张照片把一只手显示出来,这只须占一页篇幅。但是要把通过显微镜研究这手生理组织的结果呈现出来,便需要整整一卷的篇幅。至于自己这部研究著作是否充实和完善,作者没有心存任何
7 幻想。不过,在许多场合,他不得不采用离显微镜比照相机要更接近一些的方法。

当作者觉得自己在滥用读者的耐性的时候,便毫不吝啬地删除了一些目击者的记载,当事人的自白以及次要的情节;但是在后面往往又会再次把许多已经删除的材料重新写进来。在这场为详细情节而进行的角力中,指导作者写作的是尽可能具体地描述革命自身进程的渴求。其中也不能排除把这部用活生生场景写成的革命历史的特性发挥到极致的意图。

每年都有成千上万的书在市场上出售,这是些为了提供个人风流韵事的各种新奇版本,提供精神抑郁者情绪遽变和爱慕虚荣

者追名逐利的故事。普鲁斯特的女主人公需要的某些非常文雅的作品，为的是要感觉一下她什么也没有感觉到的东西。作者以为可以——哪怕是以平等的权利——要求人们关注集体的历史正剧，是它使千百万人摆脱毫无作为的境地，对民族性格进行改造以及对人类生活进行永久的干预。

第一卷中摘录和引文的准确性迄今为止还没有引起任何人的异议，这确实是不容易做到的。论敌的异议多半没有超出下面的议题：个人的偏好可能在对事实和文字的人为与片面的取舍一事上表现出来。这种无可争辩的理由本身相对本书而言什么也说明不了，对其运用的科学方法更是如此。同时，作者让自己固执地坚持，主观因素与其说是由历史学家的气质，不如说是由他方法的性质来决定、限制和检验的。 8

纯心理学流派把事件的结构看作是个别人物或者其团体的自由活动的重组，它给武断意见保留了最大的自由，甚至在怀有最良好意图的研究者那里也是一样。唯物主义的方法要求研究者严守规则，责成他以社会结构的重大事实为出发点。在我们看来，历史进程的基本力量就是阶级；政党要依靠它们；思想和口号是作为客观利益的零头出现的。整个研究途径是从客观的研究到主观的研究，从社会的研究到个人的研究，从基本的研究到即时的研究。这就为作者的武断设置了最严格的限制。

如果采矿工程师在没有勘探过的地区通过钻孔发现了磁铁矿，人们总是可以假定为偶然的幸运事件，没有人劝他去兴建矿井。如果这位工程师根据譬如磁针的偏移得出结论，说地下应该埋藏着矿物，而且随后又在该地区别的地方真的找到了铁矿，那么最挑剔的人也不敢说是出于偶然。令人信服的是把普遍与个别结合在一起的那个系统。

不是从历史学家的目光中，也不是从他说话的语气中，而是必须从叙述本身的内在逻辑中寻找科学客观态度的证据。如果情
9 节、目击叙述、引文、数据与社会分析的磁针总的指标相符，那么读者就会得到有关结论具有充分科学依据的最严肃的保证。更具体地说，就是作者忠实于客观态度的程度，将依照本书在多大程度上有效揭示了十月革命的必要性以及革命胜利的原因而定。

读者知道，作者首先在革命当中寻找群众对社会命运进行的直接干预。作者努力揭露事件背后的集体意识的变化。作者不接受关于运动“自发性”这种理由不充分的托词，在多数情况下，这种托词什么也不能解释清楚，什么教益也没有。革命是遵循一定的法则发生的，但这并不意味着行动起来的群众会认识清楚革命的法则。不过这意味着群众意识的改变不是偶然的，而是受客观必然性支配的，后者则可以从理论上阐述，从而为预见和领导提供依据。

某些批评作者的苏联官方历史学家企图把我的观念说成是唯心主义的，这无论如何是没有料到的。例如，波克罗夫斯基教授坚持认为作者对下面这些革命的客观事实估计不足：“从二月革命到十月革命期间出现了全面彻底的经济崩溃。”“这期间农民……发动了反对临时政府的起义。”应当正是在这些“客观进展”中而不是在变化无常的心理过程中看到革命的推动力量。由于在提出问题时显现出值得称道的异常清晰，波克罗夫斯基再好也不过地暴露出了经常冒充马克思主义的庸俗经济论解释历史的理屈词穷的

窘态。

革命时期发生的激进变革其实不是由事件当时出现的经济动 10
荡引起的，而是由整个以往时代在社会自身基础上积累起来的那些根本变化引起的。推翻君主制度前夕，以及二月革命到十月革命期间，经济崩溃在不可逆转地加剧，它促使和强化了群众的不满，这是完全没有疑问的，无论何时作者也没有置之不理。不过，以为第二次革命之所以在第一次革命过后8个月发生，似乎是因为这期间口粮从一个半俄磅缩减到四分之三俄磅的缘故，这才是大错特错了。在十月革命随后几年间，民众的食品供应情况继续不断恶化，然而反革命政治人物所怀的发生新的大变故的希望每一次都落空了。这种情况只有对于那些把群众起义看作是“自发的”，亦即被头领们巧妙利用的盲从造反的人才是难以理解的。实际上，单单存在供应匮乏对于发生起义来说还是不够的，否则，群众时刻都可以发动起义；起义所需的条件是彻底暴露出来的社会制度破产使得这类供应匮乏现象变得叫人不堪忍受，以及新的环境和新的思想开辟了革命出路的前景。由于他们意识到了崇高的目标，同样是这些群众后来能够忍受两三倍的供应匮乏。

把农民起义当作第二个“客观事实”的托词还会引起更加明显 11
的误解。对于无产阶级来说，农民战争不用说是一种客观状况，因为一般说来，上述一个阶级的行为能成为另一个阶级觉醒的外部推动力。但是农民起义自身的直接原因是农村意识的变化，揭示它们的性质构成了本书一章的内容。我们不要忘记，革命是通过人来实现的，哪怕是一些没有留下姓名的人。唯物主义并不忽视有感觉的、有思想的和能行动的人，但是要把这样的人解释清楚。

难道历史学家还有别的什么任务吗？①

民主派阵营的某些批评家喜欢借助间接证据兴师问罪，而他们在作者对妥协派领袖的“讥讽”态度中看出了有损叙述科学性的不能容忍的主观主义表现。作者自己认为这样的标准是没有说服力的。斯宾诺莎主义的原则是：“不要哭，也不要笑，但要理解。”他只是对不甚妥当的笑声和不合时宜的眼泪发出警告。但是他没有褫夺一个人，哪怕是历史学家按照自己的意愿流泪和发笑的权利，只要在当他们证明自己对话题本身的理解是正确的时候。纯粹个
12 人主义的讽刺就像一层冷漠的薄雾弥漫着人类的全部事业和意愿，它是见风使舵最坏的形式：它无论在艺术作品中还是在历史著作中同样都是不自然的。但是讽刺充满在生活本身的各个方面。历史学家的责任正如艺术家一样，就是要把它发掘出来。

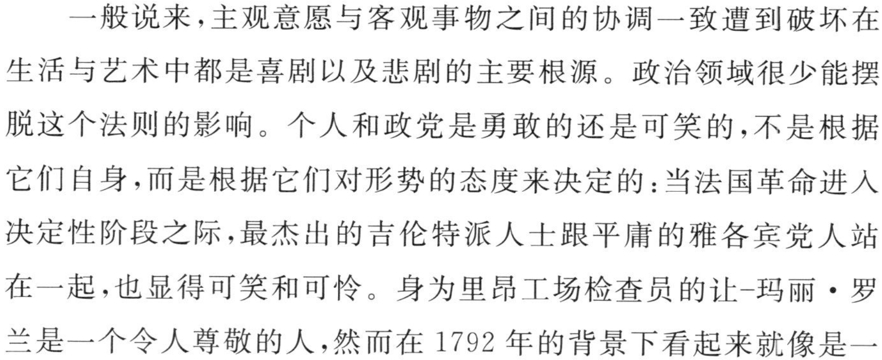

一般说来，主观意愿与客观事物之间的协调一致遭到破坏在生活与艺术中都是喜剧以及悲剧的主要根源。政治领域很少能摆脱这个法则的影响。个人和政党是勇敢的还是可笑的，不是根据它们自身，而是根据它们对形势的态度来决定的：当法国革命进入决定性阶段之际，最杰出的吉伦特派人士跟平庸的雅各宾党人站在一起，也显得可笑和可怜。身为里昂工场检查员的让-玛丽·罗兰是一个令人尊敬的人，然而在 1792 年的背景下看起来就像是一

① 就在作者的著作搁笔之际，听到了作者在这两卷书中不得不多次与之论战的米·尼·波克罗夫斯基去世的消息。波克罗夫斯基从自由主义阵营归附马克思主义时已经是一个定型的学者了，他用自己有价值的著作与创造丰富了最新的历史文献，但是直到最后他还是没有掌握辩证唯物主义的方法。纯粹出于公道补充一句，那就是波克罗夫斯基不仅是一个特别博学与天赋极高的人，而且是一个非常忠于他为之服务的事业的人。

个活生生的漫画人物。相反,雅各宾党人则适应时局的发展,他们能够引起敌视、愤怒与恐惧,但是不会引起讽刺。

狄更斯小说中的那个企图用地板刷阻挡海潮的女主人公,由
于手段与目的注定不符,就成了一个明显的悲剧形象。如果我们
说这个女人就是革命时期妥协派政党的政策象征,那未免显得过
于夸张。可是,两个政权体制的真正鼓舞者策烈铁里在十月革命
以后向自由主义领导人之一的纳博科夫承认:“那时我们所做的一
切,都是徒劳地企图用一些小块的木片来阻止极具破坏力的自发 13
潮流。”这话听起来就像是恶意的讽刺;其实这是妥协主义者用来
形容自己的最准确的话。在描述企图用木片阻止革命的“革命者”
时,拒绝讽刺就等于是为了讨好教条主义者而偷换现实和背弃客
观态度。

彼得·司徒卢威这位由马克思主义者演变而来的君主主义者在侨居国外期间曾经写道:“只有布尔什维主义在革命中的表现是合乎逻辑的,也只有它忠实革命的本质,所以它在革命中取得了胜利!”自由主义领袖米留科夫大概也是这样评价布尔什维克的:“他们知道往哪里走,他们刚好在一个习以为常的方向上前进,他们前进的目标随着妥协主义每一次新的失败的试验而变得越来越近了。”最后,一位企图依据自己的方式来理解革命的不太知名的白俄侨民这样表达说:“只有有钢铁意志的人才能走上这条道路……他们按其自身‘职业’乃是不怕唤起吞噬一切的反叛精神并且把它带到现实生活中来的革命者。”用前面评价雅各宾党人的话来评价布尔什维克可能更正确,因为他们完全适应时代以及时代的任务。对他们的诅咒已经听得够多了,但是讽刺没有缠住他们不放:他们

没有什么可被揪住不放的。

在第一卷前言中已经说明，作者为什么认为以第三人称，而不是以第一人称来谈论身为当事人的自己是比较合适的。保留在第
14 二卷中的这种叙述形式当然不会自然而然地防止主观主义；可是它至少不强迫人走向主观主义。此外，它还提醒人们必须避免主观主义。

在很多场合，作者都在犹豫，能否引用同代人对本书作者在事变演变过程中的作用进行的或这或那的评论。有的引文可以毫无困难地放弃，假如不涉及比上流社会优雅风度的惯例更为重要的事情的话。布尔什维克在彼得格勒苏维埃占据多数以后，本书作者当上了它的主席，然后又出任实施十月革命的军事革命委员会主席。他不可能也不愿意把这些事实从历史当中一笔勾销。苏联现在的当权集团，最近几年针对本书作者专门组织编写了大量文章和不少著作，把证明他的活动就是始终不渝地把反对革命利益视为自己的任务。至于布尔什维克党为什么在最危急的年代把一个如此顽固的“敌人”放在责任最为重大的岗位上，这个问题仍然没有得到解答。假若用完全沉默来回避追溯以往的争论，那就等于在相当程度上放弃了还原事件的真实过程。究竟是为了什么呢？只有那些执意偷偷地设法使读者相信不是由事实得出结论的人才需要装出漠不关心的样子。作者宁愿用与字典意思相符的全称来称呼事物。

作者不隐瞒，对自己来说问题不仅仅与过去有关联。既然一
15 群对手集中攻击某一个人，并且竭力攻击其纲领，那么为确定的纲领而展开的斗争就使得那个人有义务恢复自己在事件中的真实地

位。一个人在战旗下为争取完成重大任务和争取自己的地位而进行的斗争中不能除了个人的虚荣心之外什么也看不到，对此我可以表示惋惜，但不打算去劝说他。无论在什么情况下，作者都将想尽一切办法，不让“个人”问题在本书中占据比它们理应得到的更重要的地位。

有些苏联的朋友——这通常只是苏联现今政权的朋友，并且仅仅是直到他们被这个政权遗忘之前的朋友——指责作者批评了布尔什维克党或者它的个别领袖。但是谁也没有试图去驳斥或修正作者关于事件发生期间党的状况的描述。作者预先告诫那些认为自己负有防止作者否定布尔什维克在十月革命中的作用的使命的“朋友”，作者的著作不是教人们事情过后如何去热爱通过革命催生的官僚制度体现的业已胜利的革命，而仅仅是教人们去了解革命是如何准备、如何发展和如何胜利的。在作者看来，党不是一部靠国家镇压来维持其绝对正确的机器，而是一个复杂的有机体，它像所有活生生的事物一样，也是在矛盾中不断发展的。揭露这些矛盾，其中包括党的司令部的动摇与错误，在作者看来，这丝毫也不会削弱布尔什维克党在世界历史上第一次肩负起来的宏伟历史任务的意义。

列夫·托洛茨基

1932年5月13日于普林基波

17 # 第一章　“七月危机”:酝酿和开始

1915 年,战争耗费了俄国 100 亿卢布,1916 年耗费了 190 亿卢布,1917 年上半年就已经耗费了 105 亿卢布。到 1918 年年初,国家债务总额高达 600 亿卢布,也就是与总计为 700 亿卢布的国民财富相差无几。苏维埃中央执行委员会拟订了以“自由公债”动听名义发行战争公债的呼吁书草案,而临时政府得出了一个简单结论,没有大规模的境外借款,它不仅无法支付国外订货的款项,而且无法履行其国内职能。贸易逆差在不断增加。看来协约国打算完全听任卢布自生自灭。就在关于发行自由公债的呼吁书刊登在苏维埃的《消息报》头版那一天,《政府公报》报道了卢布行情急剧下跌的消息。印钞机已经跟不上通货膨胀的速度了,还保留着原先购买力残余的大面额旧纸币马上就要变成棕黄色的玻璃瓶标签了,在日常生活中,人们开始把它称作“克伦卡”[1]。无论资产者还是工人,每个人提到这一名称时都带着自己的厌恶声调。

18 临时政府口头上说要实施国家调节经济的纲领,为此甚至还在 6 月月底设立了一些架子很大的机构。但是二月制度的言语和行动就如虔诚的基督教徒的精神和肉体一样,处于经常性的冲突

① 对克伦斯基执政时发行的新币的戏称。——译者

之中。跟限制私有者的利益相比,按规定挑选出来的调节机关更加关心保护企业主,使他们免受摇晃不稳的国家政权剧烈变动之害。工厂企业的管理人员和技术人员出现了分化,其害怕工人平均主义倾向的上层坚定地转到企业主一边去了。工人对军事订货感到十分厌恶,而这些订货正是此前一两年间濒于破产的工厂得以运行的保证。可是企业主对生产失去了兴趣,因为它预示带来的麻烦要多于利润。由上层事先预谋的工厂停产具有不间断的性质。金属生产缩减了 40%,纺织工业缩减了 20%。日常生活所需的一切用品都很匮乏,而物价伴随着通货膨胀和经济衰败不断上涨。工人极力要监督决定他们命运的商业行政机关。劳动部长斯科别列夫在冗长的公告中告诫工人,不允许他们干预企业的管理。6 月 24 日,《消息报》称正在再次拟议关闭一批工厂。外省也传来了同样的消息。半数火车头要进行大修,大多数车辆滞留在前线,燃料十分缺乏。交通部摆脱不了跟铁路工人以及职员发生冲突的处境。粮食供应形势在不断恶化。彼得格勒的粮食储备只能维持10—15 天,在其他中心城市情况也只是稍好一些。在机车车辆处于半瘫痪状态和笼罩着铁路罢工威胁的情况下,这意味着有经常挨饿的 19
危险。前面看不到一点光明。这可不是工人对革命所期待的。

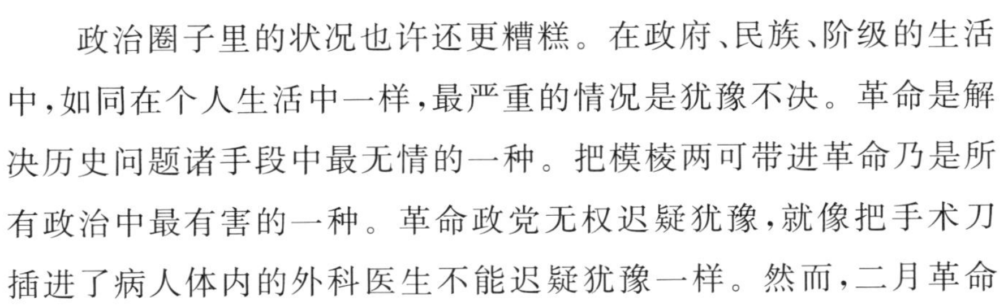

政治圈子里的状况也许还更糟糕。在政府、民族、阶级的生活中,如同在个人生活中一样,最严重的情况是犹豫不决。革命是解决历史问题诸手段中最无情的一种。把模棱两可带进革命乃是所有政治中最有害的一种。革命政党无权迟疑犹豫,就像把手术刀插进了病人体内的外科医生不能迟疑犹豫一样。然而,二月革命中降生的双重政权体制就是组织上的犹豫不决。一切事物都转向

反对政府，假定的朋友变成了对头，对头则变成了敌人，敌人又武装起来了。在立宪民主党中央委员会这个所有受到损失者的政治司令部的鼓励下，反革命进行了完全公开的动员。在莫吉廖夫大本营下属的军官联盟总委员会（它代表十万名心怀不满的指挥官）和在彼得格勒的哥萨克部队联合委员会构成了反革命的两股武装推动力。国家杜马不顾苏维埃六月代表大会的决定，决心坚持召开自己的“私下会议”。杜马临时委员会对由银行与协约国大使馆大规模资助的反革命活动给予合法掩护。各种危险从左右两方威胁着妥协派分子。临时政府忐忑不安地环顾四周，同时秘密决定拨款成立一个官方反间谍机关即秘密政治警察机关。就在这前后的6月中旬之际，政府规定于9月17日举行立宪会议选举。自由主义报刊不顾立宪民主党加入了政府的事实，开展了顽固反对谁
20 也不相信和谁也不会严肃捍卫的这个官方规定的日期的行动。在3月最初几天多么鲜明夺目的立宪会议，如今自身也变得黯淡无光和渐渐模糊了。一切都转而反对政府，甚至它虚弱不堪的良好意愿也不例外。直到6月30日，政府才开始鼓足勇气撤销了乡村的贵族监护人和帝俄时代的地方长官，这些头衔本身自亚历山大三世设立它们那天起便令全国深恶痛绝。而这个被迫和迟来的局部改革给临时政府造成的是大失体面的胆怯印象。就在此刻，贵族从惊惧中恢复过来了，土地所有者联合起来并且继续施加压力。杜马临时委员会于6月底向临时政府提出了采取坚决措施保护地主免遭“犯罪分子”教唆的农民侵害的要求。7月1日，在莫斯科召开了贵族占绝大多数的全俄土地所有者代表大会。政府两面讨好，企图用言语时而使农夫，时而使地主相信自己。不过，前线的

情况还要糟糕。作为克伦斯基在国内斗争中所下的主要赌注——前线进攻陷入了狼狈境地。士兵不愿打仗。李沃夫公爵的外交官害怕注视协约国外交官的目光。迫切需要借一笔债。为了展示强硬手段,软弱无能与注定失败的政府向芬兰发起了进攻,并且如所有最肮脏的勾当一样,也是假手社会主义者来实行的。与此同时,跟乌克兰的冲突也激化了,而且导致了公开的决裂。

阿尔伯特·托玛为光明的革命和克伦斯基高唱颂歌的日子已经远去了。7月初,沾染了太多拉斯普京沙龙气味的法国大使巴列奥洛格被“激进主义者”努兰斯接替了。新闻记者克洛德·安内就彼得格勒的局势给新任大使上了第一堂课。维堡区就在正对着法国大使馆的涅瓦河对岸延伸开去。“这是大型工厂集中的一个区,它完全属于布尔什维克。列宁与托洛茨基作为主宰在那里称雄。”机枪团的营房就坐落在这个区,该团大约有一万人,拥有一千多挺机关枪;无论社会革命党人还是孟什维克都不准进入机枪团的营房。其余各团要么为布尔什维克所控制,要么保持中立。“如果列宁和托洛茨基想夺取彼得格勒,谁能阻止他们这么干呢? 政府怎么能忍受这样的局面呢?”努兰斯听得惊呆了。“它还能做些什么呢?”记者回答说,“您必须明白,政府那里除了道义的力量以外,再没有别的什么力量了。我觉得,就连道义的力量也是十分弱小的……”

被唤起的群众能量无处宣泄,于是分散到擅自行动、游击行为和偶然的侵夺举动上去了。工人、士兵和农民企图部分地解决正是由他们所创建的政权拒绝为他们解决的那些问题。领导层的动摇不定使群众疲乏到了极点。白白的等待迫使群众更加坚定地去

敲击他们面前本不想打开的那扇大门，或者导致绝望情绪直接爆发。还是在苏维埃代表大会召开期间，即外省代表勉强制止住自己的领导人动手打击彼得格勒的时候，工人和士兵有够多的机会来确认，苏维埃上层对他们到底抱一种怎样的感情与意图。追随克伦斯基的策烈铁里对于大多数彼得格勒工人和士兵来说不仅成了陌路之人，而且成了令人痛恨的人物。在革命的外围区域，无政府主义者的影响上升了，是他们在杜尔诺沃别墅里擅自设立的革命委员会当中发挥着主要作用。但是工人中间更有纪律性的阶层，甚至广大党员也开始失去耐性，或者开始靠拢那些失去了耐性的人。6 月 18 日的游行示威让所有人都看出，临时政府已经没有支持力量了。“他们高高在上究竟在观望什么呢？”工人和士兵问

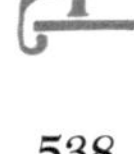

22 道。他们指的不仅是妥协派领袖，而且有布尔什维克领导机关。

在通货膨胀条件下为提高工资而进行的斗争把工人弄得焦躁不安和疲惫不堪。6 月间，这个问题在拥有 3.6 万名工人的普梯洛夫工厂变得特别尖锐。6 月 21 日，好几个车间爆发了罢工。这些分散行动没有什么效果，对党来说实在是太清楚了。第二天，在布尔什维克领导下由主要的工人组织与 70 座工厂的代表举行的会议宣布：“普梯洛夫工人的事业就是全体彼得格勒无产阶级的事业。”会议同时呼吁普梯洛夫人“克制自己正当的愤慨”。罢工被推后了。可是在随后的 12 天，事情没有发生任何改变。工厂的群众躁动不安，同时在寻找发泄的渠道。每一个企业都有冲突，而且所有这些冲突都指向上层，指向政府。经由报道披露了列车乘务人员工会给部长的一份报告，报告说：“我们最后一次声明，忍耐即将达到极限……继续在这样的环境里生活是不可能的。”这不仅是对

贫困与饥饿的控诉，而且是对骑墙态度、意志薄弱和欺骗行为的控诉。报告尤其愤怒地抗议“要求我们无休无止地承担公民义务和忍饥挨饿”。

苏维埃执行委员会3月把政权转交给临时政府是有条件的，那就是不把革命部队调离首都。不过那些日子已经过去很久了。卫戍部队向左转了，而苏维埃当权集团却向右转。同卫戍部队进行斗争还没有退出议事日程。即便部队整体上没有离开首都，那么其中最革命的部分在战略需要的借口下通过抽调补充连队上前线而遭到了有计划的削弱。越来越多新到的部队因为不服从指挥、拒绝执行战斗命令而在前线遭到解散的传闻不断传到了首都。两个西伯利亚师——西伯利亚轻步兵不是早就被认为是最优秀的 23
吗？——被武力解散了。单是驻地离首都最近的第五集团军，由于发生了大量不执行战斗命令的事情，就有87名军官和12725名士兵被追究责任。彼得格勒卫戍部队成为前线、农村、工人街区和兵营不满情绪的蓄电池，它接二连三地出现骚动。那些大胡子中年人带着歇斯底里般的倔强要求退役回家去种地。驻扎在维堡地区的团队有第一机枪团、第一掷弹兵团、莫斯科团、第一百八十步兵团以及其他一些团队，它们总是处在这个无产阶级边远市区的热泉冲洗之中。数以千计的工人经常从兵营旁边路过，其中不少人是布尔什维主义孜孜不倦的宣传者。在令人厌恶的脏兮兮的高墙之下几乎不间断地有飞行集会在那里举行。6月22日，由前线进攻引发的爱国主义游行还没来得及散场，一辆带着写有“跟着克伦斯基前进”标语的执行委员会汽车漫不经心地开到了萨姆普索尼耶夫大街。莫斯科团的人扣押了宣传人员，撕碎了标语，而这辆

爱国主义宣传车也被开到机枪团去了。

一般来说，士兵比工人更缺乏耐性：这既因为上前线是他们面临的直接威胁，也因为他们学会理解政治策略要困难得多。此外，他们每个人手中握有步枪；而二月革命后，士兵喜欢高估步枪的自主效力。老工人布尔什维克利兹金后来讲述了第一百八十后备团的士兵是怎样对他说的：“我们的人大概在克舍辛斯卡娅宫睡觉，开始行动吧，赶走克伦斯基……”在各团队举行的会议上，往往会做出必须最终行动起来反对临时政府的决议。一些来自工厂的代表团经常出现在各个团队，他们询问士兵：会上街吗？机枪团也派代表来到卫戍区其他部队，呼吁它们起来反对继续拖延战争。一
24 些更加没有耐心的代表补充说，巴甫洛夫团、莫斯科团以及四万名普梯洛夫工人“明天”就开始行动。执行委员会的官样劝诫没有产生效果。没有得到前线和外省支持的彼得格勒将被打成碎片的危险变得越来越严重了。6 月 21 日，列宁通过《真理报》号召彼得格勒的工人和士兵要一直等到事态把强大后备力量推到彼得格勒方面的时候。“我们理解苦恼，我们理解彼得格勒工人的紧张心情。但是我们还是要对他们说：同志们，现在就采取行动是不恰当的。”第二天，一些看起来比列宁还“左”的布尔什维克领导人举行的个人会商得出结论，尽管士兵和工人群众情绪激昂，还是不能采取战斗行动：“最好还是等一等，以便让掌权的政党最终因已经开始的前线进攻而自取其辱。那时就轮到我们登场了。”当时最没有耐心的人之一、一位区里的组织者拉齐斯就是这样表达的。委员会多半是被迫派出宣传人员前往部队和企业的，目的是阻止它们发起不合时宜的行动。维堡区的布尔什维克烦躁不安地摇头不止，他

们在自己人中间发牢骚说：“我们势必要成为消防水龙带。”但是号召上街的声音一天也没有停息。这其中也有明显的挑拨行为。布尔什维克军事组织只得向士兵和工人发出呼吁：“不要相信任何以军事组织的名义发出的上街行动的号召。军事组织没有号召采取行动。”接着又用更为坚决的口气说：“请你们要求每一个以军事组织名义号召采取行动的宣传人员与组织人员出示由主席和秘书签发的证明书。”

在喀琅施塔得著名的船锚广场，无政府主义者越来越有信心
地抬高了嗓门，最后通牒一个接一个从这里发出。6 月 23 日，船
锚广场上的代表没有经过喀琅施塔得苏维埃，直接要求司法部释 25
放一批彼得格勒的无政府主义者，并且威胁说，不这样，水兵将冲
进监狱。第二天，来自奥拉宁鲍姆的代表向司法部宣布，由于发生
在杜尔诺沃别墅的逮捕，他们的卫戍区也像喀琅施塔得一样沸腾
起来了，而且他们“已经在擦亮机枪”。资产阶级报刊急忙抓住这
类威胁，并且就在自己的妥协主义者盟友跟前舞弄它们。6 月 26
日，近卫掷弹兵团的代表从前线回到自己的预备营，他们声明：本
团反对临时政府，要求把政权转交给苏维埃；拒绝由克伦斯基发起
的进攻，并且对执行委员会会不会同社会主义部长一道转向资产
者一边表示担忧。执行委员会机关报刊就这次探访刊登了一份带
责备口气的报告。

不仅喀琅施塔得，而且以赫尔森福斯为主要基地的整个波罗的海舰队都开了锅。安东诺夫-奥夫申柯毫无疑问就是舰队中布尔什维克的中坚力量。当他还是一个青年军官时，便参加了 1905 年塞瓦斯托波尔起义，在反动年代他是一名孟什维克，战争时期是

一个国际主义侨民，在巴黎办《我们之声报》时是托洛茨基的同事，
从流亡地回国后参加了布尔什维克。政治上动摇不定，而个性方
面英勇无畏，容易冲动又不讲章法，却又能够发挥主动性和即兴行
事的安东诺夫-奥夫申柯当时还不太出名，但在后来的革命事件
中，他所占有的地位远不是排在最后。他在自己的回忆录中写道：
“在赫尔森福斯党的委员会里面，我们懂得必须克制和进行认真的
准备。我们也得到了中央的相应指示。但是我们意识到爆发是完
全不可避免的，我们忐忑不安地时不时朝彼得格勒方面张望。”而
彼得格勒那里，引起爆发的因素也是日复一日地积累起来了。比
26 第一机枪团落后的第二机枪团做出了把政权转归苏维埃的决议。
第三步兵团则拒绝拨出 14 个补充连队。兵营里召开的会议越来
越带有暴风雨的性质。7 月 1 日，掷弹兵团举行的集会发生了扣
押委员会主席和对孟什维克发言者起哄的事件。打倒进攻！打倒
克伦斯基！机枪手站在了卫戍部队的中心，正是他们开启了七月
激流的闸门。

第一机枪团的名声在革命最初几个月的时局中就已经为我们所知晓了。出于自己的主动，革命后这个团“为了保卫革命”很快从奥拉宁鲍姆来到了彼得格勒，旋即便遇到了苏维埃执行委员会的阻挠，后者做出决定对它表示感谢，并且要它返回奥拉宁鲍姆。机枪手们断然拒绝离开首都，因为“反革命分子有能力攻击苏维埃和恢复旧制度”。执行委员会屈服了，于是数千名机枪手和自己的机关枪一起留在了彼得格勒。在人民宫找到落脚点以后，他们还不知道伴随着他们将会发生什么。不过，他们中间有不少彼得格勒工人，因此布尔什维克委员会承担起关心这些机枪手的任务就

不是偶然的了。它出面说情保证了机枪团能从彼得保罗要塞领取
给养。友谊就这样建立起来了，而且很快变成牢不可破的了。6
月 21 日，机枪手在全体会议上做出决定：“今后，只有当战争具有
革命性质时，才可以派队伍上前线。”7 月 2 日，该团在人民宫为
“最后一个”补充连上前线举行了送行集会。卢那察尔斯基和托洛
茨基出席做了演讲，当局后来企图给这个偶然事情赋予特定的意
义。士兵日林和老布尔什维克拉舍维奇军士代表该团致答词。会
场情绪非常激昂，大家痛斥克伦斯基，发誓要对革命忠诚不渝，不
过谁也没有提出过任何最近能付诸实行的建议。可是最近几天在 27
城里，大家都在执着不懈地等待事变发生。“七月危机”提前投下
了自己的影子。苏哈诺夫回忆说：“在每个角落，在苏维埃，在玛丽
亚宫，在居民区，在广场和街心花园，在兵营和工厂——到处都在
议论，说等不了多久，就会出大事……谁也无法清楚地知道到底是
什么人将采取行动，也不知道怎样以及何时采取行动。但是整个
城市觉得自己正处在某种爆炸性事件的前夜。”果不其然，事件真
的突然爆发了，而且是上层，是当权集团给了它推动力。

就在托洛茨基和卢那察尔斯基告诉机枪手联合政府无能的那一天，四名立宪民主党人退出了政府，从而使联合政府瓦解。他们选择的借口是，他们的妥协派同事跟乌克兰签订了妥协性协议，这是他们的大国主义自负所不能接受的。民主体制破裂的真正原因就在于妥协派分子迟迟没有制止群众。时机的选择受到前线进攻失败的提示，尽管当时官方还没有承认失败，不过对于消息灵通的人来说这已是毋庸置疑的。自由主义者认为是让自己的左翼盟友直接面对失败和布尔什维克的时候了。有关立宪民主党人辞职的

消息马上传遍了首都，这消息在政治上总结出目前的全部冲突都是在同一个口号，更确切地说是在同一种呼号声——必须结束虚耗时光的联合！——中展开的。士兵和工人认为，以后谁将统治国家，是资产阶级还是他们自己的苏维埃，这个问题的解决决定其他所有问题的解决，它们包括工资问题、面包价格问题，以及是否要在前线莫名其妙地付出牺牲的问题。在这种等待气氛中，产生了某种幻想成分，因为群众希望随着政权的转移，一切弊病都将立
28 即得到消除。不过，归根结底他们还是对的：政权问题决定着整个革命的方向，从而也就决定着每一个人的单独命运。如果说立宪民主党人没有预见到他们对苏维埃实行的公开怠工行径会产生什么样的影响，那就意味着完全低估了米留科夫。这位自由主义领袖非常明显地极力要把妥协派分子拖进紧张复杂的境地，唯有刺刀才能从中杀开一条出路：在那些日子里，他顽固地坚信果断的血腥镇压可以挽救局势。

7 月 3 日，一大早就有几千名机枪手在迫使该团各连和全团委员会中断会议以后，选出了自己的主席，并且要求马上讨论武装起义问题。集会立即形成了一股浪涛汹涌的激流。前线的问题与政权危机交织在一起。会议主席、布尔什维克戈洛温试图加以阻止，并且提议事先跟其他部队及军事组织进行会商。然而每一个拖延的暗示都使士兵们怒不可遏。无政府主义者布雷赫曼出现在集会上，在 1917 年背景下他是一个不很重要却又色彩鲜明的人物。布雷赫曼思想贫乏，可是对大事有一定的辨别能力，自己总是处于高度亢奋的狭隘情绪中，表现倒十分坦诚。蓄着一头蓬松散乱的头发，身着前胸敞开衬衫的他在集会上赢得了不少半带讽刺

的好感。工人们对他的确很有分寸，也有点厌烦，金属工人尤其如此。可是士兵们对他的讲话报以快活的微笑，他们用肘部互相推挤，用粗话激发演讲人。显然他们很欣赏他那古怪的外表，他那无须推理的决心以及如同酸醋一样刺激人的美国犹太人口音。6 月月末，布雷赫曼出席了各种临时安排的集会，在那里他如鱼得水。他总是有他解决问题的办法——出门一定携带武器。那么组织呢？“大街把我们组织起来。”任务是什么呢？“推翻临时政府，就
像对待沙皇那样，尽管当初没有一个政党号召这样做。”诸如此类 29
的讲话此刻再好也不过地回应了机枪手们而且不仅仅是他们这些人的情绪。当下层群众逾越布尔什维克装装样子的劝阻时，后者之中许多人也不掩饰自己的高兴心情。先进的工人记得，2 月，正是那胜利的前夕，领导人打算就此止步；3 月，八小时工作制也是由下层的主动争取到的；到 4 月，米留科夫是被自动走上街头的各团抛弃的。一回想起这些事情，就会引起群众十分紧张和极不耐烦的情绪。

有人把机枪手集会笼罩在热浪沸腾之中的情况通知了布尔什维克军事组织，该组织于是一个接一个地派宣传员赶到机枪手那里。为士兵所敬重的军事组织领导人涅夫斯基也亲自迅速赶来了。看起来大家都听他的话。可是无休止持续下去的集会的情绪也如同它的成分一样在发生变化。军事组织另一位领导人波德沃伊斯基讲述了当时的情况：“晚上七点的时候，有一个人骑马飞驰而来通知说，……机枪手再次决定采取行动，这是我们最感意外的事。”他们选出了一个临时委员会取代原先团里的委员会，委员会由每个连队推选两个人组成，准尉谢马什科担任主席。专门抽调

出来的代表已经走遍了各个团队和工厂，呼吁它们给予支持。机枪手当然没有忘记把自己的人派去喀琅施塔得。就这样，通过官方组织的下面层级，部分也是利用官方组织的掩护，情绪最为激昂的团队和工厂之间新近连接起来的临时线索绷紧了。民众并不打算跟苏维埃决裂，相反，他们愿意由苏维埃掌握政权。群众更没有打算跟布尔什维克断绝关系。但是他们觉得该党还不够坚决果
30 断。他们想要做的是表达不满，吓唬一下执行委员会，敦促一下布尔什维克。临时的代表制度、新的联络中心和行动中心形成了，它们不是常设的，而是为应付当下的情况设立的。局势与情绪的变化来得如此迅速与剧烈，使得即便像苏维埃这样最灵活的组织也难免落到后面去了，而且使得群众每一次都不得不创立辅助性的机构以适应形势的需要。伴随着这种仓促安排，往往有些毫不相干的而且并非总是可靠的人员钻进来了。无政府主义者，不过同样也有一些新近加入和失去耐心的布尔什维克在往火上浇油。从事这种勾当的无疑还有混进来的奸细，也许还有德国间谍，不过毫无疑问一定有反间谍机关里地道的俄罗斯人密探。怎么可以把群众运动的复杂纺织物解开，理成一根根丝线呢？时局的总体特征毕竟显得非常明晰。彼得格勒感觉到了自己的力量，它既不顾外省也不顾前线，独自急速地往前奔，就连布尔什维克党也实在没有能力来阻拦它了。在这样的场合，只有经验才能帮上忙。

机枪手的代表号召各团和工厂上街，他们也没有忘记附带说明，行动必须携带武器。不这样会怎样呢？那不就是让自己赤手空拳置于敌人的打击之下吗？此外，主要的考虑大概是必须展示自己的力量，士兵没有枪，也就没有力量。不过所有团队和所有工

厂对此都持相同的意见：既然要举行发动，那就不外要备足大量子弹。机枪手不会浪费时间，一场大比赛开始以后，他们势必要尽快地把它进行到底。侦讯材料用下面这段话描述了该团主要领导人之一谢马什科准尉后来的行为：“……他从工厂叫来了汽车，并给它们配备了机关枪，然后派它们前往塔夫里达宫以及其他一些地方，并且指定了路线。他亲自把这个团带出兵营进了城。他乘车来到莫斯科团的后备营，怂恿这个营采取行动，而且达到了目的。31
他让机枪团的士兵相信，各团都会支持布尔什维克的军事组织。他跟这个设在克舍辛斯卡娅宅邸的组织和布尔什维克领导人列宁保持着经常的联系。他还派了一些卫兵去保卫军事组织。”这里说派人去列宁那里，完全是虚构的，因为无论当天还是此前一段时间，列宁都不在彼得格勒。由于身体不适，他从 6 月 29 日起就住到芬兰一所别墅里去了。但是在材料的其余部分，这位军事法庭的法官扼要的语言还是颇为不错地转述了机枪手预先准备时的狂热劲头。至少在兵营的院子里，是在热火朝天地做准备工作。把步枪分发给没有武器的士兵，有些人拿到了炸弹。每一辆从工厂开来的卡车都配备了三挺机关枪与相应的枪手。全团应该说是以战斗序列走上街头的。

某些工厂也发生了大致相同的事件，机枪手或者邻近工厂的代表来到这里号召工人上街。工人等待他们仿佛已经很久了，工作顿时停止下来了。雷诺工厂的一个工人讲述道：“午饭后有几个机枪手来找我们，要求提供大型卡车给他们。尽管我们这个集体（指布尔什维克。——托洛茨基）提出异议，结果还是不得不把汽车给了他们……很快他们就在卡车上架起了‘马克辛’（机枪

名。——托洛茨基)，接着朝涅瓦大街开去。到这种场合，再也无法阻止我们的工人了……所有干活的人连工作围裙也没脱，就离开车床来到院子里……”工厂里布尔什维克的异议想必并非总是坚定的。为争取普梯洛夫工厂支持的斗争所花的时间最长。午后两点钟左右，有关机枪团的代表已经到来并号召举行集会的消息传遍了各个车间。一万名工人聚集在工厂办公室前面。在一片支持的呼喊声中，机枪手说他们接到了 7 月 4 日上前线的命令，但是他们决定“不去跟德国对峙的前线，不去反对德国无产阶级，而要
32 反对本国资本家部长”。情绪不断高涨。“我们支持你们，支持你们！”工人们高喊起来。担任工厂委员会秘书的布尔什维克表示反对，并且提议征求党组织的意见。抗议声从四面八方响了过来：“走开，别指望再拖延了……这样生活下去是不可能的……”快到 6 点钟的时候，苏维埃执行委员会的代表赶来了，然而这也很难劝住工人。集会在继续，这是成千上万寻求出路而且不允许自己相信没有出路的人举行的无休无止、躁动不安和倔强固执的集会。有人建议派代表团去执行委员会陈情，这只是一个缓兵之计。聚会照样没有解散。此刻，有一群工人和士兵带来了维堡那边已经在向塔夫里达宫进发的消息。还要阻止已经不可能了，出发的决定也做出来了。普梯洛夫厂的工人叶菲莫夫跑到区党委询问：“我们该怎么办？”他得到的回答是：“我们不会采取行动，但是也不能对工人的行动听之任之，因此得同他们一道出发。”就在那个时候，区党委会委员丘金出现了，他带来了各区工人都已行动起来的消息，而党委会“不得不出面维持秩序”。就这样，这些布尔什维克为运动所逼迫，使自己卷入其中，同时为自己与党的正式决定背道而

驰的行动寻找适当的辩护理由。

到晚上 7 点，首都的工业生产完全停顿了。一个又一个工厂行动起来了，工人们排好队伍动身前进，赤卫队也整装出发了。维堡人马捷列夫讲道：“在成千上万的工人人群中，几百个青年近卫军成员来往奔走，不时响起枪栓的碰击声。有些人把一排排子弹装入子弹夹，另外一些人在扎紧皮带，还有一些人在系好子弹盒和子弹夹，又有人在平整刺刀，而没有武器的工人在帮助青年近卫军战士整理装束……”维堡区的交通要道萨姆普索尼耶夫大街被人群堵得水泄不通。大街左右两侧都是望不到尽头的工人队伍。在
大街中间行进的是游行队伍的脊梁机枪团。每个连队前头都行驶 33
着几辆架着“马克辛”的卡车。跟在机枪团后面的是工人，在游行队伍最后担任掩护的是莫斯科团的部队。每一支队伍都高举旗帜，上面写着：“全部政权归苏维埃。”参加三月葬礼游行和“五一”节示威游行的人或许还要多一些，可是七月游行的行动要疾速得多，气势也威严得多，而且全体参加人员的成分也纯粹得多。一位参加者写道：“工人和士兵在红旗指引下前进，队伍中看不到官员的帽徽，大学生闪闪发光的纽扣，‘深表同情的贵妇人’的帽子，所有这些在 4 个月之前的二月游行中都可以见到，在今天的运动中就见不到了。今天出来游行的只有资本家粗笨的奴隶。”像以往那样，满载着全副武装的工人和士兵的汽车沿着街道朝各个方向疾驰，还有到时负责撤回工人和各团士兵的代表、宣传员、侦察员、联络员以及其他队伍。所有人手中的枪都朝前举着。怒吼的卡车再现了二月革命时期的场景，它们让一些人激动不已，又让另一些人惊恐万分。立宪民主党人纳博科夫写道：“就是那一张张疯狂、呆

滞与凶残的脸庞，这是我们至今还记忆犹新的二月期间的模样。”也就是在自由主义正式命名为光荣的和不流血的那次革命期间的样子。到 9 点钟时，已经有 7 个团抵达了塔夫里达宫。一路上有来自各个工厂的队伍和新的部队加入进来。机枪团的行动显示出了巨大的传染力量。“七月危机”开始了。

行进中的集会开始了。有个地方响起了枪声。据工人科罗特科夫说，“有一挺机枪和一具军官尸体从地下室拖到了铸造场大街，他是在那里被打死的”。各种各样的流言走到示威游行前面去了，恐惧像光线一样从这里射向四面八方。受到惊扰的中心街区的电话什么消息也不能提供。有报道说，大约晚上 8 点钟的样子，
34 一辆全副武装的汽车驰进华沙车站，搜寻刚好是这天乘车去前线的克伦斯基，目的是要逮捕他，可是汽车迟来了一步，因此逮捕落空了。这一插曲后来不止一次地被当作阴谋证据提了出来。汽车里到底是些什么人，又是什么人泄露了他的秘密意图，这一直是不解之谜。当天晚上，满载武装人员的汽车在四处奔驰，华沙车站所在的那个区大概也在其中。许多地方都能听到有人对克伦斯基说的狠话。看来这就成了无稽之谈的依据，如果不考虑它本来就是从头到尾捏造出来的话。

《消息报》描绘了 7 月 3 日发生的事件的大体情况：“下午 5 点时，一批武装人员出动了，包括第一机枪团，还有莫斯科团、掷弹兵团和巴甫洛夫团的部分士兵。有几群工人也加入了他们的队伍……快到晚上 8 点的时候，各团一些完全按作战要求武装起来的部队高举红旗和写有要求将政权转归苏维埃标语牌，开始前往克舍辛斯卡娅宅邸汇合。有人在阳台上发表演讲……10 点 30 分

的时候在塔夫里达宫广场举行集会……部队选出代表团进见全俄中央执行委员会，它代表集会者宣布了如下要求：罢免十个资本家部长，全部政权归苏维埃，停止前线的进攻，没收资产阶级报纸的印刷厂，土地国有化，对生产实行监督。”如果在旁边做一些并非主要的改动：把“各团部分人”改为“各团”，把“几群工人”改为“全部工厂”，那么就可以说，策烈铁里—达恩的半官方报纸没有歪曲所发生的事情，其中也正确地点出了示威游行的两个焦点：克舍辛斯卡娅宅邸和塔夫里达宫。无论精神上还是肉体上，行动都是围绕这两个对立的中心展开的。去克舍辛斯卡娅宅邸是为了得到指示和领导，以及聆听令人鼓舞的演讲……；去塔夫里达宫是为了宣布要求，甚至是用自己的实力进行威胁。

* * *

午后3点时分，两个机枪手代表来到了当天在克舍辛斯卡娅宅邸举行的全城布尔什维克代表会议的会场，他们带来了他们团决定采取行动的消息。谁也没有料到这一点，谁也不希望发生这种事情。托姆斯基声称：“已经出发的团队没有按照同志式的方式行事，也没有邀请我们党的委员会来讨论有关发起行动的问题。中央委员会向代表会议提出要求：首先，为了制止群众必须发表一份告人民书；其次，必须向执行委员会呼吁，要求它把政权掌握到自己手里。现在还不能谈论发动没有希望的新的革命。”托姆斯基是一位老工人布尔什维克，他以多年的苦役刑期证明了自己对党的忠诚，后来他成了著名的工会领导人。就其性格而言，他总体上更愿意阻止采取行动，而不是号召开展行动。但是这一次他只不过是发挥了列宁的意图：“现在还不能谈论发动没有希望的新的革命。”要知道即便是 6 月 10 日发动和平示威的尝试也被妥协派分子宣布为阴谋！出席会议的绝大多数代表赞成托姆斯基的意见，无论如何也要动手拖延发起行动。前线的进攻使整个国家处于紧张气氛之中。进攻失败是早已注定了的，可临时政府准备设法把失败的责任转嫁到布尔什维克身上。必须让妥协派分子有时间最终使自己的名声受损。沃洛达尔斯基以代表会议的名义答复机枪手，他表达了该团应该服从党的决定的想法。机枪手提出抗议后便离开了。4 点钟的时候，中央委员会肯定了代表会议的决定。中央委员分别来到各区和各个工厂，以便阻止群众发起行动。相
36 应的告人民书送到了《真理报》，准备在次日清晨的第一版刊登出来。斯大林受托把党的决定通报执行委员会联席会议。于是，布尔什维克的意图没有留下任何可疑之处。执行委员会向工人和士兵发出的呼吁称：“一些不知姓名的人……呼唤你们携带武器上街。”这就证明号召不是任何一个苏维埃政党发出的。但是，党的中央委员会和苏维埃中央执行委员会有委员会的打算，而群众有群众的打算。

快到晚上 8 点钟的时候，机枪团以及紧随其后的莫斯科团来到了克舍辛斯卡娅宅邸。颇有名望的涅夫斯基、拉舍维奇、波德沃伊斯基试图从阳台上要求两个团都返回驻地。下面回应他们的是：滚开！布尔什维克的阳台还没有听见士兵发出过这样的喊声，这就成了令人担忧的征兆。跟在两个团后面的各工厂也出现了：“全部政权归苏维埃！”“打倒十个资本家部长！”这是 6 月 18 日的旗帜，不过现在它们周围都是刺刀。示威游行变成了威力强大的事实。该做些什么呢？布尔什维克怎么能袖手旁观呢？彼得格勒

委员会的委员与全城代表会议的代表以及各团队与工厂的代表共
同做出决定：通过另外的途径来解决问题，停止无效的阻挠，指引
业已开展的运动，以便使政府危机得到有利于人民的解决。为此
决定号召士兵和工人向塔夫里达宫和平进军，选出代表并且通过
他们向执行委员会宣布自己的要求。当时在场的中央委员会委员
批准改变策略。在阳台上宣布新决定得到的回应是欢呼声和马赛
曲。运动被党合法化了，机枪手可以轻松地吁一口气了。该团部
分士兵马上就出发前往彼得保罗要塞，目的是要影响要塞守备部
队，需要时让后者去保卫克舍辛斯卡娅宅邸免遭攻击，因为它与要 37
塞之间只隔着一条狭窄的冠堡海峡。

示威的先头队伍进入了资产阶级、官僚集团和军官团的动脉涅瓦大街，准确地说是进入了另外一个国度，千百道恶狠狠的目光从人行道，从窗口，从阳台仔细注视着他们。一个团紧贴着一个工厂，一个工厂紧贴着一个团。一批又一批新到的群众加入进来了。所有旗帜都用红底金字写着同一个口号：“政权归苏维埃！”游行队伍控制了涅瓦大街，并且形成一股不可抗拒的人流涌向塔夫里达宫。“打倒战争”的标语牌引起了军官最强烈的敌意，尽管他们当中有不少残疾人。挥舞双手和大喊大叫的大学生、高等女子学校的学生与政府官员力图说服士兵，要他们相信就是站在他们背后的德国间谍想让威廉的军队开进彼得格勒，以扼杀自由。讲这话的人觉得他们自己的理由是无可辩驳的。“受了奸细的蒙骗！”官员们这样评论阴沉地顶撞他们的工人。“被狂热分子拉进来了。”比较傲慢的人回应说。“愚昧无知的人。”两者都附和这种说法。但是工人有自己衡量事物的标准。他们不是从德国间谍那里学到

引导他们今天上街的信念的。示威者毫不客气地把那些令人厌烦的教师爷从自己队伍中推开，同时继续前进。这使那些来自涅瓦大街的爱国主义者大为恼怒。多半是由残疾军人和乔治十字勋章获得者指挥的突击小组不时扑向单独行进的游行者队伍，撕掉他们的旗帜。因此在不少地方发生了冲突。空气变得滚烫起来。枪声一声又一声地传来了。是从窗口开的枪吗？是从阿尼契宫开的枪吗？街面上的人漫无目标地朝上面一阵齐射。有时候整条街道陷入一片混乱。大约半夜时分，一个从“火山”工厂来的工人说，当掷弹兵团经过涅瓦大街时，在公共图书馆附近某个地方，枪战持续
38 了好几分钟。现场顿时一片惊慌。工人们于是沿旁边的街道逃走。士兵们卧倒在弹雨下，他们当中很多人没有白白经过战争的锻炼。这条深夜的涅瓦大街连同遭受攻击时卧倒在地的近卫掷弹兵一起构成了幻觉般的场景。无论普希金还是果戈理这样的涅瓦大街歌颂者都难以想象出它竟是这样一幅图景。然而，这幻觉般的景象却是真实的，马路上留下了不少伤亡者。

*　　*　　*

这一天，塔夫里达宫也度过了自己颇为特殊的经历。鉴于立宪民主党人的辞职，工人士兵苏维埃和农民苏维埃两个执行委员会共同讨论了策烈铁里关于怎样清洗联合政府的皮袄，又不弄湿其皮毛的报告。如果不是不安分的郊区横加搅扰的话，这种作为的奥秘或许最终发现了。有关机枪团准备武装暴动的电话通知使苏维埃领袖们的脸上现出了恼怒和懊丧的神色。难道工人和士兵就不能等到报纸为他们登出挽救局势的决定那一刻吗？大多数敌视的目光投向了布尔什维克那边。可是，这一次游行示威连他们

也没有料到。加米涅夫以及党的其他一些在场的代表甚至同意在白天的会议结束以后前往工厂与兵营去制止群众出动。这一姿态后来被妥协主义者说成是狡诈的行为。两个执行委员会专门通过了一份告民众书，它像往常那样宣布任何武装暴动都是背叛革命的。然而，到底要如何对付政权危机呢？出路终于找到了：继续保留残缺不全的内阁它现在的样子，把问题整个地拖延到把执行委员会的外省委员召集来为止。为自己的动摇而拖延和赢得时间——难道这不是所有政策中最英明的一种吗？

只有在与群众进行斗争时，妥协主义者才觉得浪费时间是不
能容许的。官方机关马上便进入了采用武力反对暴动的行动，于 39
是游行示威一开始就定性了。苏维埃领袖们为了保卫临时政府和执行委员会，四处搜罗武装力量。由齐赫泽和主席团其他成员签署的需求清单送到了各个军事机关，清单要求把装甲车、3英寸口径大炮与炮弹送到塔夫里达宫。就在这个时候，所有团队差不多都收到了派武装分队去保卫塔夫里达宫的命令。然而事情还不止如此。常务局当天连忙发电报给前线，命令从离首都最近的第五集团军“抽调一个骑兵师、一个步兵旅和一个装甲车旅开往彼得格勒”。受托操办执行委员会安全工作的孟什维克沃伊廷斯基后来在自己回顾过去的简述中毫无隐瞒地说：“7月3日一整天我都在外面，集结部队，以加强塔夫里达宫的防卫……我们的任务是哪怕拉来几个连队也是好的……一段时间我们完全没有武装力量。在塔夫里达宫大门口只有6个无力阻拦人群的人站在那里。……”接着又说：“在游行示威的第一天，我们统领的只有100个人，——我们再没有武装力量了。我们向各个团派去特派

委员，要求它们给我们派士兵来担任守卫……可是每一个团都在观望其他团是怎样行动的。无论如何都必须停止这种有失体面的做法。于是我们从前线召回了军队。”即使有人蓄意而为，也很难想出比这更加尖刻的语言对妥协主义者进行讽刺了。数十万示威者要求把政权转归苏维埃。身为苏维埃首脑因而也是政府首脑候选人的齐赫泽却在搜罗武装力量来对付示威者。一场为民主派争取政权的宏伟运动被它的领袖宣布为武装暴徒对民主制度的攻击。

在经历长时间停止活动以后，苏维埃工人部也在塔夫里达宫
40 举行会议。通过工厂的局部改选，它在最近两个月更新自己的成员是如此的成功，致使执行委员会并非毫无根据地担心布尔什维克控制了这个组织。被人为拖延了很久，最终在数日之前由妥协派分子自己指定召开的工人部会议碰巧遇上了武装游行示威，而报界发现布尔什维克的人在其中进行操纵。在自己为工人部所做的报告中，季诺维也夫令人信服地发挥了这样一种思想，即作为资产阶级盟友的妥协派分子不愿意也不善于跟反革命做斗争，因为他们把反革命这个名称理解为黑帮分子流氓行动的个别表现，而不是理解为有产阶级为击溃作为劳动人民反抗中心的苏维埃而结成的政治联盟。报告击中了要害。第一次在苏维埃这块立足之地感到自己处于少数的孟什维克不是提议做出某个什么决定，而是分赴各区去搜罗守卫部队。可是已经太迟了！武装工人和机枪手正在朝塔夫里达宫进军的消息在大厅里引起了极度的紧张。加米涅夫走上讲台，他说：“我们没有号召举行发动，但是人民群众自己走上了街头……既然群众已经出动了，——我们就要走进他们中

间。……现在我们的任务是给运动赋予有组织的性质。”加米涅夫
最后建议选出一个由25个人组成的委员会来对运动实行领导。
托洛茨基支持这个建议。齐赫泽害怕布尔什维克的委员会,他枉
费精力地坚持要把这个问题交给执行委员会。辩论异常激烈。在
最终确认他们没有超出与会人数1/3之后,孟什维克和社会革命
党人离开了大厅。总之这种做法成了民主派人士的惯用策略:他
们从失去了苏维埃多数地位的那一刻起就开始排斥苏维埃。要求
苏维埃中央执行委员会夺取政权的决议在反对派缺席的情况下以 41
276票赞成获得通过。随即选出了一个由15个人组成的委员会,
给少数派留了10个名额,这样他们的位置依然没有被占用。选出
一个布尔什维克委员会这一事实无论对朋友还是敌人都意味着彼
得格勒苏维埃的工人部从此成了布尔什维克依靠的基础。这是向
前迈出的一大步!4月时布尔什维克大约只影响到1/3的彼得格
勒工人,当时他们在苏维埃里面的地位是微不足道的。现在到了
7月月初,布尔什维克为苏维埃工人部输送了大约2/3的代表。
这表明他们在群众中的影响已经变成决定性的了。

工人、女工和士兵的游行纵队高举着旗帜,高唱着歌曲,高奏着音乐沿着毗连塔夫里达宫的街道汇集起来。一支轻炮部队开了过来,其指挥员显得非常兴奋,他通报说他们这个炮兵营全部连队都在与工人一道行动。靠近塔夫里达宫的道路与公园都挤满了人。人们全力朝塔夫里达宫主要出口的看台周围挤过去。齐赫泽走出来跟示威者见面,他带着一副被无端打断了工作的人那种阴沉神情。大家用充满敌意的沉默来迎接这位曾经颇有声望的苏维埃主席。齐赫泽用疲惫而嘶哑的嗓音一再重复那些早已叫人腻烦

的废话。人们迎接出面帮腔的沃伊廷斯基的态度也好不到哪里去。据米留科夫说："但是，托洛茨基宣布政权应当转归苏维埃的时刻已经来临，他受到了喧嚣的掌声欢迎……"这句话故意说得模棱两可。没有任何一个布尔什维克说过"时刻已经来临"之类的话。来自彼得格勒区规模不大的"杜夫隆"工厂的一个钳工后来介绍在塔夫里达宫宫墙下举行的集会时说道："托洛茨基的演讲我记起来了，他当时说还没到把政权夺到自己手中的时候。"这位钳工的话的要点比那位历史学教授还要准确。示威者从布尔什维克演
42 讲者的口中得知了在工人部刚刚取得的胜利，这一事实几乎使他们个个感到相当满意，好像进入了苏维埃政权时代。

临近半夜时分，执行委员会联席会议再次召开，此刻掷弹兵正俯卧在涅瓦大街的路面上。根据达恩的提议，通过了一个决议。决议称只有此前已经承诺捍卫和执行业已通过的决定的人才能留下来开会。这是新的说法！他们企图把苏维埃从孟什维克宣称的工人和士兵的议会机关变成妥协主义多数派的行政机关。当他们后来处于少数地位（离这一步总共还只有两个月）时，妥协主义者便狂热地捍卫苏维埃民主。在当下，总之如同社会生活的所有决定性时刻一样，民主制度退居到预备役地位去了。几个区联派成员提出抗议后便退出了会议。布尔什维克全都不在那里，他们在克舍辛斯卡娅宅邸讨论明天该怎么办。在后来的会议期间，区联派成员和布尔什维克又出现在大厅，他们声明任何人都不能剥夺选民授予他们的当选证书。多数派故意不予回应，而达恩提出的决议案也就不知不觉被忘记了。会议在濒死状态中继续拖延下去。妥协主义者无精打采地互相劝说相信自己的正当性。身为邮

政部长的策烈铁里控告自己的下属：“我刚刚得知邮递员与电报员罢工的情况……至于说到他们的政治要求，仍旧是那个口号：全部政权归苏维埃！……”四面团团围住塔夫里达宫的示威者的代表要求允许他们出席会议。结果里面的人惴惴不安和不太友好地放他们进来了。可是代表们着实以为，这一次妥协主义者不可能不迁就他们。因为就在今天，因立宪民主党人辞职而激愤不已的孟什维克与社会革命党的报纸揭露了自己的资产阶级盟友的阴谋诡计和怠工行径。况且工人部也表示赞成建立苏维埃政权。还要等 43
什么呢？可是，热烈的呼吁（其中的愤怒也透出了希望）显得无能为力和不合时宜，终于消失在妥协主义议会的腐化变质的空气中了。令领袖们操心的唯一念头就是如何尽快地摆脱这些不速之客。还是邀请他们加入合唱队吧。假如把他们赶到大街上去见示威者，那未免太不谨慎了。机枪手在走廊里惊讶地听见了里面开展的辩论，辩论的唯一目的就是要赢得时间——妥协主义者在等待可靠的团队到来。达恩说：“街上有革命的人群，但是这些人在履行反革命的职能……”犹太人组织崩得的领导人之一阿布拉莫维奇支持达恩。此人是一个保守的学究，他的全部本能都受到了革命的凌辱。他断言：“我们将是阴谋的见证人。”他还违背常理地要求布尔什维克公开声明“这是他们的工作”。策烈铁里把纲要加深了一步：“带着全部政权归苏维埃的要求上街，这是对苏维埃的支持吗？假若苏维埃愿意，政权就能转到它手里。无论从哪方面看，都不存在阻拦苏维埃意愿的障碍。……可是这样的发动遵循的不是革命的途径，而是反革命的途径。”工人代表无论如何也无法理解这样一种论断。他们觉得，高层领袖的智慧已经失去了理

性。最后，在总共有 11 票反对的情况下，会议再次重申武装暴动是对革命军队后背施行的打击，等等。会议在清晨 5 点钟结束。

群众渐渐散开回到各区去了。武装汽车一整夜都在奔走不休，与各团队、工厂以及各区中心之间进行联络。就像 2 月月底那样，晚上群众对已经过去的战斗一天进行总结。但是现在他们是在各种组织——不断进行协商的工厂的、党的、军队的组织构成的
44 复杂体系参与下做这件事的。在各区，运动不能半途而废被认为是理所当然的事。执行委员会把关于政权的决议搁在一边。群众把这种行为理解为动摇。结论是明确的：必须继续施加压力。晚上，布尔什维克和区联派的会议跟执行委员会的会议同时在塔夫里达宫举行。前者同样在对过去的一天进行总结，并且力图预先做出判断，明天将会发生什么。各区送来的报告证实，今天的示威把政权问题十分尖锐地摆在群众面前以后，也只仅仅使他们感到振奋而已。明天各工厂和团队将会做出回答，无论何种努力都不可能把它们阻挡在边远市区。争论不是像敌人后来所断言的那样是围绕要不要夺取政权这个问题展开的，而是围绕是试图取消示威还是次日清晨站在它的前列的问题而展开的。

深夜两点快要过去的时候，普梯洛夫工厂 3 万工人集结在塔夫里达宫附近一带，其中许多人还带着妻子儿女。游行队伍是晚上 11 点动身的，很多随后行动起来的工厂的工人在途中加入了游行者的行列。尽管时间已经很晚了，纳尔瓦大门外聚集的人群还是如此之多，仿佛没有什么人还留在各区了。妇女高声喊叫着：“大家都去吧……由我们来看家好了。”救世主教堂钟楼的钟声响过以后，枪声大作，子弹如同雨点一样飞了过来，好像还是机枪扫

射的。下面的人也朝钟楼开枪齐射。“在大商场旁边,一伙士官生和大学生向示威者猛扑过去,抢走了他们的标语牌。工人们使劲反抗,结果扭成一团,还有人开了枪。本文作者被打破了头,他们用脚狠狠地踩踏他的腰部与前胸。”讲述这段经历的是已经为我们所熟知的工人叶菲莫夫。普梯洛夫工厂的工人穿过整座已经寂静下来的城市,最后好不容易抵达了塔夫里达宫。经过当时跟工会有密切联系的梁赞诺夫的不懈斡旋,工厂代表团获准去见苏维埃执行委员会。饥肠辘辘和疲惫不堪的工人群众在大街上和公园里 45
休息。他们当中多数人怀着等候答复的希望,很快就躺了下来。凌晨3点时分,普梯洛夫工厂的工人摊开四肢躺卧在塔夫里达宫四周的地面上,而里面的民主派领袖在等候部队从前线开过来。这是2—10月之间的陡峭山隘上人们印象最为强烈的革命场景之一。12年前,这些工人中的不少人举着圣像和经幡朝冬宫行进。那个星期天早已成为过去。新的时代将在最近的四个月走过来。

洒在院子里的普梯洛夫工厂的浓重阴影笼罩在还在为明天争论不休的布尔什维克领导人和组织者举行的会议上空。明天普梯洛夫工厂的工人不会去上班,他们度过了一个不眠之夜又怎么能去干活呢?就在这时,有人叫季诺维也夫去接电话,那是拉斯科尔尼科夫从喀琅施塔得打来的。他通报说,明天一大早要塞守备部队就会向彼得格勒进发,无论什么人什么事都别想阻止他们。那位年轻的准尉在电话线的另一头等候答复,难道中央委员会要指示他脱离水兵,并当着他们的面毁掉自己不成?响应普梯洛夫工厂安营扎寨做法的是那座海军岛屿上另一种威力不亚于前者的做法:在这不眠之夜,那座岛屿上的海军士兵一直准备援助工人和士

兵的彼得格勒。然而情势太明朗了。没有给动摇留下多大余地。托洛茨基最后一次问道：还有可能使游行示威保持非武力的性质吗？没有了，这是无从谈起的。一个排的士官生就可以像驱赶绵羊一样赶走几万名赤手空拳的人。士兵还有工人将会愤怒地看待这个提议，把它看作是一个圈套。答案是绝对和无疑的。大家一
46 致决定号召群众明天继续以党的名义举行示威。季诺维也夫使烦恼不堪守在电话机旁的拉斯科尔尼科夫的精神得到了解脱。马上就起草一个给工人和士兵的号召书：上街！中央委员会白天通过的停止游行示威的呼吁书从已经浇铸成型的铅版上割了下来，可是要用新的文字代替它们已经来不及了。《真理报》的空白版面将成为反对布尔什维克的有力罪证。显然，他们在最后一刻被吓坏了，因此撤销了起义的号召；或者可能相反：为了把事态引向暴动，他们放弃了最初号召的和平示威？其实布尔什维克的真实决定是以传单印出来的，它号召工人和士兵“通过和平的和有组织的游行示威把自己的意愿传达给正在开会的执行委员会”。不，这不是在号召举行起义！

第二章 “七月危机”：顶点与破灭 47

从这个时刻起，对运动的直接领导终于转到了布尔什维克党彼得格勒委员会手中了。沃洛达尔斯基是其主要的鼓动力量。动员卫戍部队的任务落到了军事组织肩上。早从3月起，领导军事组织的就是两个老布尔什维克，该组织能在许多方面有自己的进一步发展要归功于他们二人。波德沃伊斯基在布尔什维克队伍中是一个个性鲜明和别具一格的人物，他具有初级师范学生出身的老一辈俄国革命家的特征，他是一个精力充沛（尽管是不太守纪律的精力）的人，他富有创造性想象力，不过说实话，其想象力容易转化为不切实际的幻想。“波德沃伊希那”[①]这个词由于是从列宁的口里说出来的，因而带有善意讽刺跟事先警告的意味。但是，这种热血沸腾的天性的弱点应该说主要是在夺取政权以后展现出来的。那个时候大量的机会和手段给了波德沃伊斯基的过剩精力以及他对装饰性事务的嗜好太多的推动力。在为政权而开展的革命斗争环境中，他那乐观主义的决心、忘我牺牲的精神和孜孜不倦的态度使他成了觉醒了的士兵难以替代的领导者。从前的编外副教授涅夫斯基的性格比波德沃伊斯基平和，但是在对党的忠诚方面 48

① 意思是波德沃伊斯基现象。——译者

并不亚于后者。他原本就不是一个组织家，一年后只是由于一次不幸的偶然事件才担任了一段很短时间的苏维埃政府交通部长。他以自己的朴实憨直、平易近人和细心周到的温和态度博得了士兵的好感。这两位领导者周围聚集了一批士兵和青年军官作为最亲密的助手，这些人中间有一部分后来发挥过不小的作用。7 月 3 日深夜，军事组织突然间走到了前台。在没有遇到什么困难便承担起指挥职能的波德沃伊斯基的统辖下，建立了一个临时司令部。简短的呼吁书和命令分发到了卫戍部队所属各部。为了防止游行示威受到攻击，遵照命令的要求，在由边远市区通往市中心的各座桥梁上和最重要的交通要道交叉点上都部署了装甲车。从当晚起，机枪手就已经在彼得保罗要塞旁边布置了自己的岗哨。通过电话跟急件信差，奥拉宁鲍姆、彼得戈夫、红村以及其他靠近首都地方的卫戍部队接到了明天举行游行示威的通知。当然，总的政治领导还掌握在中央委员会手里。

机枪手直到早晨才回到自己的简易营房，他们疲乏极了。尽管已是 7 月份，他们还是冷得打战。晚上的一场雨把普梯洛夫工厂的工人淋得没有一根干纱。到上午 11 点钟，示威者的集会才开始举行，军队的出动还要晚一些。第一机枪团今天又全体上街了。但是它已经不再起着昨天的那种主导作用了。工厂占据了首要位置。昨天还在旁观的那些企业也相继加入了行动。在领导人动摇不定和加以阻挠的地方，青年工人强迫工厂委员会值班的委员拉响停工汽笛。在孟什维克和社会革命党人占优势的波罗的海工厂，5000 工人中大约 4000 人出动了。在长期被认为是社会革命
49 党堡垒的斯科罗霍德制鞋厂，工人的情绪发生了如此急剧的转折，竟使得一个身为工厂老代表的社会革命党人不得不一连几天不敢

露面。所有的工厂都举行了罢工和集会。工人们选出了游行示威的领头人和向苏维埃执行委员会提交要求的代表。数以十万计的人再次从四面八方朝塔夫里达宫进发，有好几万人再次顺路去了克舍辛斯卡娅的独家宅邸。今天的行动比昨天更加庄严也更有组织，现场能看见党的领导人。不过今天的气氛也更炽烈：士兵和工人想方设法要一举解决危机。临时政府备受折磨！因为在示威的第二天，它的无能比头一天还要明显。执行委员会在等候可靠的部队到来，并且收到了各地的报告，内称敌对的部队正在向首都挺进。水兵和士兵从喀琅施塔得、新彼得戈夫、红村、红山要塞，从所有附近边缘地区，或从海上或从陆路前进。他们奏着军乐，手持武器，而最为糟糕的是他们举着布尔什维克的标语牌。有几个团完全像 2 月期间那样带上了本团的军官，做出是在他们指挥下行动的样子。

米留科夫记述说：“政府的会议还没有结束，司令部却送来消息，称涅瓦大街上开了枪。会议决定转移到司令部去举行。到达那里的有李沃夫公爵、策烈铁里、司法部长佩列韦尔泽夫，以及陆海军部长的两位助手。有些时候，政府的处境显得毫无希望。没有追随布尔什维克的普列奥布拉任斯基团、谢苗诺夫团、伊兹梅洛夫团的军人对政府宣布，他们将保持‘中立’。部署在冬宫广场保卫司令部的只有一些残疾军人和几个哥萨克骑兵连。”波洛伏策夫将军于 7 月 4 日上午发布了马上清除彼得格勒武装团伙的通知；严厉警告居民锁上大门，不是绝对必要不要上街。这个声色俱厉的命令看起来是在放空枪。这位军区司令官能紧急抽调来对付游 50
行示威的兵力只有哥萨克和士官生的小股部队。一天之内他们挑

起了几次难以理喻的交火与流血冲突。受命保卫冬宫的第一顿河团的一个哥萨克少尉报告侦察委员会称："解除路过的小股人群（无论它们是由什么人组成的）以及武装汽车的武装的命令下达了。在执行这一命令的过程中，我们有时从宫中跑出来加入步兵队伍，去执行解除武装的任务……"哥萨克少尉的简短叙述准确无误地描绘出了力量的对比与斗争的情景。"叛乱"部队整连整营地走出兵营，占据着街道和广场。政府方面的部队则以小股队伍从埋伏地点发动突然袭击，这正是起义的游击队员该做的。角色发生互换的原因就在于几乎所有的政府武装力量都敌视它，最好的情况下也是保持中立。临时政府依靠苏维埃执行委员会的信任才能生存，而后者本身的维持也要依赖群众寄予它的希望——回心转意，最后夺取政权。

喀琅施塔得的水兵出现在彼得格勒的舞台上使游行示威达到了顶点。前一天，机枪手代表就在这个海军要塞的守备部队中做好了工作。出乎当地组织的意料，根据来自彼得格勒的无政府主义者的倡议，水兵们在船锚广场举行了集会。发言的人呼吁大家支援彼得格勒。医科大学生罗沙利是喀琅施塔得的青年英雄之一，也是一个船锚广场喜爱的人，他企图发表要求大家克制的演说，结果数千人的喊声打断了他。已经习惯了与此不同待遇的罗沙利只得走下了讲台。直到深夜才弄清楚，原来是彼得格勒的布尔什维克号召上街游行。这就解决了问题。左翼社会革命党人——喀琅施塔得没有也不可能有右翼社会革命党人——宣布，
51 他们也有意参加游行示威。这些人与克伦斯基同属一个政党，而后者此刻正在前线集结军队来镇压示威者。喀琅施塔得各种组织

举行的晚间会议上的情绪就是这样的，就连胆小怕事的临时政府特派委员帕尔切夫斯基也投票赞成向彼得格勒进军。计划拟订好了，漂浮设备也准备好了，为了政治性登陆的需要，从军火库里面取出了 75 普特弹药。大约 1 万名全副武装的水兵、士兵和工人乘坐拖轮和客轮在中午 12 点钟的时候进入了涅瓦河口。他们沿河两岸登陆后加入了游行队伍，皮带上挂着步枪，还带来了军乐队。跟在水兵和士兵队伍后面的是彼得格勒区和瓦西里耶夫岛区的工人纵队，它们与赤卫队的队伍相互轮替；装甲车在两侧行驶，游行队伍头顶是无数的旗帜和标语牌。

克舍辛斯卡娅宅邸近在咫尺。矮小而瘦弱，长着一头乌发的斯维尔德洛夫是党内最主要的组织者之一，他在四月代表会议上进入中央委员会。此刻他站在阳台上，像往常一样用自己浑厚的男低音从上面认真地吩咐大家：“游行队伍的先头部分应当向前推进，变成更坚实一些，并且督促后面的队伍赶上来。”卢那察尔斯基从阳台上向示威者致敬，他总是情愿被周围人的情绪所感染。他用自己的形象和语言给人留下难忘的印象，发表朗诵诗一般的漂亮演说。虽然他不是很可靠，但也是一个不可缺少的人物。下面的人用暴风雨般的掌声欢迎他。不过，示威者最想听到列宁本人的声音。顺便说明，当天早晨他就被人从他那在芬兰的藏身之所叫出来了。水兵们是如此执意坚持要达到自己的目的，以致尽管身体不适，列宁还是不能推辞。下面的人用如同喀琅施塔得海浪一样不可遏止的异常兴奋的情绪欢迎自己的领袖出现在阳台上。像往常一样，列宁有些不耐烦和难为情，等待欢呼声过去。不过在欢呼尚未停息之前，他就开始讲话了。他的这篇在随后几个星期

52 里遭到敌对报刊全力攻击的演说，所用的词句其实比较简单，包括向示威者致敬，表示相信“全部政权归苏维埃”的口号最终会取得胜利；号召大家要沉着坚毅和百折不回。高喊着新的口号，游行示威的队伍在乐队伴奏下再度上路了。在这节庆般的活动与即将流血的日子之间，插入了这一段颇为有趣的情节。喀琅施塔得社会革命党左翼的领导人只是在马尔索沃校场才看到示威队伍前面打出了布尔什维克中央委员会的巨大标语牌，它是队伍在克舍辛斯卡娅宅邸做过停留以后才出现的。出于党派忌妒心而觉得羞愧至极，他们要求撤除标语牌。布尔什维克拒绝这样做，于是社会革命党便宣布，他们要全体离开。可是水兵和士兵没有一个人跟随这些领导人离去。左翼社会革命党人的全部政策都是由这种变化莫测的动摇构成的，它们时而是喜剧性的，时而又是悲剧性的。

在涅瓦大街和铸造场大街的拐角处，游行队伍的后卫意外地遭到开枪射击，有几个人受伤。更加猛烈的扫射随后就发生在铸造场大街和潘捷雷莫诺夫大街的拐角处。喀琅施塔得人的领导者拉斯科尔尼科夫的回忆录谈到，对示威者带来猛烈打击的是：“敌人在哪里？他们是从何处，从哪个方向开的枪？对这些问题我们一无所知。”水兵们端起步枪，开始朝四面八方乱射一通，结果导致好几个人伤亡。只不过费了好大的劲才恢复了跟原先差不多的秩序。游行队伍再次在奏乐声中继续前进，不过再没有留下什么节庆兴奋的痕迹。“好像到处都有敌人。步枪已不再平静地扛在左肩上，而是准备随时开火。”

这一天在城市各处发生了不少流血冲突，然而不能不把一部分的冲突归结为误解、混乱、胡乱开枪和惊慌失措。这些悲剧性意外事件是革命过程中不可避免的额外代价，而革命本身也是历史发展的额外代价。但是，七月事件中流血挑衅的成分完全是无可争辩的，就在那些日子暴露出来了，后来也得到了证实。波得沃伊斯基讲道：“……当示威士兵开始通过涅瓦大街及其主要是资产阶级居住的邻近街区时，开始出现了冲突的不祥征兆：不知从何处而来的猛烈扫射，也不知是什么人开的枪。……最初游行队伍不知所措，接着最强硬和失去自制的人开始漫无目标地开枪了。”孟什维克康托罗维奇在官方的《消息报》上描述一支工人队伍遭到扫射的情形，他写了下面一段话：“来自多个工厂的 6 万工人在花园街行进。就在他们从教堂旁边走过的时候，钟楼的钟声响了，好像这就是某种信号，房顶上的步枪和机枪马上一齐开火了。当大群工人奔向街道另一侧时，对面房顶上同样向他们开枪射击。”二月革命期间，普罗托波波夫的“法老”[①]携带机枪藏在屋顶和阁楼里，而现在是军官组织的人在那里开枪。通过对示威人群的扫射，他们在极力制造恐慌和挑起各支部队彼此之间发生冲突方面并非没有成效。经过搜查开枪的那些房子，示威者找到了机枪火力点，有时还发现了机枪射手本人。

但是，发生流血事件的主要原因是政府控制的军队没有能力制伏运动，用来进行挑拨却能胜任。晚上 8 点左右是示威游行处在最炽烈的时刻，而此刻两个拉着轻炮的哥萨克骑兵连前来保卫塔夫里达宫。一路上，哥萨克坚持拒绝跟示威者答话，这本身就是一个坏兆头。他们还在可能得手的地方拦截武装汽车，解除小股

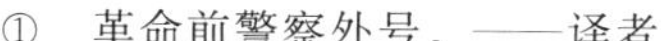

① 革命前警察外号。——译者

单独队伍的武装。哥萨克把大炮拉到了被工人和士兵占据的街道
54 上，这一眼看过去就是令人难以忍受的挑衅行为。一切都预示着冲突将要发生。在铸造场大桥旁，哥萨克步步逼近密集的敌对群众，后者在通向塔夫里达宫的道路上已经成功地设置了一些路障。出现了短暂的可怕沉寂，旋即就被邻近房屋里发出的枪声打破了。对此，工人梅捷列夫写道："哥萨克射出一串串子弹，工人和士兵急忙逃向有掩蔽的地方，或者干脆卧倒在弹雨下面的人行道上，他们就是这样进行回击的。"士兵的火力迫使哥萨克后撤。哥萨克冲到临河的涅瓦大街后，用大炮进行了三通排射（《消息报》同样注意到了用平射炮进行的射击），但是他们被枪械火力压倒，于是朝塔夫里达宫方向撤退。迎面而来的一支工人队伍对哥萨克予以痛击，哥萨克抛下大炮，马匹和步枪，躲藏在资产阶级宅邸的大门边或者四散逃走。发生在铸造场附近的冲突是一场真正的小规模战斗，却又是七月危机期间最大的一次战斗插曲，有关于这次战斗的描述贯穿在许多游行示威参加者的回忆当中。埃里克松工厂的工人布尔辛同机枪手一道行动，他讲述说，刚与他们相遇，"哥萨克马上就开枪了。许多工人被打死躺在地上。就在这里，一颗子弹打中了我，它打穿我的一条腿，留在另一条腿当中了……我这条不能走路的腿和这根拐杖就成了七月危机的生动纪念……"。在铸造场大桥一带的冲突中，一共有 7 名哥萨克被打死，19 人受伤。示威者当中有 6 人被打死，大约 20 人受伤。各处还留下了不少马匹的尸体。

我们这里还有来自敌方阵营的有趣证词。阿韦林——就是前面提到的那个从早晨开始对正规军暴动者实行游击式袭击的哥萨克少尉——说："晚上 8 点的时候，我们接到了波洛伏策夫将军的

命令,派配备两门速射炮的两个哥萨克连队前往塔夫里达宫……
我们到了铸造场大桥,我看见桥上有许多全副武装的工人、士兵和 55
水兵……我带着自己的主力队伍驰近他们,要求他们交出武器,但是我的要求没人理睬。这些暴徒全都急忙通过大桥跑到维堡地区去了。我还没有来得及追赶他们,一个身材十分矮小没带肩章的士兵回过头来朝我开枪,可是没有打中我。这一枪仿佛发了个信号,一阵乱枪从四面八方朝我们扫射过来。旁边的人群发出高声喊叫:‘哥萨克向我们开枪了。’而事实上情况是这样的:哥萨克从马背上跳下来,旋即开始放枪,甚至有用大炮开火的意图,然而示威士兵的火力是如此猛烈,就像飓风一样,竟然使得哥萨克被迫后撤并且逃散到全城各处去了。”一个士兵朝一个哥萨克少尉开枪,这说明没有什么是不可能的。一个哥萨克军官在七月示威的人群中所能指望得到的与其说是致意,不如说是子弹。不过还有更加符合真相的大量证据:第一阵射击不是从街道上,而是从埋伏地点发出的。正是这位少尉所在的那个连队的一个哥萨克列兵很有把握地指出,对哥萨克的扫射先是从区法院的建筑那边,接着是从萨穆尔巷和铸造场大街上其他房屋里发出来的。苏维埃的半官方刊物提到,还没有抵达铸造场大桥的哥萨克就遭到了从一所石头房子里发出的机枪扫射。工人梅捷列夫肯定地说,当士兵们搜查这所房子时,在这所将军的住宅里发现藏有不少枪械,其中有两挺上了子弹的机枪。这一点没什么可怀疑的。战争时期,指挥人员千方百计将许多各种不同的武器集中掌握在自己手里。自上而下把铅雨倾注到这群“混蛋”身上的诱惑力实在是太大了。不错,射击正好是对着哥萨克的,但是七月示威的人群深信,反革命分子故意向政府军

56 开枪，其意图是激起后者进行无情的镇压。在国内战争中，昨天还握有无限权力的军官团体不知道阴险和残酷有什么限度。彼得格勒有很多秘密的和半秘密的军官组织，他们得到高层的庇护和拥有慷慨的支持。七月危机之前大约一个月，孟什维克李伯尔提供的秘密情报谈到了那些军官阴谋家有自己晋见布坎南的门道。的确，协约国的外交官不是一直都很关心尽快地出现一个强有力的政权吗？

自由主义者和妥协主义者在所有混乱中寻找“无政府主义者—布尔什维克”和德国间谍插进来的手。工人和士兵蛮有把握地把七月冲突和牺牲的责任归咎于爱国主义的奸细。真理究竟在哪一方呢？群众的判断自然是不会错的。可是，谁要是认为群众好像就是盲目和轻信的，那他就大错特错了。就在他们被触及痛处的地方，群众用千百双眼睛和耳朵辨认事实和猜测，以亲身经历来检验流传的消息，并且选取其中一些，抛弃另一些。在存在有关群众的说法互相矛盾时，群众自己相信的东西离真相就更近些。因此，像伊波利特·泰纳这类国际诽谤者于科学是毫无用处的。他们在研究伟大人民运动时往往忽略街道上发出的声音，而去精心挑选因孤独和恐惧而在沙龙里产生的空洞胡扯。

示威人群再度包围了塔夫里达宫，并且要求做出答复。就在喀琅施塔得水兵到来之际，有些人把切尔诺夫叫出来与水兵见面。觉察到了示威人群的情绪以后，这位喜欢长篇大论的部长这一次只发表了简短的讲话。他轻轻掠过政权危机的话题，以不屑一顾的态度对立宪民主党人退出政府一事进行评论：“走了倒好！”“为什么您早不这样说呢？”一阵喊声立即打断了他。米留科夫甚至讲到，好像“有一个身材高大的工人挥舞的拳头快要打到部长的脸上

了，气得发狂似的高叫：‘你这混蛋，既然有人把政权给你，你就拿
着。’”即使这只是一桩佚闻，那么在这种场合，它也非常准确地反 57
映出了七月局势的本质。切尔诺夫的答复可没有那么有趣，这些答复无论如何都无法使他赢得喀琅施塔得水兵的心……过了两三分钟以后，有人跑进苏维埃执行委员会会议大厅，大声喊道，切尔诺夫被水兵扣押了，他们正准备收拾他。心情极其紧张的执行委员会派出了几个重要成员去解救这位部长，他们都是国际主义者和布尔什维克。后来，切尔诺夫对一个政府委员会做证时说到，当他走下讲台时，发现有几个人在圆柱后面入口旁边做出的敌对动作。“他们紧紧围住我，不让我朝大门那边走去……指挥扣押我的水兵的是一个可疑人物，他一直在用手指着停在附近的一辆汽车……就在此刻，托洛茨基从塔夫里达宫出来了并且走向那辆汽车，他站在我坐的汽车前面，发表了简短的讲话。”托洛茨基提议放走切尔诺夫，并且要求反对者举起手来。“结果没有一个人举手，于是把我带上汽车的那帮人带着极其不满的神情让出了一条路。我记得托洛茨基说过，切尔诺夫公民，谁也不阻挠您自由地回去……整个这件事总的情形在我这里是没有什么疑问的，不过这里的确存在一些居心不良的人预先策划的图谋。他们没有经过普通工人和士兵群众的同意，便把我叫出来并且扣押了我。”

在自己被捕前一个星期，托洛茨基在苏维埃执行委员会一次联席会议上说过：“这些事实将进入历史，我们也将调查清楚它们的原貌……我看见，入口附近站着一群恶棍。我对卢那察尔斯基和梁赞诺夫说，这是些从前的密探，他们企图冲进塔夫里达宫（卢那察尔斯基马上接着说：‘是的。’）……就是在好几万人当中我也能

58 认出他们。”7 月 24 日，已经身陷十字监狱单人囚室的托洛茨基在自己的证词中写道：“……我一开始就决定与切尔诺夫以及想逮捕他的那些人一起乘汽车离开人群，为的是避免在人群中引发冲突和引起恐慌，但是异常激动的海军准尉拉斯科尔尼科夫走到我跟前大叫起来：‘不可以这样……假如是您和切尔诺夫一起离开，那么明天就有人说，好像是喀琅施塔得人扣押过他。应该立即释放切尔诺夫。’号兵刚使人群安静下来，于是我便有机会发表一个简短的演讲。演讲以下面这个问题作为结尾：‘谁在这里赞成采用暴力，就请举手吧。’——切尔诺夫现在能够毫无阻碍地回塔夫里达宫去。”

当时那个意外事件两位主要当事人作为证人提供的证词描述了事情的真实一面，但是这丝毫也不妨碍敌视布尔什维克的报刊把切尔诺夫的意外遭遇和逮捕克伦斯基的“图谋”说成是布尔什维克组织武装暴动最有力的证据。它们没少援引是托洛茨基指挥了扣押切尔诺夫的行动的说法，尤其是在口头宣传中。这种说法甚至传到了塔夫里达宫。切尔诺夫本人在一份秘密侦讯文件中颇为真实地讲出了自己遭受扣押的情况，但是他没有就这个话题发表任何公开言论，这样做是为了不妨碍他自己那个党散播对布尔什维克的愤恨。何况切尔诺夫本人就是把托洛茨基投入十字监狱的那个政府的一员。当然，妥协派分子可以推断，一小撮居心不良的阴谋分子还不敢产生在光天化日之下当众拘捕一位部长这么鲁莽的念头，假如他们还不指望群众对“受害者”的仇视能完全掩蔽他们的话。事情大致就是这样发生的，在汽车周围，谁也没有流露出
59 主动释放切尔诺夫的意图。除此之外，要是克伦斯基在某个地方

被拘捕了，当然，不论工人还是士兵都不会为此感到悲伤。就这一点而言，群众在精神上确实参与了对社会主义部长实际和虚构的侵害行为，并且为指控喀琅施塔得人提供了支持。但是，对自己民主制威望残余的顾虑妨碍妥协派分子提出下面这种坦诚的理由：他们在敌对地疏离示威者的同时，难道不是在被包围的塔夫里达宫里面继续领导着工人、士兵和农民苏维埃的制度吗？

晚上8点钟的时候，波洛伏策夫将军打来的电话给苏维埃执行委员会带来了希望，两个拉着大炮的哥萨克连队正在朝塔夫里达宫挺进。终于盼到了！然而这一次又是大失所望。双方的电话通话使得惶惑的情绪变得更加紧张了：哥萨克消失得无影无踪，而且确实是连同战马、马鞍与速射炮一齐消失的。米留科夫写道，入夜之前，“政府向军队发出的请求产生的首批结果”开始显现出来，例如，第一百七十六团好像是赶来解救塔夫里达宫的。表面上如此准确的这段引文对于评判那些误解（*qui pro quo*）来说是非同寻常的，这类事情在国内战争初期（那时阵营还刚刚才开始划分。——托洛茨基）是难免要发生的。该团确实在以行军的队形朝塔夫里达宫进发：士兵背上背着行囊和卷起来的军大衣，腰侧挂着水壶和饭盒。士兵在途中就汗湿了衣衫，显得相当疲惫，因为他们是从红村赶过来的。这就是第一百七十六团的状况。但是该团根本就没有打算去解救政府，与区联派关系紧密的这个团队当时处在两个布尔什维克士兵——莱温松和梅德韦杰夫指挥之下，其目的就是努力争取苏维埃政权。立即有人向如坐针毡的执行委员会领导人报告，远道而来的这个团理所当然地在窗外休息，秩序井然，团里的军官也在一起。身着军医制服的达恩上前要求团长布 60

置岗哨保卫塔夫里达宫。岗哨结果很快就安排好了。想必达恩十分满意地向主席团通报了这一情况，事实就从这里出现在报纸的版面上。苏哈诺夫在自己的《札记》中对布尔什维克领导的这个团执行一位孟什维克领袖命令的顺从态度进行了嘲弄：七月示威“没有理性”的又一个证据！实际上情况既更简单也更复杂。得到布置岗位的命令以后，该团团长征求值勤的助手、年轻中尉普里戈罗夫斯基的意见。不幸的是，普里戈罗夫斯基是一个布尔什维克，也是区联派组织的成员，为苏维埃着想他旋即就去找托洛茨基。后者当时与一个不大的布尔什维克小组在塔夫里达宫侧边的一个房间里占用着一个观测点。不用说，普里戈罗夫斯基收到了在必要之处立即布置岗哨的劝告：在入口和出口处有朋友总要比有敌人有利得多。就这样，本来为参加反对当局的示威游行而赶来的第一百七十六团，现在却在帮助当局防范游行示威者。假若事情真的是涉及暴动，那么普里戈罗夫斯基中尉只要有 4 个士兵跟在身后，就能毫不困难地逮捕执行委员会所有成员。然而谁也没有想到逮捕行动，布尔什维克指挥的这个团的士兵自愿布下了岗哨。

在通往塔夫里达宫道路上的唯一障碍——哥萨克分队被扫除以后，许多示威者产生了稳操胜券的错觉。实际上，主要的障碍就坐在塔夫里达宫里面。来自 54 个工厂的 90 名代表出席了傍晚 6 点钟开始举行的苏维埃执行委员会联席会议。根据协商获准发言的 5 个代表一开始就对示威者在执行委员会的呼吁书里面被指控为
61 反革命分子一事提出了抗议。其中一人说道：“你们看到了，标语牌上写了些什么，这就是工人做出的决定……我们要求清除十个

资本家部长。我们信任苏维埃,但是不信任苏维埃所信任的某些人……我们要求马上拿到土地,要求马上对工业实行监督,我们要求同威胁我们的饥饿展开斗争……”另一位代表补充说:“你们面临的不是造反,而是完全有组织的行动。我们要求把土地转交给农民。我们要求取消反对革命军队的命令……现在正是立宪民主党人拒绝同你们一道工作的时刻,我们不禁要问你们一声,你们还要同谁谈好价钱呢?我们要求政权转到苏维埃手里。”6 月 18 日游行的宣传口号现在变成了关于群众要武装起来的最后通牒,但是,妥协派分子已经被过于沉重的铁链牢牢锁在有产阶级的战车上了。苏维埃政权?可是这首先意味着大胆的和平政策,意味着与盟国决裂,与本国的资产阶级决裂,也意味着完全孤立,在几个星期内死亡。不,负责任的民主派绝不会走上冒险的道路!策烈铁里说道:“目前的局势使得不能在彼得格勒的气氛中执行任何新的决定。”因此剩下的事情就是:“承认由现有成员组成的政府……过两个星期举行苏维埃非常代表大会……要选一个保证大会能没有阻碍地举行的地方,最好是莫斯科。”

但是会议的进程不断遭到干扰。普梯洛夫厂的工人敲响了塔
夫里达宫的大门:他们只能集结到黄昏为止,因为非常疲劳,受到
刺激,处在极度激昂的情绪中。“策烈铁里,策烈铁里快出来!”
3 万群众派自己的代表进了塔夫里达宫,有人追着他们大声喊叫,
如果策烈铁里不愿意出来,那就务必强行把他拉出来。从威胁到
行动还有一段不短的距离,可是事情终究出现了急剧的转变,布尔 62
什维克赶来予以阻止。季诺维也夫后来讲述道:“我们的同志建议
我去与普梯洛夫人见面,……人头攒动,我也看不清什么,好几万

人聚集在一起。不断高喊着‘策烈铁里’……我开口就说：‘我代替策烈铁里来见你们。’顿时一片笑声。这一下便扭转了情绪。于是我能发表长篇演讲。……演讲结束时我呼吁这些听众马上和平地解散，保持完整的队形，无论如何也不能让自己做出任何挑衅性行为。聚会人群响起了暴风雨般的掌声，他们整好队伍，接着开始散去。”这个情节再好也不过地既反映了群众不满的尖锐程度，也反映了他们没有攻击性计划，还反映了党在七月事件中的真实作用。

就在季诺维也夫跟普梯洛夫厂工人在街上交谈的同时，一大群普梯洛夫人的代表疾速涌进了会议大厅，有些人还带着枪。执行委员会的成员从座位上跳了起来。“有的人没有表现出足够的勇气和镇静。”给这一戏剧性时刻留下了鲜明描绘的苏哈诺夫这样写道。有一个工人“是典型的无套裤汉，他头戴鸭舌帽，身着没有腰带的蓝色短衫，手里端着步枪”。他跳上讲台，由于激动和愤怒而浑身发抖……“同志们，我们工人必须长期忍受背叛吗？你们停止与资产阶级和地主的勾结吧……这里有我们三万普梯洛夫人……我们要实现自己的意愿……”面对步枪在鼻尖前挥舞，齐赫泽显得相当镇静。他从自己所坐的高处平静地俯下身来，把一份印好的呼吁书递到那个工人颤抖的手里。“喂，同志，劳驾拿着，我原谅您，您读一读吧。那上面讲明了，普梯洛夫的同志们该做些什么……”呼吁书里面除了说示威者应当回家，否则他们将成为革命的叛徒以外，其他什么也没有说。可是，孟什维克还能说别的什么呢？

63 在塔夫里达宫墙外进行的宣传活动中，本来就如同在那个时候所刮起的宣传旋风中一样，季诺维也夫占有重要的地位，他是具

有特殊力量的演讲人。他那男高音嗓子在第一时间就能令人称奇，然后以特别悦耳动听的语调博得人们的好感。季诺维也夫是一个天生的鼓动家。他容易为群众的情绪所感染，也为他们的激动所激动。他善于为群众的感情找到信念，可能的话，找到含糊不清却又引人入胜的说法。对手们把季诺维也夫称作布尔什维克中间最擅长巧言惑众的人。由此，他们通常依照他最强烈的特性，也就是深入民众内心并且拨动他们心弦的本事给予他应有的评价。然而，无可否认的是，季诺维也夫仅仅是一个鼓动家，而不是理论家，也不是革命的战略家。当没有外部纪律约束他的时候，他就很容易滑向巧言惑众的道路，这已经不是一般意义上而是科学意义上的巧言惑众，因而显现出为了短暂的成就而牺牲长远利益的倾向。既然问题涉及的是暂时的政治估计（但不会比这更深刻），因此季诺维也夫在宣传方面的敏锐性便使他成了一个极有价值的谋士。当他带着在群众集会上经过检验的和似乎是为工人和士兵的希望与仇恨所充实的现成政治理念来出席党的会议时，他就显得善于说服、争取和蛊惑。另一方面，季诺维也夫有能力做到在充满敌意的会议上，甚至在当时苏维埃执行委员会里面给最极端和最富爆炸性的主张赋予遮蔽严实和取悦于人的形式，并且渗入到那些带着以前形成的不信任感来看待他的人的头脑中去。相对获取这种异常珍贵的结果，他缺少的只是一种对自己正确与否的自觉。他势必怀有令人快慰的信心，即他的政治责任被一双可以信赖和强壮有力的手替他揽过去了。是列宁给了他这种信心。用揭示了问题本质的现成战略公式武装起来的季诺维也夫，用刚刚在街道 64
上、工厂里和兵营中获取的新鲜呼声、抗议和要求机智灵敏地补充

这一公式。在那样的时刻，这是列宁与群众之间，在一定程度上也是群众与列宁之间最理想的传动装置。季诺维也夫总是紧跟着自己的导师，除了为数不多的几次之外。但是这几次刚好又是决定党、阶级和国家命运之际出现意见分歧的时刻。革命鼓动者没有把握革命的实质。只要问题牵涉到征服头脑和灵魂，那么季诺维也夫就仍然是一个不知疲倦的斗士。然而当他与不可避免的行动面对面时，他立刻就丧失了战斗的信心。在这种场合，他疏远群众，也疏远列宁。他只对动摇的声音做出响应，染上的是怀疑情绪，看到的是一些阻力，于是他的取悦于人和近乎女人的嗓音便失去了说服力，也暴露出他内心的软弱。七月危机期间，季诺维也夫在塔夫里达宫墙外表现得异常活跃、机智灵便和坚强有力。他使群众的激昂情绪达到了最高的地步——但不是为了呼唤他们去采取坚决行动，而是相反，是为了阻止他们。这是与时局和党的政策相符的。季诺维也夫完全处于自己的最佳状态。

发生在铸造场大桥那场战斗给游行示威的发展造成了剧烈的转折。谁也不再从窗户里或者从阳台注视游行队伍了。比较殷实的人聚集在车站周围，离开城市。大街上的斗争演变成了没有明确目的的零星战斗。夜晚，发生了游行示威者与爱国主义者的徒手搏斗，还出现了混乱的缴械行为，步枪在人群之间轮流传递。从溃散各团跑出来的小群士兵任意分散四处行动。“混进他们当中的嫌疑分子和奸细怂恿他们采取无政府主义行动。”波德沃伊斯基补充说道。在寻找从房子里面开火的步枪的过程中，一队队的水兵和士兵进行了全面搜索。有些地方借口搜索发生了抢劫。另一
65 方面，严重的施暴行为也开始出现了。商人在那些他们觉得自己

就像在乡村一样的城市偏远地段猛烈地攻击工人,无情地殴打他们。新列斯涅尔工厂的工人阿法纳西耶夫讲到:“高喊着‘打死犹太人和布尔什维克,把他们扔到河里去’的人群向我们发起攻击,对我们就是一通毒打。”有一个受害者后来死在医院里了,遭到毒打和浑身是血的阿法纳西耶夫本人就是被水兵从叶卡捷琳娜运河里救起来的。

冲突、牺牲、斗争没有结果以及斗争的实际目标捉摸不定——所有这一切已经把运动销蚀殆尽。布尔什维克中央委员会做出决定:号召工人和士兵停止游行示威。这个号召书旋即告知了苏维埃执行委员会,在下层也几乎没有遭到反对。群众一下子消失在边远市区了,并且不打算明天再举行斗争。他们感觉到,事情牵涉到苏维埃政权,它要比他们认为的复杂得多。

包围圈终于从塔夫里达宫完全撤除了,邻近的街道变得空荡荡的。但是执行委员会仍然继续处于不眠状态,时而开会,时而暂息,不时有人在发表没有什么意义和目的的冗长讲话。直到后来才有人发现,妥协主义者当时在等待什么。各工厂和团队的代表仍然在相邻的房间里备受煎熬。“已经半夜过后很久了,”梅捷列夫叙述道,“而我们仍然还在等待‘决定’……遭受疲困和饥饿折磨的我们在亚历山大大厅不停地走来走去……7 月 5 日凌晨 4 点时分,我们的等待终于结束了……一批全副武装的军官和士兵大声嚷嚷着冲进了敞开的主要大门。”整座楼房充满了铜管奏出的马赛曲。在这凌晨时刻,脚步声和乐器的嘈杂声在会议大厅引起了极大的波动。代表们纷纷从座位上跳了起来。有新的危险吗?但是达恩还在讲台上……他宣布:“同志们,静一静!什么危险都没有!

66 进来的是忠于革命的部队。”不错，等待已久的可靠部队就这样终于来到了。他们控制了所有通道，向仍然滞留在塔夫里达宫里为数不多的工人凶狠地猛扑过去，收缴了他们手中的所有武器，开始实行逮捕，并且把被捕者带出宫去。有名的孟什维克库钦中尉身穿行军服装走上讲台。在乐队奏出的胜利乐曲声中，担任会议主席的达恩跟他热情拥抱。由于极度兴奋而喘不过气的妥协主义者用洋洋得意的目光灼痛左翼分子，他们自己则相互握手，张大嘴巴，好像是在马赛曲乐声中尽情享受自己的火热激情。“这幕好戏是反革命的开端！”马尔托夫这个非常善于观察和理解的人物当即发出了愤怒的声音。如果我们想到马尔托夫与把这场戏剧视为革命最盛大庆典的达恩属于同一个政党，那么苏哈诺夫所生动描绘出来的这一剧情的政治含义的意义还要重大一些。

只是到了此刻，一直在注视多数派狂热兴奋的左翼人士才真正明白，当真正的民主走上街头的时候，官方民主制的上层机关被孤立到了何种程度。36 个小时期间，这些人轮流消失在后台，以便从电话室里与参谋部还有在前线的克伦斯基保持联系，要求派军队前来；在那里不停地呼吁、劝说和努力打动人心，一再派出鼓动人员，然后又重新等待。危险过去了，然而恐惧的惯性依然还在。因此凌晨 5 点钟“可靠部队”的脚步声在他们的耳朵里听起来就像是解放交响乐一样。终于，从讲台上传出了关于庆幸平定武装暴动和这一次务必要把布尔什维克彻底镇压下去的公开演讲。进入塔夫里达宫的部队不是如许多人所认为的那样是从前线开来的，而是从彼得格勒卫戍部队，主要是从普列奥布拉任斯基团、谢苗诺夫团和伊兹梅洛夫团的三个最落后的近卫营抽调出来的。

7月3日,它们还曾宣布自己保持中立。凭临时政府和苏维埃执行委员会的权威是别想掌控这些部队的:士兵闷闷不乐地待在营 67
房里守候。直到7月4日下午,当局终于开始动用强有力的手段:把言之凿凿证明列宁是德国间谍的文件拿给普列奥布拉任斯基团的官兵看。这一举动果然奏效。消息在各团传播开了。军官、各团委员会委员、执行委员会的鼓动人员全面活动起来了。原来中立的各营情绪发生了转变。快到天亮的时候,本来它们已经没有任何需要了,有人却把它们聚集起来并且引领它们沿着空无一人的街道到了空旷的塔夫里达宫。演奏马赛曲的是伊兹梅洛夫团的乐队,就是这个当时最反动的团在1905年12月3日受命逮捕了由托洛茨基担任主席的彼得格勒第一届工人代表苏维埃成员。盲目的历史剧导演每一步都取得了惊人的戏剧效果,而他根本没有刻意寻找这种效果,他无意中放松了控制事物逻辑的缰绳。

* * *

当街道上的群众被清空了的时候,新成立的革命政府便伸展自己患有痛风的四肢:工人代表遭到拘捕,武器被收缴,城市的一个区与另一个区被隔绝起来。早晨6点钟左右,一辆满载着士官生和士兵的汽车在《真理报》编辑部门前停了下来,他们带了一挺机枪,而且立即把它驾在窗台上。不受欢迎的客人离开以后,编辑部一片狼藉:桌子的抽屉被撬开了,地板上满是被撕碎的稿子,电话线也被扯断了。编辑部和办公室的门卫和工作人员遭到了殴打,并且被抓走了。最近3个月期间工人募集资金开办的印刷所遭到了更加严重得多的破坏:轮转印刷机捣毁了,自动铸字机毁坏了,键盘打字机也砸烂了。布尔什维克指责克伦斯基政府没有魄 68

力，真的是错了！

“总而言之，街道恢复了正常状态，”苏哈诺夫写道，“聚集成堆的人群和街头集会几乎看不到了。商店几乎都开了门。”布尔什维克呼吁停止示威的号召书一清早就开始散发，这是被破坏的印刷所的最后产品。哥萨克和士官生在大街上抓捕水兵、士兵和工人，并且把他们送进监狱和禁闭室。在小店铺里和人行道上，人们谈论着有关德国金钱的话题。对替布尔什维克讲好话的人实行的逮捕仍在进行。“已经不准说列宁是一个诚实的人了。否则要带进特别委员办事处。”苏哈诺夫像通常那样充当了在资产阶级、知识分子和小市民的街道上所发生事情的细心观察者。不过，工人街区看起来是另外一种情形。工厂还没有开工。情绪仍然惊恐不安。有关军队从前线开过来的流言在四处传播。维堡区的街道上到处是议论纷纷的人群，谈论一旦遭到攻击该怎么办。梅捷列夫讲述说：“有人说赤卫队员和普通青年工人准备钻进彼得保罗要塞，支持被围困在那里的部队。他们把手雷藏在口袋和长靴里，揣在怀中，乘小船渡过河去，有部分人是从桥上过去的。”来自科洛缅斯克区的排字工人斯米尔诺夫回忆说：“我看见载有海军学校高年级学生的拖轮是怎样从杜杰尔戈夫高地和奥拉宁鲍姆沿涅瓦河航行过来的。快到两点钟的时候，情况开始恶化……我看见水兵们怎样一个一个地通过偏僻的小巷返回喀琅施塔得。关于所有布尔什维克都是德国间谍的说法流传开了。卑鄙的诬陷升高了调门……”历史学家米留科夫十分满意地总结说：“街道上人群的情绪和成分彻底改变了。入夜之前，彼得格勒完全平静下来了。”

在前线的军队还没来得及赶来之际，政治上得到妥协派分子

协助的彼得格勒军区司令部继续隐瞒自己的意图。白天,以李伯 69
尔为首的苏维埃执行委员会成员光临克舍辛斯卡娅宅邸,与布尔什维克的领袖一起举行会议,这次拜访证明了双方的感觉是最心平气和的。达成的协议责成布尔什维克把水兵领回喀琅施塔得,把机枪连领出彼得保罗要塞,从各个哨卡撤走装甲车和哨兵。政府方面则承诺不允许对布尔什维克进行任何攻击和镇压,释放除犯有刑事罪行以外的所有被捕人员。可是协议没有维持多久。随着关于德国金钱和军队从前线快要开到的流言的传播,卫戍区中出现了越来越多的回想自己曾忠于民主派和克伦斯基的部队和分队,它们派代表前往塔夫里达宫或者军区司令部。终于,从前线开出的军用列车真的开始抵达了。妥协主义者圈子里的情绪越来越激昂起来。从前线开来的部队本来准备采用流血手段把首都从凯撒(德国皇帝)的代理人手里夺回来。现在显然不需要任何军队,因此务必要证明把它们召来是正确的。为了使自己避免嫌疑,妥协主义者竭尽全力向指挥官们说明,孟什维克和社会革命党与他们同属一个阵营,而布尔什维克是共同的敌人。当加米涅夫试图提醒执行委员会主席团成员注意,就在此前数小时达成了一个协议时,李伯尔用铁腕国务人员的口气回答说:“现在力量对比已经改变了。”从拉萨尔的流行言论中李伯尔懂得了,大炮是宪法的主要成分。以拉斯科尔尼科夫为首的喀琅施塔得水兵代表团好几次自告奋勇去了执行委员会的军事委员会,而那里一再提高的要价是以李伯尔的最后通牒——立即同意解除喀琅施塔得人的武装而
结束的。拉斯科尔尼科夫说道:“离开军事委员会会议,我们再次 70
与托洛茨基和加米涅夫进行了会商。列夫·达维多维奇(托洛茨

基）提议马上秘密地打发喀琅施塔得人回去。会商做出决议，派同志们去各个兵营，把即将发生强行解武装的消息预先通知喀琅施塔得人。”大多数喀琅施塔得人及时离开了，只有少数部队继续留在克舍辛斯卡娅宅邸和彼得保罗要塞。

得知社会主义部长意见和他一致的李沃夫公爵早在7月4日便给波洛伏策夫将军下达了一纸命令，内称“逮捕占据克舍辛斯卡娅宅邸的布尔什维克，把那里清理干净并且由军队加以占领”。在编辑部和印刷所被捣毁以后，现在布尔什维克中央所驻房子的命运问题十分尖锐地凸显出来了。必须使这所独门独户的宅邸进入防御状态，军事组织任命拉斯科尔尼科夫为这座建筑的警卫队长。他是广义地理解自己的任务，按照喀琅施塔得的方式，他要求送来大炮，甚至要求派一艘小型军舰到涅瓦河口来。拉斯科尔尼科夫后来对自己的这一步骤做了如下解释：“在我这方面当然是做了军事准备的，不过仅仅是用于自卫，因为不仅在空气中闻到了火药味，而且听到了大镇压的隆隆雷声，……我估计把一艘好的军舰派到涅瓦河口就足以使临时政府的决心大打折扣，我觉得这样做不是没有道理的。”所有这一切都是相当不明确的，也不是认真的。很有必要做这样的推测，7月5日整个白天军事组织的领导人以及同他们在一起的拉斯科尔尼科夫仍然没有充分估计到形势发生的转折，于是就在为了不让武装示威演变成为敌人强加的武装暴动，从而它应当赶紧后撤的时刻，还有军事领导人迈出了某些意外和轻率的前进步伐。年轻的喀琅施塔得领袖们不是第一次走过了
71 头。然而没有走过头的人参加，能够完成革命吗？在人类所有的重大事件中，难道不正是一定比例的轻率行为成为了必要的组成

部分吗?可是这一次一切都被一些命令,而且是很快又被拉斯科尔尼科夫本人撤销的命令捆住了手脚。与此同时,越来越令人心慌的消息传到了这座独立宅邸里头:有人看见涅瓦河对岸一所房子的窗户里,有好些机关枪正瞄准着克舍辛斯卡娅宅邸。也有人观测到装甲车的纵队正朝这里开过来了;还有人报告了哥萨克侦察小队靠近过来的消息。军事组织的两个委员被派去面见军区司令官进行谈判。波洛伏策夫要谈判者相信,捣毁《真理报》编辑部的事情是在他不知情的情况下发生的,而且他并不准备对军事组织进行任何镇压。事实上,他只是在等候从前线开来足够的援兵。

就在喀琅施塔得后撤的同时,波罗的海舰队整体上才刚刚准备发动进攻。水兵总数大约有 7 万的舰队主力部队驻扎在芬兰水域;此外,一个陆军军也驻扎在芬兰;在赫尔森福斯港口的工厂里工作的大约有 1 万俄国工人。这是一只威力巨大的革命拳头。水兵和士兵的压力是如此不可抗拒,甚至社会革命党的赫尔森福斯委员会也表示反对联合政府。因此在芬兰的舰队和军队里,所有苏维埃机构都一致要求中央执行委员会把政权夺取过来。为了维护自己的要求,波罗的海舰队的水兵准备随时开进涅瓦河口。但是,削弱海上防线和让德国舰队易于攻击喀琅施塔得和彼得格勒的危险阻止了他们这样行动。不过就在这时发生了一件根本没有预料到的事情。波罗的海舰队中央委员会——所谓“波罗的海中央”——于 7 月 4 日召集各舰委员举行了一次紧急会议,主席德宾
科在会上宣读了舰队司令刚刚收到的、由海军部副部长杜达列夫 72
签署的两份秘密命令。第一份命令责成海军上将韦尔杰列夫斯基派遣四艘鱼雷舰开赴彼得格勒,为的是用武力阻止喀琅施塔得那

边来的暴动分子登陆；第二份命令要求舰队司令官无论采用什么手段，都不能让舰船从赫尔森福斯开往喀琅施塔得，直至不惜用潜水艇击沉不服从命令的反叛军舰。夹在中间的海军上将首先关心的是如何保住自己的脑袋，他抢先一步，把电报交给了波罗的海中央，并且附上一份不执行这一命令的声明，甚至说哪怕波罗的海中央在上面盖上自己的印鉴也不执行。宣读两份电报使水兵们大为震动。诚然，他们完全有理由严词斥责克伦斯基和妥协主义者，不过在他们心目中这仅仅属于苏维埃内部的斗争。要知道就是中央执行委员会当中多数所属的政党同样在芬兰地区执行委员会当中占多数，只不过后者表示拥护苏维埃政权而已。事情很清楚：无论孟什维克还是社会革命党，都不赞成击沉拥护中央执行委员会政权的军舰的。旧时的海军军官杜达列夫还能以怎样的方式来干涉苏维埃家庭内部的争论，以便使它演变成一场海上战斗呢？昨天，大型军舰还被官方认为是革命用来对抗落后的鱼雷舰和几乎没有为宣传所触及的潜水艇的倚靠。难道当局今天真的打算借助潜水艇来击沉军舰！这类事实无论如何也不能装进水兵固执的脑袋。这样的命令之所以成为他们可怕的噩梦不是没有根据的，其实它是 3 月播下的种子在 7 月理所当然结出的果实。从 4 月起孟什维克和社会革命党人就已经开始呼吁外省来反对彼得格勒，呼吁士兵来反对工人，呼吁骑兵来反对机枪手。他们给了连队比给工厂
73 更加优待的选派苏维埃代表的权利，他们鼓动小型和分散的企业对抗巨型金属工厂。他们代表的是昨天，于是在一切形式的落后成分中寻求支持；他们失去了立足点，于是唆使后进者去反对先锋队。政治有自己的逻辑，特别是在革命时期。四面八方都受到挤

压的妥协主义者被迫委托韦尔杰列夫斯基海军上将去击沉最先进的军舰。妥协主义者的不幸就在于,他们力图依靠的落后军舰在越来越努力地向先进军舰看齐;潜艇上的全体船员对杜达列夫命令产生的愤慨并不亚于装甲舰上的官兵。

波罗的海中央为首的那些人物绝对不是哈姆雷特气质的人,他们没有浪费时间,很快就同各舰船委员会的成员一起做出了如下决定:火速派原来预定用于击沉喀琅施塔得人舰船的舰队鱼雷舰“俄耳浦斯”号前往彼得格勒,首先是为了到那里收集所发生事件的消息;其次是“为了逮捕海军部副部长杜达列夫”。不管这个决定看起来是多么突然,它还是特别有力地证明了,波罗的海人仍然在相当程度上倾向于认为妥协主义者是内部的对手,与任何一个杜达列夫这类他们认为的共同敌人不同。在一万名武装的喀琅施塔得人在涅瓦河口上岸以后24小时,“俄耳浦斯”号也驶进了河口。可是——“力量对比已经改变了”。一整天都不让水兵们登陆。直到晚上,由波罗的海中央和各舰船委员会派出的一个由67人组成的代表团才被允许来到对七月危机进行第一轮总结的苏维埃执行委员会联席会议的会场。胜利者还沉浸在自己新近取得的胜利之中。报告人沃伊廷斯基不无高兴地描述了过往那些处于弱势和遭受屈辱的时光,目的是为了更鲜明地突出继之而来的胜利。他说道:“来驰援我们的第一支部队那就是装甲车。我们做出了一个强硬的决定,在武装暴徒方面采取暴力的情况下就实行开火……我 74
们看到了所有威胁革命的危险,给一些部队(指前线的部队。——托洛茨基)下达了上车启程开往这里的命令……”大多数参加会议的高层人士表露了对布尔什维克尤其是对水兵的愤恨,附加着逮捕

杜达列夫的任务的波罗的海舰队代表团陷入了这种气氛之中。胜利者用粗野的咆哮、拳击桌子和跺脚的响声来对待代表团宣读波罗的海舰队的决议。逮捕杜达列夫？可是这位海军上校只不过是在履行自己对革命的神圣义务，而他们这些水兵、叛乱者和反革命分子却在革命背后予以一击。联席会议通过一个特别决议郑重表示支持杜达列夫。水兵们望着发言人，同时互相瞪大眼睛。直到现在他们才明白，他们面前到底发生了什么。第二天，代表团全体成员被拘押起来，他们在囚室里完成了自己的政治教育。随后，接踵而来的波罗的海中央主席、海军军士德宾科也被逮捕，然后又逮捕了海军上将韦尔杰列夫斯基，他是被召到首都说清事态的。

6日早晨，工人们陆续恢复上班。只有从前线召来的部队在街上举行示威，反间谍机关的密探在查验人们的身份证，并且肆意抓人。青年工人沃伊诺夫在散发小号《真理报》（这是代替前一天被捣毁的布尔什维克报纸而出版的）时，被一群暴徒打死在大街上，很可能就是反间谍机关的密探们所为。黑帮分子对镇压暴动很感兴趣。在各个城区，抢劫和施暴行为仍在继续，有些地方还发生了枪击。当天白天，军用列车一辆接一辆地把一个骑兵师、顿河哥萨克团、一个枪骑兵师、伊兹博尔斯克团、小俄罗斯团、一个龙骑兵团以及其他一些部队运来了。高尔基的报纸写道："大量到来的
75 哥萨克部队显得野心勃勃。"城里有两个地方发生了用机枪朝刚刚到来的伊兹博尔斯克团开火射击的事件。两处的机枪装置在阁楼里找到了，但是没有发现肇事者。其他地方也发生了朝调来的部队开枪的事件。这种故意开火的狂妄举动深深地震惊了工人。老

练的挑拨者之所以用子弹迎接新来的士兵,就是为了进行反布尔什维克的防疫,这是明摆着的事实。工人们急于要对新来的士兵解释清楚这一点。可是当局不让他们接近后者:二月革命以来,士官生和军官第一次站在了工人和士兵之间。

妥协派分子兴高采烈地欢迎进城的各个团队。在有众多军官和士官生出席的各个部队代表会议上,还是那个沃伊廷斯基动情地大发感慨:“就在此刻,部队正沿着百万大街行进,装甲车队也朝冬宫广场开去,接受波洛伏策夫将军指挥。这就是我们所依靠的真实力量。”有四位社会主义助教——来自执行委员会的阿夫克先季耶夫和郭茨、来自临时政府的斯科别列夫和切尔诺夫成了军区司令官的政治掩护。但是这也拯救不了这位司令官。后来,克伦斯基在白卫军面前夸耀说,7 月他从前线回来以后,解除了波洛伏策夫将军的职务,“原因是他动摇犹豫”。

现在,终于可以解决拖得太久的任务了,就是要捣毁在克舍辛斯卡娅宫宅邸中的布尔什维克巢穴。一般说来,在社会生活中,特别是在革命时期,有时以其象征意义存在于想象之中的次要事实被赋予了巨大意义。例如,列宁“侵占”克舍辛斯卡娅的问题在反对布尔什维克的斗争中占据了不成比例的重要地位。克舍辛斯卡娅是宫廷芭蕾舞演员,与其说她是以自己的艺术,不如说是以其同罗曼诺夫王朝的男性代表人物的关系而出名的。她那独门独户的私
邸是这些关系结出的果实,这些关系大概早在尼古拉二世做皇储 76
的时候就开始了。战前,居民们带着嫉妒的恭敬语气随意谈论这所位于冬宫对面的集奢华、马刺和钻石于一体的安乐窝。战争期间人们常说的话是:“窃取来的。”士兵们说得还准确一些。临近艺

术年龄大限的芭蕾舞演员转而登上了爱国主义的舞台。对此，直言不讳的罗将柯是这样说的："……最高总司令(指尼古拉·尼古拉耶维奇大公。——托洛茨基)曾经提到，他知道芭蕾舞演员克舍辛斯卡娅参与和影响着大炮生产，各种不同的商行通过她得到了不少订货。"如果说革命爆发以后，闲置的克舍辛斯卡娅宅邸没有在人民中间引起好感，那是不足为怪的。就在革命对房屋提出了难以满足的需要的时候，政府连一所私人房产也不敢侵占。为了战争征用农民的马匹——这是一回事；为了革命征用闲置的私宅——这完全是另一回事。不过，人民群众别有一番说法。

在为自己寻找合适房子的过程中，后备装甲兵营在 3 月上旬发现了克舍辛斯卡娅的宅邸，于是占用了它，因为这位芭蕾舞演员有一个很好的车库。装甲营甘愿把房舍的上面一层让给了布尔什维克彼得格勒委员会。布尔什维克与装甲兵的友谊还增进了他们与机枪手的友谊。在列宁归国几个星期前发生的占据这座宅邸的事情最初很少引起人们的注意。随着布尔什维克的影响与日俱增，对侵占者的愤慨也高涨起来了。报纸上有关似乎列宁住进了芭蕾舞女演员的客厅以及似乎宅邸的全部陈设家具都被破坏和偷窃殆尽的传闻简直是一派胡言。列宁住在他妹妹简朴的住所里，而芭蕾舞演员的家具已由宅邸管家收拾停当并且封存起来了。就在列宁回国的当天，苏哈诺夫探访了这座宅邸，并且留下了有关房屋情况并非索然无味的记载。"这位著名芭蕾舞演员的内室是一
77 副相当可怕和怪诞的样子。非常考究的天花板和墙壁与为适应公务需要而随意摆放的简陋家具——粗糙的桌子、椅子和板凳极不相称。总的来说家具是不多的。克舍辛斯卡娅的动产则不知存放

在何处去了……”报界精心绕开装甲营的问题，把列宁说成是武力侵占毫无自卫能力的献身艺术者的宅邸的始作俑者。这个话题也滋养了许多社论和小品文。天鹅绒、绸缎和壁毯中间居然还有穿着又脏又破的工人和士兵！首都所有的二层楼房都由于道德上的愤慨而震动起来了。就如当年吉伦特党人把九月屠杀、工人宿舍丢失床垫和宣扬土地法的责任一股脑归咎于雅各宾党人一样，现在立宪民主党人和民主派人士同样谴责布尔什维克危害了人类道德的基石，以及在克舍辛斯卡娅私家宅邸的镶木地板上随便吐痰。皇室芭蕾舞演员成了遭受野蛮铁蹄践踏的文明的象征。公众的同情激发了女主人，于是她向法庭提出控告，法庭则判决布尔什维克搬出这座房子。可是事情根本没有这么简单。“在宅邸值勤的装甲车看起来威力够强大的。”当时的彼得格勒委员会委员扎列日斯基回忆说。此外，机枪团以及其他一些部队已经做好了准备在需要时增援装甲兵。5 月 25 日，执行委员会常务局根据芭蕾舞演员的律师提出的申诉认定：“革命的利益需要服从法庭判决的效力。”然而妥协派分子没有比这种柏拉图式的格言走得更远，因此令这位并不倾心于柏拉图主义的芭蕾舞演员十分伤心。

布尔什维克中央委员会、彼得格勒委员会和军事组织继续在那座独门建筑里并肩工作。拉斯科尔尼科夫讲述道：“不断有人民群众到克舍辛斯卡娅宅邸里来。一些人有这种或那种事情来找秘书处工作人员，另一些人则来寻找丰富的藏书……也有些人找《士兵真理报》编辑部，还有些人是来参加某个会议的。这里经常举行
各种会议，有时是不间断地举行，有些会议在一层宽敞的大厅里举 78
行，有些则在楼上一间有长桌子的房间里召开，长桌显然是以前芭

蕾舞演员进餐用的。”演讲人从飘扬着一面硕大的中央委员会旗帜的阳台上不间断地召开集会，不仅在白天，而且在晚上也举行。经常有一些部队或者一群群的工人于漆黑的深夜来到这里要求听演讲。也有一些不常见的居民驻足在阳台前，他们的好奇心是被报纸上的喧嚣激发起来的。在形势紧急的那几天里，敌方举行的要求逮捕列宁和赶走布尔什维克的游行示威也曾短暂地走近过这座建筑。在环绕宅邸的人流里面，可以感觉到革命搅动的深度。七月危机期间，克舍辛斯卡娅的宅邸登上了自己的顶点。米留科夫说：“运动的总司令部原来不在塔夫里达宫，而在列宁的城堡，带着古典式阳台的克舍辛斯卡娅宅邸。”粉碎游行示威注定要导致摧毁布尔什维克的司令部所在的这座建筑。

凌晨 3 点钟，由彼得格勒团后备营、一支机枪小队、谢苗诺夫团一个连、普列奥布拉任斯基团一个连、沃伦斯基团教导队以及两门大炮和八辆装甲车组成的一支部队向被一条河道隔开的克舍辛斯卡娅宅邸和彼得保罗要塞分头推进。清晨 7 点，军区副司令、社会革命党人库兹明下令清空那座独家宅邸。当时留在里面的喀琅施塔得水兵不足 120 人，他们不愿意放下武器，于是开始逃往彼得保罗要塞。当政府军占领这座建筑时，那里面除了几个服务人员以外，再也没有别的什么人了……彼得保罗要塞的问题仍然没有解决。我们还记得，青年赤卫队从维堡区渡河来到要塞，目的就是在需要时援助水兵。他们当中的一个说：“在要塞的城墙上架起了
79 几门大炮，显然是水兵们用来应付任何不测情况的……流血事件开始袭来了。”但是外交谈判和平地解决了问题。按照中央委员会的委托，斯大林向妥协派领袖建议共同采取措施，以不流血的方式

平息喀琅施塔得人的行动。他跟孟什维克波格丹诺夫两个人没有遇到多大困难，便说服水兵接受了李伯尔昨天发出的最后通牒。当政府的装甲部队临近要塞时，携带着一份守卫队服从苏维埃执行委员会声明的要塞代表团开门出来。水兵和士兵交出的武器装上了卡车。被缴了械的水兵登上驳船返回喀琅施塔得。交出要塞可以认为七月运动告一段落。从前线开来的自行车部队占据了布尔什维克退出的克舍辛斯卡娅宅邸和彼得保罗要塞，十月革命前夕，他们同样转到了布尔什维克一边。

80 第三章 布尔什维克能在7月夺取政权吗?

临时政府和苏维埃执行委员会所禁止举行的游行示威具有规模宏伟的特征,第二天就有不少于50万人参加了示威。苏哈诺夫没有找到足够严厉的词汇来评价论七月危机的“鲜血和污垢”,但他还是写到了:“不管政治结局如何,我们除了用钦佩以外,不可能用其他态度来看待这次令人赞叹的人民群众运动。尽管认为它是很危险的,也不能不为其自发的伟大气魄而感到兴奋。”根据侦讯委员会的统计,有29人被打死,114人受伤,双方的损失不相上下。

最初妥协主义者承认运动是从下层开始的,没有通过布尔什维克,甚至在一定程度上是违背布尔什维克的。但是到了7月3日夜间,尤其是次日白天,官方的评判已经发生了变化。运动被宣布为暴动,而布尔什维克变成了其组织者。亲近克伦斯基的斯坦凯维奇后来写道:“在‘全部政权归苏维埃’的口号下发生了布尔什维克反对当时由护国主义政党构成的苏维埃多数派的真正暴动。”谴责暴动——不仅仅是政治斗争的手段:6月时这些人就过分相信
81 布尔什维克的影响力,而现在又武断拒绝相信工人和士兵的运动能够超越布尔什维克的头脑。托洛茨基企图在执行委员会的会议

上进行解释:“指责我们造成群众的情绪,这是不对的,我们不过是力图表达它而已。”在十月革命以后出版的敌人所写的书,包括苏哈诺夫的著作当中可以见到这样的论点:似乎布尔什维克只是因为七月暴动的失败才隐藏了自己的真正目的,而且是用群众自发运动把它掩盖起来的。可是,难道把好几十万人卷进自己旋涡的武装暴动计划也能够如同宝物一样隐藏起来吗?难道在十月革命之前布尔什维克不是不得不完全承认公开起义和在众目睽睽之下准备起义吗?如果说7月时谁也没有揭露出这个计划,那仅仅是因为它根本就不存在。机枪手和喀琅施塔得人进入彼得保罗要塞是经过要塞的常备守卫部队的同意的,这个举动(妥协主义者特别强调这是“侵占”)绝对不是武装暴动的行为。坐落在岛上的这座建筑——与其说是作战阵地,还不如说是监狱——看来还能够为败退者做避难所之用,可是不能为进攻者提供任何便利。示威者在急速向塔夫里达宫进发时,途中在最重要的政府大厦旁边没怎么留意就过去了,而要占领这些大厦,有普梯洛夫赤卫队的人马就足够了。他们占领彼得保罗要塞就像占领街道、岗哨和广场一样。要塞作为克舍辛斯卡娅宅邸的邻居是一个额外的推动因素,在后者无论出现什么危险时都可以从要塞出来进行援助。

布尔什维克为把七月武装运动转化为一场游行示威尽了一切努力,但是,结果运动到底有没有因为事物的逻辑而超出这个界限呢?要回答这个政治问题比应付刑事指控还要困难。七月危机结束之际,列宁马上就对其做出了评价,他写道:“反政府的游行示 82
威——从形式上看,这是对事件最确切的描绘。但实质上,这不是普通的游行示威,而是某种比游行示威大得多而比革命小一些的

事件。”(《列宁全集》中文第二版第30卷,第410页)群众一旦无论掌握了何种思想,他们就想把它付诸实施。工人,尤其是士兵虽然信任布尔什维克党,但是他们还没来得及树立除非依照党的号召和在党的领导之下,否则不应该采取行动的坚定信念。2月和4月的经验毋宁说教给了他们另外的东西。当列宁在5月说工人和农民比我们党还要革命一百倍时,他毫无疑问是总结了2月和4月的经验。可是群众是按照自己的方式来总结这一经验的。他们在内心暗暗地说即使是布尔什维克也在拖延和阻挠。七月危机期间,示威者已经做好了充分准备推翻官方政权,如果根据事态的进展需要这样做的话。在同资产阶级对抗的情况下他们做好了动武的准备。因此,这里存在着武装起义的因素。然而如果说它不仅没有贯彻到底甚至连一半也没有达到,那是因为妥协主义者搅乱了局势。

在本书的第一卷里,我详细叙述了二月体制的反常现象。小资产阶级民主派孟什维克和社会革命党人从革命人民手里得到了政权。事先他们并没有为自己提出这一任务,他们也没有努力去争取政权。他们违背自己的意志掌握了政权。他们违背群众的意志想方设法把政权交给了帝国主义资产阶级。人民不相信自由主义者,但是相信妥协主义者,但是后者自己不相信自己。从他们自己的立场来看,他们也是对的。即使把政权整个地交给了资产阶级,他们依旧还是某种力量。把政权掌握在自己手里以后,他们就必定变得什么都不是了。政权最好是近乎自动地从民主派人士那
83 里滑落到布尔什维克手中。灾难是无可补救的,因为它早就包含在俄国民主制毫无价值的本质之中了。

七月示威者想把政权交给苏维埃。为了达到这一目标,苏维埃同意接受政权是必不可少的条件。当时,即使在大多数工人和卫戍部队中的积极分子跟布尔什维克走的首都,由于所有代表制度所特有的惯性定律所起的作用,苏维埃多数仍然属于小资产阶级政党,它们把对资产阶级政权的危害看作是对自己的危害。工人和士兵在自己的情绪与苏维埃的政策之间,也就是在自己的今天和昨天之间明显感到十分矛盾。他们在为苏维埃政权举行起义时,全然不信任妥协主义多数。然而他们不知道怎样处置后者。用武力推翻后者就等于解散苏维埃,而不是把政权交给它。所以在找到革新苏维埃的途径之前,工人和士兵试图用直接行动的方式来使它服从自己的意志。

在两个苏维埃执行委员会散发的关于七月危机的传单中,妥协主义分子义愤填膺地呼吁工人和士兵去反对示威者,据它们说,这些示威者“企图用武力把自己的意志强加在由你们选举产生的代表身上”。好像示威者和选举者并非同是工人和士兵的两种不同名称似的!好像选举者就没有权利把自己的意志强加给当选者似的!并且好像这种意志不是要求履行职责——为人民的利益掌握政权,而是某种别的东西。群众聚集在塔夫里达宫周围,他们朝执行委员会高声呼喊的就是那个不知名的工人挥舞长满老茧的拳头奉送给切尔诺夫的那句话:“既然有人把政权给你,你就拿着。”妥协主义分子则用招来哥萨克作为回答。民主派老爷们宁愿与人
民打一场内战,也不肯不经流血就把政权拿到他们自己手中。最 84
先开枪的是白卫军。但是,国内战争的政治空气是孟什维克和社会革命党造成的。

工人和士兵正是遇到了来自他们想把政权交给的那个机关方面的武力回击，因此他们失去了目标感。运动的政治核心被从这场威力巨大的群众运动中抽走了。七月事件的进程转化成了一场部分是由武装暴动的形式引起的游行示威。可以蛮有根据地说，这是一次为了达到这样一种目的的准暴动，它不允许采用游行示威以外的手段。

拒绝政权的妥协主义者同时也没有把它彻底转让给自由主义者。这既是出于害怕他们——小资产者害怕大资产者；也是出于替他们担忧——清一色的立宪民主党人内阁会马上遭到群众推翻。此外，就如米留科夫所正确指出的："苏维埃执行委员会在同擅自开展的武装行动的斗争中巩固自己在 4 月 20—21 日骚乱过程中所宣称的权利，即根据自己的考虑对彼得格勒卫戍部队的武装力量发号施令的权利。"妥协主义者像以前那样继续从坐垫下面盗用自己的权力。为了用武力回击那些把苏维埃政权写在标语牌上的人们，苏维埃实际上不得不把政权集中到自己手里。

执行委员会走得更远，在这些日子里它正式宣布了自己的主权。7 月 4 日通过的一份决议称："如果革命民主派承认把全部政权转交给苏维埃是必要的，那么只能由两个执行委员会的全体会议就这个问题做出决定。"在把争取苏维埃政权的游行示威宣布为反革命暴动以后，执行委员会同时作为一个上层政权形成了，它决定着临时政府的命运。

85 7 月 5 日黎明，当"可靠的"部队开进塔夫里达宫大厦时，其指挥官报告称他的全体部队完全服从中央执行委员会，至于临时政府，一个字也没有提到！可是反叛者也同意服从作为政权的执行委员会。在交出彼得保罗要塞时,它的守备部队声明自己服从执行委员会也就够了。谁也没有要求他们服从官方当局。就连从前线召回的军队也把自己完全置于执行委员会支配之下。在这样的情况下,到底是由于什么缘故而导致了流血事件的发生呢?

假若这场斗争发生在中世纪末,相互厮杀的双方就会引用圣经同样的格言。形式主义历史学家后来就会得出结论,说斗争是由于对圣经条文解释不同而引起的:众所周知,中世纪的手工业者和不识字的农民有一种可怕的陋癖,即因为约翰启示录中文句上的奥妙缘故而让人杀死自己,就像俄国的分裂派教徒因为用两个手指还是三个手指画十字的问题而使自己陷于万劫不复的境地一样。其实在中世纪,为切身利益而展开的斗争隐藏在象征性公式之下的事情并不比今天少见,需要巧妙地把它揭示出来。同样一行福音书诗句,在一些人看来意味着农奴制,而在另一些人看来则意味着自由。

不过也有新鲜得多和时代相近得多的类似情况,法国 1848 年 6 月战斗期间,街垒的两边都传出了同一种呼喊:“共和国万岁!”因此六月战斗被小资产阶级唯心主义者误认为是由一些人的疏忽和另一些人的狂热引起的误会。实际上,资产者想要的是为自己的共和国,而工人想要的是为大家的共和国。政治口号多半用来掩盖利益,而不能按照字面意义来理解它们。

尽管二月体制有种种反常之处,更何况它还被妥协主义者用 86
马克思主义和民粹主义的天书掩盖起来了,但真实的阶级关系还是够晶莹透彻的。只要别忘记妥协主义政党的两面派本性就可以了。有教养的小资产者依靠的是工人和农民,却跟有爵位的地主和制糖厂的厂主结成了盟友。通过苏维埃制度，下层人民的要求往上提到了官僚式国家前面；而执行委员会在纳入苏维埃制度的同时，却变成了资产阶级的政治掩护。有产阶级之所以“服从”执行委员会，是因为后者把政权转移到了它们一方。而群众之所以服从执行委员会，是因为希望它成为工人和农民的统治机关。塔夫里达宫交织着两种对立的阶级意图，而且两者都用执行委员会的名义掩盖起来：一种是出于缺乏觉悟和轻信态度，另一种是出于冷静的算计。斗争不正好就是围绕由谁——是由资产阶级还是由无产阶级——来统治这个国家而展开的吗？

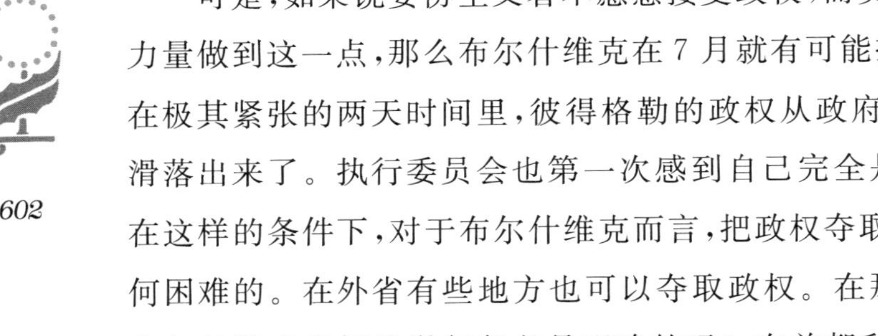

可是，如果说妥协主义者不愿意接受政权，而资产阶级又没有力量做到这一点，那么布尔什维克在 7 月就有可能执掌握权柄吗？在极其紧张的两天时间里，彼得格勒的政权从政府机关手中完全滑落出来了。执行委员会也第一次感到自己完全是无能为力的。在这样的条件下，对于布尔什维克而言，把政权夺取过来是没有任何困难的。在外省有些地方也可以夺取政权。在那样一种场合，布尔什维克党拒绝举行起义是正确的吗？在首都和一些工业地区的地位得到巩固的它随后可以把自己的统治向全国各地扩展吗？这是一个重要的问题。战争结束之际，没有什么能像克伦斯基短短几个月的执政那样给欧洲的帝国主义和反动派取得胜利提供帮
87 助了，正是它把革命的俄国折腾得精疲力竭，并且给俄国在期望革命新阶段的欧洲作战部队和劳动群众心目中的道义上的威望造成了无可估量的损失。若能把无产阶级革命分娩的阵痛缩短 4 个月（这是很长的一段时间！），布尔什维克得到的国家就不会那么衰弱，在欧洲心中的革命威信也会少受一些损害。这样不仅在与德

国开展谈判时会给苏维埃带来巨大的优势,而且会给欧洲的战争与和平进程造成最强大的影响。前景太令人神往了!然而,党的领导层没有走上武装起义的道路是完全正确的。光夺取政权是不够的,还必须保住它。10月,布尔什维克认为他们的时机已经到了,而他们最困难的时刻是在夺取政权以后来临的。需要工人阶级付出最大限度的努力,方可经受住敌人发动的无数次攻击。而在7月的时候,即使彼得格勒的工人也没有做好开展奋不顾身进行斗争这样的准备。他们有可能取得政权,但是他们会表示愿意把它交给苏维埃执行委员会。本身绝大多数都已经倾向布尔什维克的首都无产阶级仍然没有割断把他们与妥协主义者连接起来的二月脐带。在这一方面还存在着不少幻想,似乎用言语和示威就可以获得一切;仿佛吓唬一下孟什维克和社会革命党人就可以迫使他们实行与布尔什维克一致的政策。甚至阶级的先进部分也没有认识清楚,可以经由什么样的道路通向政权。列宁不久便写道:"现在的事态表明,我们党在7月3—4日这两天所犯的真正错误,就在于……党认为政治改革还可以通过苏维埃的改变政策而和平发展,但事实上,当时孟什维克和社会革命党人已经陷入了同资产阶级的妥协而不能自拔,被束缚住了手脚,而资产阶级已经完全成了反革命,因此根本谈不上什么和平发展。"(《列宁全集》中文第二版第32卷,第143页)

如果说无产阶级在政治上还不一致和不够坚定,那么由农民 88
组成的军队更是如此。7月3—4日,卫戍部队以自己的行动为布尔什维克夺取政权提供了充分的可能性。但是卫戍部队当中终究还有保持中立的部队,它们在7月4日入夜之际已经坚决向爱国

主义政党那边摆动过去了。7 月 5 日，中立的团队站在了执行委员会一边，而倾向布尔什维克的团队竭力涂上中立色调。这种局面比前线部队姗姗来迟给予当局的行动自由要大得多。假若布尔什维克在 7 月 4 日凭一时冲动夺取政权的话，那么在遭受不可避免的外来打击的情况下，彼得格勒卫戍部队不仅自己不会支持这个政权，而且会阻碍工人起来捍卫它。

作战部队的情况看起来还要不利一些。特别是从发动六月攻势的时候起，争取和平与土地的斗争使这些部队对布尔什维克的口号变得极为敏感。然而，在他们的意识里，所谓士兵“自发的”布尔什维主义根本没有与某个确定的政党，与该党的中央委员会及其领袖是一致的。那个时候士兵寄出的信件十分明显地反映出军队的这种状况。“部长大人和全体主要领导人，请记住，”一个前线的士兵歪歪扭扭地写着，“我们对各党的情况很不了解，只知道不远的将来与过去。过去沙皇把你们流放到西伯利亚，投进监狱，而将来我们把你们放到刺刀尖上。”在这字里行间，对失信食言的上层人物极度残忍与承认自己的无奈——“我们对各党的情况很不了解”结合在一起了。反对战争和军官的军队不断进行反抗，为此还利用了来自布尔什维克词典的口号。可是，军队还远远没有做好准备举行一场把政权交给布尔什维克党的起义。政府从离首都
89 最近的驻军当中挑选出了平定彼得格勒局势所需的可靠部队，它们没有遇到其他部队的积极抵抗，也没有遇到铁路方面的阻挠，政府用军用列车把它们运来了。不满的、抗命的和容易激动的部队仍然处于政治上没有定型的状态。在它们当中，能够给予松散的士兵群众的思想和行动进行统一指导的布尔什维克坚强核心人物

实在是太少了。

另一方面，妥协主义者为了利用前线来对抗彼得格勒以及农村后方，采用了反动派在3月间曾经对苏维埃枉费心机使用过的那种恶毒武器，而且并非没有成效。孟什维克和社会革命党人对前线的士兵说：彼得格勒卫戍部队受到布尔什维克的影响，不跟你们进行换防；工人不愿意为保证前线的需要而工作；如果农民听信布尔什维克马上夺占土地，那就什么也不会给前线战士留下。为了理解政府究竟是为谁，是为前线战士还是为地主保留土地，士兵们还需要积累经验。

站在彼得格勒和作战部队之间的是外省。它们对七月事件的反应本身就可能是十分重要的标准，因此也是posteriori（拉丁语：后来。——托洛茨基）解决布尔什维克7月期间回避直接夺取政权的举动是否正确这一问题的重要标准。在莫斯科，革命的脉搏比起彼得格勒来的确微弱不知多少倍。布尔什维克莫斯科委员会的会议上出现了异常激烈的争论：有些人，例如像布勃诺夫那样属于党的极左派的成员提出要攻占邮政局、电报局、电话局、《俄罗斯言论报》编辑部等等场所，亦即开始走上起义的道路。就其总体特性而言，委员会是温和的，因此它坚决打回了这些提议，它认为莫斯科的群众根本没有准备采取这样的行动。尽管有苏维埃的禁令，委员会还是决定举行游行示威。大批成群的工人高喊着与彼 90
得格勒相同的口号向斯科别列夫广场前进，但是情绪远没有彼得格勒那么激昂。卫戍部队的反应是很不一致的，有几支部队加入了游行，其中只有一支是全副武装的。不久就将郑重参加十月战斗的炮兵战士达维多夫斯基在自己的回忆录中证实，七月危机前

夕的莫斯科本来没有做什么准备，这次失败给示威的领导人留下了“某种不快之感”。

有关彼得格勒事件的消息连同临时政府已经垮台的谣传一起传到了纺织之都伊万诺沃—沃兹涅辛斯克。那里的苏维埃已经处于布尔什维克领导之下，作为预备措施，执行委员会在夜间举行的会议上做出了对电话局与电报局实行监督的决定。7 月 6 日，工厂普遍停工了；大约有 4 万工人参加了游行示威，其中许多人还带上了武器，然而当彼得格勒的游行示威无法获胜的事实变得明朗起来时，伊万诺沃—沃兹涅辛斯克苏维埃急忙退缩回去。

7 月 6 日晚上，在处于彼得格勒事件消息影响之下的里加，感染了布尔什维克情绪的拉脱维亚轻步兵与“敢死营”发生了冲突，不过这个爱国主义营最后被迫退让了。也就是同一个夜晚，里加苏维埃通过了一份拥护苏维埃政权的决议。两天以后，乌拉尔首府叶卡捷琳堡苏维埃通过了同样的决议。在最初几个月，苏维埃政权的口号只是以党的名义提出来的，从此便成了有些地方苏维埃的纲领，这个事实无可争辩地表明向前迈出了意义最重大的一步。不过，从通过争取苏维埃政权的决议到在布尔什维克旗帜下举行起义之间，还有一段相当长的路要走。

在国内有的地方，彼得格勒发生的事件则成了缓解局部性尖
91 锐冲突的推动力。在下诺夫哥罗德，撤退下来的士兵一直在抗拒重返前线，从莫斯科派到那里的士官生因自己采用暴力强制行为而引起了当地两个驻军团队的愤慨。造成伤亡的枪战的结果是士官生最终投降，并且被缴了械。当局不知去向。由三个兵种组成的讨伐队从莫斯科出发向此地奔来。讨伐队的头目是莫斯科军区

司令官、克伦斯基内阁未来的陆海军部长、容易冲动的韦尔霍夫斯基上校和莫斯科苏维埃主席、老牌孟什维克欣楚克,后者缺乏军人的气质,后来当过合作社组织的负责人,再后来出任了苏维埃政府驻柏林的大使。可是,现在没有什么人需要他们来镇压了,因为到那时暴动士兵选出的委员会已经完全恢复了秩序。

大约也就在那个晚上,也是基于拒绝上前线的同样原因,以黑特曼[①]波卢博齐科命名的那个团5000名士兵在基辅发动哗变,他们夺取了军火库,占领了要塞和军区司令部,逮捕了要塞司令官和警察首脑。城里的恐慌气氛延续了好几个小时,这期间经过军事当局、社会团体委员会和乌克兰中央拉达机关的协同努力,被捕者释放了,而大多数哗变部队被解除了武装。

在遥远的克拉斯诺亚尔斯克,基于卫戍部队的情绪,布尔什维克觉得自己的地位是如此坚固,以至于尽管在国内已经开始出现了反动浪潮,他们还是于7月9日举行了有8000—10000人参加的游行示威,其中多数是士兵。一支由400人组成的队伍带着大炮,在军区特派委员、社会革命党人克拉科韦茨基率领下从伊尔库茨克出发前去平息克拉斯诺亚尔斯克的事态。在举行两个政权体制所必不可少的一系列会议和谈判的两天内,讨伐队被士兵的宣传瓦解到了如此地步,竟使得特派委员赶紧打发它返回伊尔库茨克。不过,克拉斯诺亚尔斯克只是一个很特别的例外。

在大多数省城和县城里,情况还要不利得多。例如在萨马拉, 92
当地的布尔什维克组织听到首都爆发战斗的消息后,“仍然在等候

① 乌克兰哥萨克首领的称号。——译者

信号出现，尽管几乎没有任何人是他们可以指靠的”。当地的一位党员讲述道：“工人开始对布尔什维克产生了好感。”可是期望他们投入战斗是不可能的。士兵就更加不要指望了。至于说布尔什维克组织，那就是：“力量十分薄弱——我们的人很少。在工人代表苏维埃里面，布尔什维克只有几个人，而在士兵苏维埃里面好像根本就没有，并且它几乎全是由军官组成的。”国内微弱的和不友好的反应的主要原因就在于，外省普遍没有经过战斗就从彼得格勒手里接受了二月革命，掌握新的事实和新的思想的过程要比首都慢得多。为了把笨重的后备军从政治上拉到自己这里来，先锋队需要增加额外的时间。

作为革命政策的决定性因素，人民群众的觉悟状况同样排除了布尔什维克在7月夺取政权的可能性。与此同时，在前线发动的进攻也迫使党阻止举行游行示威。进攻遭受溃败完全是在所难免的。事实上这种溃败已经开始了，但是全国还不知道这个事实。党行事一旦不谨慎，就会出现这样的危险：政府会把因自己轻举妄动而造成严重后果的责任归罪于布尔什维克。必须让进攻行动有充足的时间把自己消耗殆尽。布尔什维克并不怀疑，群众的转变将会很快发生。到那时，要动手做些什么就清楚了。这种盘算是完全正确的。然而，事件也有自己不顾及政治盘算的逻辑，因而这一次它残酷地给了布尔什维克当头一棒。

7月6日前线的失败变成了灾难性的，那天德国军队在宽度
93 12俄里①和纵深10俄里的范围内突破了俄军的战线。到7月7日，

① 1俄里等于1.06公里。——译者

正值镇压和讨伐行动最紧张的时候,溃败的消息在首都已经是尽人皆知的了。过了好几个月以后,即可怕的事情应该是有所缓解,或者至少是更好理解的时候,斯坦凯维奇这个并非最凶狠的布尔什维克敌人仍然提到了"一系列令人费解的事件的连续性",因为在塔尔诺波里的溃败是紧接着彼得格勒七月危机出现的。这些人没有看到或者说不愿意看到事件真实的连续性,它其实就在于在协约国棍棒下开始发起的毫无希望的进攻不可能不导致军事上的大灾难,同时不可能不引起群众因革命受了欺骗而产生的愤怒大爆发。然而,真实情况到底如何,还不是反正都一样吗?把彼得格勒的行动与前线的失败联系起来实在是太有诱惑力了。爱国主义报刊不仅不隐瞒失败,相反动用全部力量夸大它的规模,即使会导致暴露军事秘密也不停顿下来:各师和各团的番号被说出来了,它们所部署的范围也被指出来了。米留科夫承认:"从7月8日起,报界开始刊登从前线故意公开发送回来的电报,它们如同炸雷一样震惊了俄国舆论界。"这里面包藏的目的就是:让人震荡、惊恐、发昏,以便更容易把布尔什维克和德国人捆在一起。

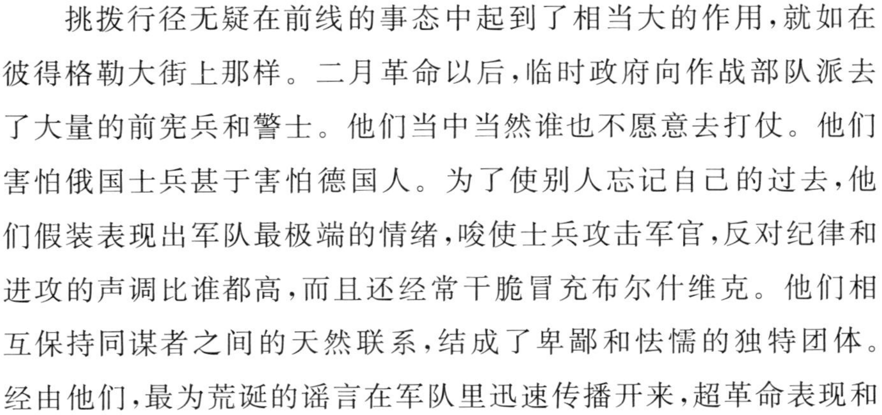

挑拨行径无疑在前线的事态中起到了相当大的作用,就如在彼得格勒大街上那样。二月革命以后,临时政府向作战部队派去了大量的前宪兵和警士。他们当中当然谁也不愿意去打仗。他们害怕俄国士兵甚于害怕德国人。为了使别人忘记自己的过去,他们假装表现出军队最极端的情绪,唆使士兵攻击军官,反对纪律和进攻的声调比谁都高,而且还经常干脆冒充布尔什维克。他们相互保持同谋者之间的天然联系,结成了卑鄙和怯懦的独特团体。经由他们,最为荒诞的谣言在军队里迅速传播开来,超革命表现和 94

黑帮行径就在这些谣言里面混合在一起了。在紧急关头，这些人最先发出引起惊慌的信号。报界曾多次指出过这些警察和宪兵的分化瓦解工作。在军队自身的秘密文件中引用这类说法也并非不怎么常见的事情。可是，最高指挥机关对此避而不谈，它宁愿把黑帮挑拨分子与布尔什维克混为一谈。如今进攻溃败以后，这种手段便是合法的了；孟什维克的报纸也力求不落在最肮脏的沙文主义宣传后面。通过对“布尔什维克无政府主义者”、德国间谍和前宪兵的高调抨击，爱国主义者在把军队普遍状况问题与和平问题压制下去方面暂时来看也不是没有取得成效。李沃夫公爵公开自吹自擂说：“基于我的深刻信念，对于俄国来说，我们在列宁战线上取得的纵深突破的意义要比在西南战线突破德国人阵地重要得不知多少倍。……”这位尊敬的政府首脑在分不清什么场合需要保持沉默方面，与高级宫廷侍从罗将柯十分相似。

如果说 7 月 3—4 日，阻止群众游行示威的做法取得了成功，那么由于塔尔诺波里的失败的结果，武装暴动就会无法避免地要爆发了。不过，哪怕总共再延缓几天，那还是会给政治局势带来重要变化的。运动马上就将达到更大的规模，不仅会扩展到外省，而且相当程度上会扩及前线。临时政府就会在政治上暴露无遗，它要把罪责加到后方的“叛乱者”身上也就变得无比困难了。布尔什维克党在各方面的处境就会比较有利。然而即使在这种场合，事态还是不能发展为直接夺取政权。能够有把握证实的只有一点：假如武装暴动推迟一个星期爆发，反动派就不能在 7 月取得那种程度的胜利。正是因为游行示威和前线溃败在时间上的“令人费
95 解的连续性”整体上是指向布尔什维克的，所以从前线滚滚而来的

愤怒和绝望的浪涛与从彼得格勒涌出的希望破灭的浪涛迎头相遇了。群众在首都得到的教训实在是太严酷了，以致不可能考虑马上重新开始进行斗争的问题。同时，无意义的失败所引起的痛苦感受也在寻找发泄的渠道。爱国主义者利用它去反对布尔什维克也获得了一定程度的成功。

在4月、6月和7月，上场主角都同是自由主义者、妥协主义者和布尔什维克。在所有这些阶段，群众都在力求让资产阶级远离政权，但是在不同阶段群众对时局进行干预的政治后果的差别是巨大的。“四月危机”的结果是使资产阶级遭到了损失；兼并政策至少在口头上受到了谴责，立宪民主党蒙受了屈辱，它失去了外交部长的职位。6月，运动是以双方不分胜负结束的：仅仅是对布尔什维克抡起了拳头，可是并没有真的打击它。7月，布尔什维克党被指责为背叛，被击败了并且被剥夺了最必需的东西。如果说4月米留科夫离开了政府，那么7月列宁则转入了地下。

究竟是什么决定了在十个星期期间发生如此急剧的变化呢？十分清楚，当权集团在急剧地向自由派资产阶级方面靠拢。同时，也正是在4—7月这段时间内，群众的情绪也发生了倾向布尔什维克一方的急剧转变。这两种相反的过程在相互紧密依赖中向前发展。工人和士兵越是紧紧围绕在布尔什维克周围，妥协派分子就不得不越加坚决地支持资产阶级。4月时，苏维埃执行委员会的领袖们还顾虑自己影响，尚能迎合群众采取一些措施，把米留科夫抛入水中，当然也给了他一个结实的救生圈。7月时，妥协派分子则与资产阶级以及军官们一起击败了布尔什维克。所以这一次力 96
量对比的变化是政治势力中最不坚定的小资产阶级民主派发生重

大转变,是它急剧地向资产阶级反革命势力一方靠拢造成的。

可是,既然如此,那么布尔什维克参加了游行示威并且为此承担了责任,他们做得对吗? 7 月 3 日,托姆斯基评论列宁的思想主张时说道:“不存在新的革命的希望,现在还不能谈论采取行动。”几小时后党就站到了武装示威的前列,可在这种情况下怎么就绝不号召举行新的革命呢? 泥守教条的书呆子在这里看到的是前后不一,或者说还要糟糕,看到的是政治上的轻率举动。例如,苏哈诺夫就是这样看问题的,在他的《札记》中,留下了不少讽刺布尔什维克领导层动摇的文字。但是,群众对事件的干预不是依据书呆子的指点进行的,而是在该事件从政治演变本身中产生的时候进行的。布尔什维克领导层明白,只有新的革命才能改变政治形势。可是工人和士兵还没有明白这一点。布尔什维克领导层清楚地看到,需要给强大的后备军以时间,以便让它们从前线进攻的冒险中得出自己的结论。然而先进的阶层正是在发生了这种冒险行为的情况下急速走上街头的。因此在他们那里,任务最深刻的激进主义性质跟方法方面的错觉结合在一起了。布尔什维克的警告没有起到作用。彼得格勒的工人和士兵只能用自己的经验来测试形势。武装的游行示威也就成了这样的测试。可是,测试可以不顾群众的意愿,演变成一场总体战,因而也就是决定性的失败。在这样的形势下,党无权继续袖手旁观。以战略考虑为由推卸责任简直等于把工人和士兵出卖给他们的敌人。群众的党必须站在群众所立足的土地上,为的是在丝毫不赞成他们的错觉的同时,帮助他
97 们以最小的代价掌握必然的结论。托洛茨基在报纸上对那些日子出现的无数攻击做出回应说:“我们认为无论在谁面前都无须辩白

下面这一点:我们不会迫不及待地走到旁边去,我们同意波洛伏策夫将军与示威者‘进行对话’。无论在什么情况下,我们的干预无论从哪方面来说都是既不能增加牺牲的人数,也不能把一场混乱的武装游行变成政治起义。”

在过去发生的所有革命中,我们看到了“七月危机”的样板,它们通常伴随着各种各样不利的,而且往往是灾难性的结局。这样一段进程就存在于资产阶级革命的内部机制中,因为为了革命的成功自己付出牺牲最多和把希望寄托在革命身上最多的那个阶级从革命那里得到的却是最少的。这一进程的规律是十分清楚的。得到了革命政权的有产阶级认为,这事本身可以使革命结束自己的使命,而且它最为关心的是向反动势力证明自己的可靠性。“革命的”资产阶级用来力求博得被它推翻的阶级的好感的那些措施,结果却引起了人民群众的愤怒。群众的失望情绪早在他们的先锋队淡出革命战斗之前很快就涌现出来了。人民觉得,他们可以通过新的攻击完善或者纠正以前他们做得不够坚定的事情。就是从这种没有准备、没有纲领、没有回头看看后备力量,也没有考虑后果的情况下去努力发起新的革命。另一方面,获得政权的资产阶级阶层仿佛只是在静候下层的暴风雨突然爆发,其目的是试图彻底把人民镇压下去。这就是那种附加的半截子革命的社会与心理基础,这种革命在历史上不止一次成为了反革命胜利的出发点。

1791年7月17日,拉法耶特在马尔斯校场朝试图去国民会 98
议请愿的共和派举行的和平示威队伍猛烈开火,而国民会议掩盖国王政权的背信行为,就如126年以后俄国妥协主义者掩盖自由主义的背信行为一样。保皇派资产阶级期望借助及时的血腥屠杀

一举收拾革命政党。还没有觉得自己有足够力量获胜的共和派避开了战斗，这样做是非常明智的。可是他们甚至急于跟请愿者划清界限，这无论如何都是不体面的和错误的。资产阶级恐怖制度迫使雅各宾党人沉寂了好几个月。罗伯斯庇尔在木工普雷那里找到了避难场所，德穆兰也躲藏起来了，丹东则在英国待了几个星期。但是保皇派的挑衅行为毕竟没有获得成功：发生在马尔斯校场的镇压没能阻止住共和派运动朝着胜利前进。于是伟大的法国革命有了自己的“七月危机”，无论在这个词汇的政治意义上还是历法意义都是如此。

过了 57 年以后，“七月危机”在 6 月份光临了法国，它无比宏伟也更具悲剧性质，所谓 1848 年“六月危机”带着不可战胜的力量从二月革命中发展起来了。法国资产阶级在自己胜利的时刻便宣布了“劳动权”，就像它从 1789 年起宣布了许多华美堂皇的举措一样，也像它在 1914 年发誓在进行自己最后一场战争一样。从华美堂皇的劳动权中间诞生了一批可怜的民族小工厂，在其中工作并为工厂主赢得了政权的 10 万工人，他们每天得到 23 个苏的报酬。过了几个星期，在言辞方面慷慨大方、在金钱方面却无比吝啬的共和派资产阶级没有找到带有足够侮辱性的词汇来形容靠国家配额口粮而挨饿的“寄生虫”。2 月的过剩诺言和 6 月之前的蓄意挑衅
99 体现了法国资产阶级的民族特性。可是即便没有这些，手里掌握着二月的枪械，巴黎工人不能不对华丽的纲领与可怜的现实之间的矛盾，以及每天都在敲击着他们的欲望和良心的不堪忍受的反差做出反应。带着十分镇定的和几乎不加掩饰的意图，卡芬雅克当着整个当权集团的面让暴动扩展起来，这样做是为了更坚决地

镇压它。共和派资产阶级杀害了不少于1.2万名的工人,另有不少于两万工人遭到逮捕,这样做是为了让其他人不要再对他们宣布的"劳动权"信以为真。没有计划、没有纲领、没有领导的1848年六月危机好像是在自己的基本要求中受到欺凌和在自己的崇高希望中受到侮辱的无产阶级做出的威力强大和不可避免的反应动作。起义工人不仅遭到了镇压,而且遭到了诽谤。赖德律-罗兰的志同道合者、策烈铁里的前辈、左翼民主派人士弗洛孔煞有介事地对国民议会说起义者被保皇党人和外国政府收买了。1848年的妥协主义者为了从叛乱分子的口袋里发现英国和俄国的金子,甚至不需要战争状态做借口,民主派分子就这样为波拿巴主义开辟了道路。

巴黎公社的伟大壮举与1870年九月革命的关系也像1848年六月危机与二月革命的关系一样,巴黎无产阶级的三月起义根本不是具有战略意图的事件,它是由挑衅行为所加剧的各种情况在悲剧形式下凑合一起而引发的,这种挑衅行为是法国资产阶级在因恐惧而派生出恶毒意图之际想出来的。统治集团首先力图解除人民的武装,反对这一计划的巴黎工人则要保卫巴黎,他们第一次企图把它变成自己的巴黎。国民自卫军使他们有了十分接近苏维埃类型的军事组织和以它的中央委员会为代表的政治领导。由于不利的客观环境和政策错误,巴黎处于跟全国对立的状态,它没有 100
得到外省的理解和支持,在某种程度上还被外省出卖了,因此落到了有俾斯麦和毛奇做靠山的狂怒的凡尔赛分子手里。拿破仑三世手下那些腐化堕落的败军之将就成了为温柔的玛丽安娜[①]效劳的

① 法兰西共和国的拟人象征。——译者

刽子手，而玛丽安娜刚刚才被脚穿沉重皮靴的普鲁士人从虚假的波拿巴的怀抱里解救出来。在巴黎公社，无产阶级对资产阶级革命骗局下意识的反应第一次高涨到了无产阶级革命的水平，但是刚刚高涨起来马上又低落下去了。

1919 年 1 月柏林的斯巴达克团为期一周的武装暴动同样属于彼得格勒七月危机那样的过渡性准革命类型。由于无产阶级在德意志民族，特别是在其经济生活中占据优势地位，因此十一月革命让国家主权自然而然地转给了工人和士兵苏维埃。但是无产阶级政治上是同社会民主党一起取得胜利的，而后者再次把自己与资产阶级制度等同起来。独立社会民主党在德国革命中所处的地位就跟像社会革命党和孟什维克在俄国所处的地位一样。还缺少什么呢？那就是德国的布尔什维克党。

从 11 月 9 日起，德国工人每天都痛切地感觉到，有些东西正在脱离他们的掌控，正在消失，正在从他们的手指缝里滑落。保持胜利成果、巩固自身地位、进行反抗的渴望日甚一日地增强起来。这种准备自卫的倾向就构成了 1919 年一月战斗的基础。斯巴达克团行动的一周不是基于党的战略考虑，而是基于愤怒的下层群众的压力而发动的。它是围绕保住警察总监职务这么一个非常次要的问题而展开的，尽管按照其自身倾向，行动代表着一场新的革命的开端。参与领导的两个组织，即斯巴达克团和左翼独立社会民主党感到事情发生得太突然了，不过它们还是走得比愿意走的
101 要更远，与此同时又没有一直坚持走到底。对于承担独立的领导职责来说，斯巴达克团的力量还是太薄弱了。左翼独立党则仅仅在所能达到目的的方法前面就停止下来了。它变得动摇起来，戏

弄起义,仅仅让它来配合外交谈判。

一月失败牺牲的人远远没有达到法国“七月危机”那样骇人听闻的数目。但是,失败的政治影响并没有仅仅因为一个被杀害和枪决的统计数字而改变。要说明这一点,指出下面的情况就够了。年轻的共产党在肉体上失去了领导人,而独立党按其方式本身的实质而言,显示出它不能带领无产阶级走向胜利。从更宽广的视角来看,“七月危机”在德国有好几次激烈表现:1919年的一月行动,1921年的三月战斗,1923年的十月撤退。德国后来的整个历史就是由这一连串事件组成的。没有完成的革命结果转向了法西斯主义。

托洛茨基写下这些文字时已经到了1931年5月月初——在我们眼前不流血的、和平的和光荣的(列出的形容词总是同一种东西)西班牙革命如果采用法国历法,那么它正在酝酿自己的“六月危机”,或者按照俄国历法,就是“七月危机”。马德里临时政府沉溺在一堆往往好像是从俄语翻译过来的空话当中,它承诺采取广泛措施来对付失业现象和土地过于狭小的问题,然而不敢去触动任何一个旧社会的祸根。联合社会党人协助共和党人暗中破坏革命的任务。要预料工人和农民的愤怒急剧增长还会有困难吗?群众性革命的进程与新当权阶级的政策互相抵触——这就是那种不可调和的冲突的根源,这冲突在自身发展过程中要么埋葬第一次革命即四月革命,要么走向第二次革命。

尽管俄国布尔什维克的基本群众在1917年觉得有些界限还 102
不能逾越,但是情绪也不是完全相同的。许多工人和士兵宁愿把开展起来的运动视为有决定意义的发动。梅捷列夫在五年以后写下的回忆录中用这样的话反映出对时局的想法:“在这次起义过程中,我们的主要错误就是我们提议要妥协主义执行委员会夺取政权……而必须要做的不是提议,而是由我们自己来夺取政权。我们的第二个错误可以说是我们在几乎两昼夜期间都在街上结队游行,而没有立即去占领所有的机关、宫殿、银行、车站和电报局,逮捕临时政府全体成员。”等等。对于起义来说,这样做没有争议。可是,七月运动如果演变为起义,那就几乎等于无疑是埋葬革命。

号召进行战斗的无政府主义者援引了这样的观点:“二月起义是在没有政党领导的情况下爆发的。”但是二月起义有好几代人斗争制定的成熟任务,而且高踞二月起义之上的有自由主义的反对派团体和爱国主义政党这样一些现成的政权教父。相反,七月行动应当为自己开辟完全崭新的历史轨道。包括苏维埃民主派在内的整个资产阶级社会对它抱着毫不妥协的敌对态度。无政府主义者没有看到或者说没有理解资产阶级革命条件和工人阶级革命条件之间的这种根本差别。

假如布尔什维克党对七月武装暴动固执地坚持诸如“不合时宜”之类泥守理论空谈的评价,转过来背对着群众,那么这次准起义就会不可避免地落到无政府主义者、冒险主义者以及那些因表达群众愤怒情绪而得志的人的分散和互不协调的领导下,它也就在毫无结果的痉挛之中由于流血过多而衰竭。可是相反,假如领
103 导着机枪手和普梯洛夫工厂工人的党拒绝对形势全面做出自己的评判,顺势走上决战的道路,那么起义无疑也会表现出英勇的气魄。在布尔什维克领导下,工人和士兵就会夺取政权,然而,这不过是后来为革命毁灭做准备而已。全国范围内的政权问题与二月

不同，也不再是由彼得格勒的胜利来决定。外省将跟不上首都的步伐。前线将不会理解也不会接受这场革命。铁路和电报局就会为反对布尔什维克的妥协主义者服务，克伦斯基和前线大本营就会为前线和外省建立政权，彼得格勒就会遭到包围封锁。在它的城墙之内就会出现分崩离析。政府也就有可能把大量士兵运来攻打彼得格勒。在这种形势下，起义将会以彼得格勒公社的悲剧而告终。

只是由于布尔什维克在历史道路上的七月岔口进行的干预才排除了分别存在于1848年六月危机气氛中和1871年巴黎公社气氛中两种不同的致命危险。多亏党勇敢地站到了运动前列，它也就有可能在游行示威开始演变为两种势力进行武装较量的时刻制止了群众。群众和党在7月遭受的打击是很大的，然而这不是决定性的打击。牺牲的人只是数以十计，而不是数以万计。工人阶级经过这次考验以后，并没有失去领导，也没有一蹶不振。它完好地保存了自己的战斗骨干，这些骨干还学会了很多东西。

在二月革命期间，布尔什维克事先多年所做的全部工作的成效体现出来了，它们在党教育出来的先进工人进行的斗争中占有自己的地位，但是还没有从党的方面实行直接领导。在四月事件中，党的口号展示了自己的充分活力，但是运动本身还是自发开展起来的。6月的时候，党对外展现出强大的影响。但是群众还是 104
在由对手们从官方规定的游行示威的范围里开展行动的。只是到了7月，感受到群众对自己压力的布尔什维克党才走上街头反对其他一切政党，它不仅以自己的口号，而且以自己对运动实行的有组织的领导决定了运动的根本性质。7月间，团结一致的先锋队

的影响第一次以全部力量体现出来了，那时党付出了宝贵代价来保护无产阶级免于溃败，并且为未来的革命和党自身安全提供了保证。

米留科夫在谈到七月危机对布尔什维克的意义时写道："作为技术性的尝试，经验对他们来说无疑是极其有利的。它向他们指出，他们的事业少不了哪些人员，必须怎样把这些人员组织起来，最后政府、苏维埃和军队能够进行怎样的抵抗……显然，当重复这一经验的时刻来临之际，他们将更系统和更自觉地利用它。"这段话正确地估价了七月经验对于布尔什维克以后政治发展的意义。但是在享用七月经验教训之前，党必须熬过最为艰难的几个星期。在这期间，目光短浅的敌人却以为布尔什维克的力量已经被彻底击溃了。

第四章　大肆诬告的一个月 105

7月4日，已经是夜深时分了，正当工人士兵苏维埃和农民苏维埃两个执行委员会的两百名成员在两个同样没有结果的会议之间休息感到苦恼不堪的时候，一条神秘兮兮的谣言传到了他们那里：发现了列宁与德国总参谋部勾结的资料，明天报纸就将刊登揭发出来的文件。主席团那些脸色阴沉的预言家穿过大厅走到侧幕后面，在那里不停地协商，即使是亲近他们的人发问，也是十分勉强和支吾搪塞地回答。几乎已经被外界人遗弃的塔夫里达宫里面弥漫着紧张不安的气氛。列宁为德国参谋部效劳？莫名其妙、大吃一惊、幸灾乐祸等心情使代表们分别聚成一个个小群体，他们都显得十分兴奋。七月危机期间十分敌视布尔什维克的苏哈诺夫回忆说："当然，那些确实与革命息息相关的人当中，谁都一刻没有怀疑过这些谣传是荒谬的。"过去有过革命经历的人，在执行委员会里面只是人数不多的少数派。三月革命者，即第一波浪潮推出来的那些新宠甚至在苏维埃领导机关中也占据了优势。在外省人、乡里的文书、小店主、工长中间会见到带着明显黑帮分子气质的代表。这些人马上就放肆起来，他们预见到了这一点，早就应该预料到！

受到出乎意料的和过于急遽的形势转变惊吓的领袖们力图抢 106

回时间。齐赫泽和策烈铁里建议打电话给各报编辑部，让他们不要把这轰动性揭发材料刊登出来，因为“尚未查证”。各编辑部不敢违背塔夫里达宫的“要求”，只有实力雄厚的《新时代》出版商苏沃林的一个儿子办的一份黄色小报除外。该报次日清晨把一份反映官方意图的关于列宁从德国政府那里接受指示和金钱的文件告诉了自己的读者。禁令就这样打破了，于是一天后所有的报纸都充满了这个轰动性消息。多事之秋的一年中最难以置信的事情就这样出现了：一个革命政党的领袖们，他们数十年的日子都是在跟加冕了的和没有加冕的统治者做斗争中度过的，现在他们在全国和全世界面前，一概被指控为霍亨索伦王朝雇用的间谍。前所未有的诬蔑渗透进了人民群众的内心，他们当中绝大多数人是在二月革命以后才第一次听到布尔什维克领袖的名字的。无中生有成了头等重要的政治因素，这使得对其内幕进行进一步研究显得很有必要。

这份骇人听闻的文件直接来源于一个名叫叶尔莫连科的人的证词，这个英雄人物的面目只能从官方资料中看到：从日俄战争到1913年期间充当反间谍机关的情报人员；1913年，不知什么原因，他被解除了名誉准尉的职务；1914年，他应召参加了作战部队，并且勇敢地被俘了，后来从事监视战俘的警察工作。然而，集中营的制度到底还是不合这个密探的口味，于是他“根据同志们的坚决要求”——他的证词就是这样说的——去为德国人干事，当然是怀着爱国主义的目的。他的生活又翻开了新的一章。4月25日，这位
107 准尉受德国军事当局“调派”越过俄军战线，目的是炸毁桥梁，搜集间谍情报，从事乌克兰独立的斗争和进行单独媾和的宣传。为此

目的与叶尔莫连科订约的两个德国军官希狄茨基大尉和里贝斯大尉告诉他，在俄国从事相同工作的，除了名誉准尉本人以外，还有……列宁。此外还顺便提到，这并没有任何实用方面的需要，显然只是为了支撑他的精神。整个事情的根据就是这样的。

是什么因素或者说是什么人怂恿叶尔莫连科抛出了牵扯到列宁的证词呢？无论如何也不是德国军官。对日期和事实进行简单的对照便可以把我们领进准尉的智能实验室。4 月 4 日，列宁宣读了相当于是在向二月政体宣战的著名提纲。20—21 日，发生了反对继续战争的武装游行示威。此刻，诬陷列宁一事就已具有极其猛烈的性质了。25 日叶尔莫连科被“调派”越过俄军战线，5 月上半月他与大本营属下的侦查机关勾搭上了，证明列宁的政策有利于德皇的模棱两可的报纸文章暗示列宁是德国的间谍。前线的军官和特派委员在同士兵展开的不可克服的“布尔什维主义”的斗争中，每当谈到列宁时选择的词句更是很少讲客气。叶尔莫连科很快就投入了这股潮流。无论是他本人想出了诬陷列宁的那些无稽之谈，还是某个怂恿他讲这话的人从旁边提示他，或者干脆就是反间谍机构的官员与叶尔莫连科一起捏造出这些话，这都没有太大的意义。诋毁布尔什维克的需求达到了如此程度，以致此类建议无法不产生出来。大本营参谋长、未来国内战争中的白军统帅邓尼金将军自己的见解比沙皇反间谍机关的密探也高明不了多少，他认定或者说假装认定叶尔莫连科的证词有重要的意义，5 月
16 日他用一封相应的信件把这些证词转寄给了陆海军部长。克 108
伦斯基大概与策烈铁里或齐赫泽交换过意见，后两人不得不抑制他高尚的激情：显然，这就可以说明为什么事情没有继续发展下

去。克伦斯基后来写道，尽管叶尔莫连科指出了列宁与德国参谋部联系，但是还“没有足够的可靠性”。因此，在一个半月时间里叶尔莫连科–邓尼金报告被束之高阁。由于叶尔莫连科没什么用处了，反间谍机关便辞退了他，准尉也就到远东去了，并且把从提供两份文献而得到的赏金买酒喝花掉了。

七月事件充分展示了布尔什维主义的巨大危险性，它最终还是使得有些人回想起叶尔莫连科的揭发材料。他被从布拉戈维申斯克匆匆召回，可是由于缺乏想象力，尽管一再催促，他对最初的证词还是连一个词也补充不了。然而到这个时候，司法部门和反间谍机关已经在开足马力工作了。就布尔什维克与德国可能的犯罪联系问题，好些政治家、将军、宪兵、商人以及众多不同职业的人士受到了传讯。在这次侦查行动中，那些稳重的沙皇密探的表现，比民主派司法机关的新贵们要谨慎得多。前彼得格勒暗探局长、年高望重的格洛巴切夫将军写道：“关于列宁为了德国金钱而在俄国从事损害俄国的工作这样的消息，暗探机关，至少在我任职期间是不会采用的。”另一个密探、彼得格勒军区反间谍局局长雅库博夫指出：“关于列宁及其同志与德国总参谋部进行勾结一事，我一点也没听说过，同样也不知道有列宁为之工作的那些资金。”沙皇的秘密侦查机关从布尔什维主义刚一诞生起就对其进行监视，可是从它们那里一点有利的证据也挤不出来。

然而经过某些人，尤其是政府当局武装起来的人员坚持长时
109 间寻找，他们终于找到了一些东西。有个叫З.布尔施泰因的，据官方说他是个商人，他告诉临时政府要注意“帕尔乌斯所领导的斯德哥尔摩的德国间谍组织”，此人是具有俄国血统的德国社会民党

的知名人物。据布尔施泰因的证词声称，列宁通过波兰革命者加涅茨基和科兹洛夫斯基与该组织保持联系。克伦斯基后来写道：“这是极其重要的资料，不过很遗憾不是具有司法性质而是只有间谍性质的资料。一旦加涅茨基来俄国时在边境上把他逮捕，这些资料必定会得到完全无可争辩的证实，可以把它们变成反对布尔什维克司令部的可靠司法材料。”克伦斯基事先就知道应该变成什么。

商人布尔施泰因的证词涉及加涅茨基和科兹洛夫斯基在彼得格勒与斯德哥尔摩之间的商业活动，这种大概是采用暗语通信方式的战时商业行为看来与政治没有任何关系。布尔什维克党与这种商业行为也没有任何牵连。列宁和托洛茨基在报纸上揭露过那位把良好的商业与肮脏的政治结合在一起的帕尔乌斯，也呼吁过俄国革命者断绝跟他的一切往来。然而，谁有可能把卷进事件旋涡中的所有这一切弄个水落石出呢？存在着一个设在斯德哥尔摩的间谍组织——这话一听就很明白了。果然，叶尔莫连科准尉的手没能点亮的灯突然在另一头亮起来了。当然在这里免不了会碰到困难。总参谋部反间谍处处长图尔克斯坦诺夫公爵回答特别重大案件侦查员亚历山大罗夫的问话时说过：“3. 布尔施泰因是一个毫不值得信赖的人，他属于那种不择手段的居心叵测类型的生意人。”但是，布尔施泰因的恶劣名声能否妨碍某些人玷污列宁名声的企图呢？不能，克伦斯基没怎么犹豫就认为布尔施泰因的证词是“极其重要的”。侦查行动从此就沿着斯德哥尔摩的足迹展开 110
了。为两个参谋部服务的准尉和“毫不值得信赖的”、居心叵测的生意人的揭发，成为对一个被 16000 万人民准备推上政权的革命

政党的诸多控告中最荒诞的一个控告依据。

可是，预备侦查的材料是怎样出现在报纸上的呢？而且刚好是在克伦斯基前线失败的进攻开始转变成一场大灾难，而彼得格勒游行示威显示出布尔什维克影响不可阻止地增强起来的时刻。这一行为的促成者之一、检察员别萨拉博夫后来在报纸上公开讲述说，当临时政府在彼得格勒完全没有可靠的武装力量的情况变得明朗之际，军区司令部决定尝试一下借助激烈的手段在各个团队造成心理上的转折，因而“把该文件的实质通知了接近司令部的普列奥布拉任斯基团的代表。出席会议的人确信这个通知将会产生多么令人震惊的印象。从此刻起，政府掌握了多么强大的武器，这就变得十分明晰了”。在进行了如此顺利的实验性测试以后，来自司法部门、司令部和反间谍机关的阴谋家赶紧把自己的发现报告了司法部长。佩列韦尔泽夫答复说，还不能发布官方公告，但是从临时政府现有成员方面来看，“将不会对个人的主动行为加以阻挠”。司令部或者法庭官员的名字公认为对于案件审理是不适宜的，这不是没根据的：为了让骇人听闻的诬告能够畅通无阻，需要“政治活动家”参与。为了适应个人主动行动的要求，阴谋家们毫不费力就找到了正是他们所需要的那个人物。他就是以前的革命者、第二届杜马代表、大吹大擂的演说家和可怕的挑拨者阿列克辛
111 斯基。有一段时间他曾经属于布尔什维克的极左派。在他的心目中，列宁是一个不可救药的机会主义者。在反动年代，阿列克辛斯基建立了一个超级左派的特殊团体，直到战争爆发前身为该团体首领的他一直都侨居在国外，因此战争一开始他就采取超级爱国主义立场，并且马上把揭发为德皇效劳的团伙和每一个人当作自

己的专业。为此，他在巴黎与跟他同类的俄国以及法国的爱国主义者联合开展了广泛的调查活动。巴黎外国记者协会亦即盟国与中立国的新闻记者的团体是一个爱国主义色彩很浓，却绝不是过于苛求的组织，它不得不通过一项特别决定，宣布阿列克辛斯基是“不名誉的诬告者”，并且把他从协会清除出去了。二月革命以后，阿列克辛斯基带着这样的鉴定回到了彼得格勒。作为过去的左派分子，他本来企图钻进苏维埃执行委员会。虽说自己有十足的宽容心，孟什维克和社会革命党还是于 4 月 11 日通过一项决议，对他关上了大门，建议他去努力恢复自己的名誉。这说得倒是很轻松！阿列克辛斯基认定说他人的坏话比恢复自己的名誉对自己来说要受用得多，于是他与反间谍机关搭上了钩，以保证自己造谣中伤的本能风行全国。到 7 月下半月，他连孟什维克也牵扯到自己诬告的旋涡里来了。不再持观望态度的孟什维克领袖达恩在苏维埃官方的《消息报》(7 月 22 日)登出了一封抗议信：“……是结束这个被公开宣布为不名誉的诬告者的功勋的时候了。”受到叶尔莫连科和布尔施泰因鼓舞的忒弥斯[①]不能在自己和社会舆论之间找到比阿列克辛斯基更好的中介了，这不是明摆着的事吗？于是他的添油加醋使原有的揭发文件得到了润饰。

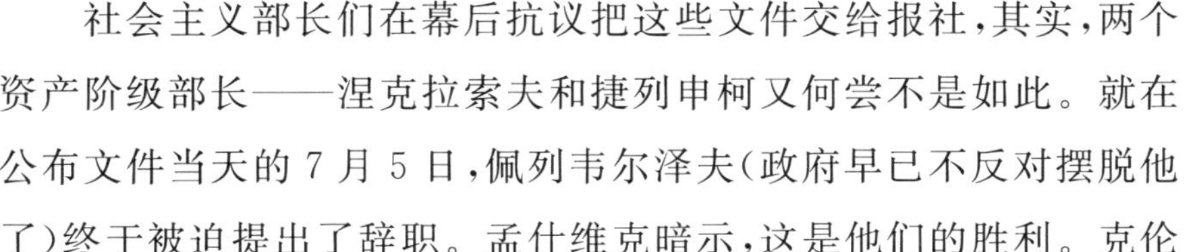

社会主义部长们在幕后抗议把这些文件交给报社，其实，两个 112
资产阶级部长——涅克拉索夫和捷列申柯又何尝不是如此。就在公布文件当天的 7 月 5 日，佩列韦尔泽夫(政府早已不反对摆脱他了)终于被迫提出了辞职。孟什维克暗示，这是他们的胜利。克伦

① 希腊神话中的司法女神。——译者

斯基后来证实，这位部长是因为过分急于进行揭发，妨碍侦查的进行而被免职的。无论如何，如果说佩列韦尔泽夫不是以自己的履职，那就是以自己的离去令大家都感到满意的。

就在同一天，季诺维也夫出席了苏维埃执行委员会常务局会议，他代表布尔什维克中央委员会要求立即采取措施为列宁恢复名誉，并且预防因诬告而可能出现的后果。常务局无法拒绝成立一个侦查委员会。苏哈诺夫写道：“委员会自己也明白，这里侦查的应该不是列宁出卖俄国的问题，而也许仅仅是追查诬告的来源。”但是委员会碰到了司法机关和反间谍机关充满醋意的竞争，后者完全有理由不愿意让他人从旁边来干涉自己的职权。直到此刻为止，苏维埃机关在它们认为需要时让政府机关顺从确实还没有遇到过什么困难。可是七月危机使政权严重地向右偏移过去了，况且苏维埃委员会一点也不急于去解决自己的这个明显违背其委托者政治利益的任务。妥协派领袖中一些更重要的人物——说实在的，就是一些孟什维克——所关心的是如何保证自己表面上看来与诬告毫不相干，不过也就是仅此而已。在所有无法直接回避作答的场合，他们用几句话就让自己与指控脱开干系，然而他们也没有为放下高高举在布尔什维克头顶那柄有毒的利剑而出一点力。古代的罗马总督彼拉特曾经为这种政策树立了一个颇受欢迎的样板。的确，不改变自己的习性，他们还能做别的什么呢？七
113 月危机期间，只有诽谤列宁才能使一部分卫戍部队与布尔什维克断绝关系。如果妥协派人士开展了反对诬告的斗争，伊兹梅洛夫团的那个营想必会停止演奏对执行委员会表示尊敬的马赛曲，就会返回自己的兵营，如果不是去克舍辛斯卡娅宅邸的话。

为适应孟什维克的总体路线，承担随之发生的逮捕布尔什维克事件的责任的内务部长策烈铁里，认为有必要在执行委员会会议上宣布，他个人并不认为布尔什维克的领袖有间谍嫌疑(这个举动实在是在布尔什维克党团压力之下做出的)，但是他要指控他们从事阴谋活动和武装暴动。7月13日，李伯尔提出了一个实质上是让布尔什维克党不受法律保护的决议，但他认为需要事先说明的是："我本人认为，针对列宁和季诺维也夫的指控没有任何根据。"这样一些表态引来大家的沉默不语和闷闷不乐：对布尔什维克而言，它们显示出不体面的含糊态度；对爱国主义者而言，它们因不合时宜而显得是多余的。

托洛茨基出席了17日举行的两个苏维埃执行委员会联席会议，他说："形成了令人难以忍受的气氛，像我们一样，你们同样在其中进行呼吸。有人对列宁和季诺维也夫提出了肮脏的指控。(喊声：'这是真的。'喧哗。托洛茨基继续说下去。)在这个大厅里竟然有一些对这种指控表示支持的人。这其中有些只不过是混进革命队伍的人。(喧哗，主席长时间摇铃来恢复平静)……列宁为革命奋斗了30年，我为反对压迫人民群众奋斗了20年。因此我们不会不对德国军国主义充满憎恨……只有那些不知道革命者为何物的人才会表示在这方面怀疑我们，我曾经因为与德国军国主义做斗争而被德国法庭判处入狱8个月……这是众所周知的事实。请不要允许任何人在这个大厅里说什么我们是德国的走狗。 114
因为这不是坚定的革命者的声音，而是卑鄙下流的声音。(鼓掌)"上述片段是反布尔什维克的出版物刊登出来的，因为布尔什维克报刊已经被封闭了。不过必须要讲清楚的是，掌声仅仅是从左侧不

大的区域发出来的，另有一部分代表愤怒地大声呵斥，大部分代表则默不作声。然而，即使是克伦斯基的代理人当中也没有一个人走上讲台来支持官方关于控告的说法，或者哪怕是间接地掩饰它。

在莫斯科，布尔什维克与妥协主义者之间的斗争总体上性质温和(因而在十月革命期间斗争采取了更加残酷的形式)，工人和士兵两个苏维埃的联席会议于 7 月 10 日决定“印发和张贴一份告人民书，其中指出指控布尔什维克党团为间谍的行为是反革命的诬蔑和阴谋”。更加直接依赖政府配合的彼得格勒苏维埃没有采取任何措施，它在等待侦查委员会的结论，可是这个委员会简直还没有开始着手工作。

7 月 5 日，列宁在与托洛茨基交谈时提了一个问题：“他们会不会枪毙我们？”只有这样的想法才可以把盖在骇人听闻的诬陷上面的官方大印解释清楚。列宁认为敌人能够把他们挑起的事端进行到底，因而得出结论：绝不能落到他们手里。6 日晚上，满脑子都是将军们训诫的克伦斯基从前线回来了，并且马上要求对布尔什维克采取坚决措施。半夜两点左右，政府做出追究所有“武装暴动”领导人的责任，解散那些参加过造反的团队的决定。派往列宁住所进行搜查和逮捕的部队应该只是进行了搜查，因为主人已经
115 不在家里了。列宁仍然滞留在彼得格勒，躲藏在一幢工人住宅里，他要求苏维埃侦查委员会在排除反革命方面的圈套情况下听取他和季诺维也夫的申诉。在寄送给委员会的一份声明中，列宁和季诺维也夫写道：“早晨(7 月 7 日星期五。——托洛茨基)，加米涅夫从杜马得到通知，委员会将于今天中午 12 点来到一个约定的公寓，我们是在 7 月 7 日傍晚 6 点 30 分写下这些文字的，并且查明，

到此刻为止，委员会还没有出现，也没有把任何有关它自己的消息通知我们……耽搁讯问的责任不能由我们来承担。”苏维埃规避已经答应进行的侦查一事最终使列宁确信，妥协派分子在逃避责任，他们要把镇压交给白卫分子去执行。那时已经成功捣毁了党的印刷所的军官和士官生正在大街上毒打和拘捕对指控布尔什维克为间谍一事进行抗议的任何一个人。于是，列宁最终决定躲藏起来，不是逃避侦查，而是逃避迫害。

15 日，列宁和季诺维也夫在喀琅施塔得当局还不敢封闭的布尔什维克报纸上解释了他们为什么认为不能把自己交给当局的理由：“从刊登在星期天《新时代》报上的前司法部长佩列韦尔泽夫的一封信当中可以看得十分清楚，关于列宁和其他人的‘间谍案件’完全是反革命政党精心策划的。佩列韦尔泽夫十分露骨地承认了他推动这次没有经过审查证实的控告行径，为的是让士兵反对我们党的愤恨情绪（这是原话）高涨起来。昨天的司法部长坦承了这一点！……在此时的俄国，没有任何公正审判的保障可言。把自己交到当局手里，就等于把自己交到米留科夫、阿列克辛斯基、佩列韦尔泽夫之流手里，交到已被激怒的反革命分子手里。针对我们的一切指控对他们来说不过是国内战争中一个十分平常的插曲罢了。”今天来揭示在国内战争环境下“插曲”这个词的含义，只要 116
回想一下卡尔·李卜克西内和罗莎·卢森堡的命运就够了。列宁是有先见之明的。

就在敌方阵容的煽动分子想方设法谎称列宁不知是乘坐汽轮还是潜水艇逃往德国去了的时候，苏维埃执行委员会多数派连忙出来谴责列宁逃避侦查。围绕指控的政治实质和猛烈攻击的情况

（指控是在这种情况下并且是基于这种情况提出来的）的问题，妥协主义者表现得像是一些公正审判的捍卫者。这是他们所能采取的态度中最不合适的一种。执行委员会 7 月 13 日做出的决议不仅认定列宁和季诺维也夫的行为是“完全不能容忍的”，而且要求布尔什维克党团立即无条件和明确地谴责自己的领袖。党团一致拒绝了执行委员会的要求。可是，在布尔什维克内部，至少是在其上层，有人因列宁逃脱侦查出现了动摇。在妥协派甚至在其最左翼的成员中间，列宁的销声匿迹引起了普遍的愤怒，而且并非总是如苏哈诺夫举例中看到的是假装出来的愤怒。正如我们知道的，反间谍机关提供的材料的诬告性质在他那里从一开始就没有引起丝毫怀疑。他写道：“荒谬的指控烟消云散了。谁也没有用什么来证实它，人们也就不再相信它了。”但是在苏哈诺夫看来，事情仍然是一个谜团，列宁怎么能决定逃避侦查呢？“这根本不是什么非常特别、没有先例和令人费解的事情。任何一个普通人都会要求对自己进行审判和侦讯，哪怕是在最不利的条件下。”说得不错，好一个普通人。然而任何一个普通人不可能成为统治阶级如此切齿痛恨的对象。列宁不属于任何普通人之列，他一刻也没有忘记自己所承担的责任。他善于从形势中做出全部结论，他也很会为了他
117 的生命所服从的那些任务而不去理睬“社会舆论”的摇摆。唐·吉诃德式的行为，以及扭捏作态，都与他无缘。

列宁与季诺维也夫一起在彼得格勒郊外靠近谢斯特罗列茨克的森林里度过了几个星期。他们不得不在干草棚里过夜和躲雨。不久列宁扮成机车司炉乘坐火车头穿过俄国与芬兰的边界，躲藏在赫尔森福斯警察局长家里，这人以前是彼得格勒的工人。后来

列宁又搬到靠近维堡的俄国边界处。从 9 月月底起，他秘密住在彼得格勒，以便在经过 4 个月的缺席以后在举行起义的时刻出现在公开的舞台上。

7 月是诬陷行为横行无忌、厚颜无耻、获得成功的一个月，8 月间诬陷的气力已经开始枯竭。恰好在诽谤风行了整整一个月以后，自信的策烈铁里觉得有必要在苏维埃执行委员会会议上再次指出："就在实施逮捕的第二天，我对布尔什维克的质询做出了公开答复，我说：我并不认为被指控为 7 月 3—5 日唆使举行暴动的布尔什维克领导人与德国参谋部有联系。"不可能说得比这更少了。要是说得更多一些——那也是不适宜的。妥协主义政党的报刊没有超出策烈铁里所讲的话。可是，既然这些报刊当时无情地揭发布尔什维克是德国军国主义的同谋，那么妥协主义报纸的声音与其他所有说布尔什维克不是鲁登道夫的"同谋"，而是他的爪牙的报纸的号叫实现了政治上的合流。在这场大合唱中，嗓门最高的当数立宪民主党。莫斯科自由派教授的报纸《俄罗斯新闻》报道说，在搜查《真理报》编辑部的过程中，似乎找到了一封德文信件，加帕兰德的一位男爵在信中"对布尔什维克的行动表示欢迎"，而且说行动"在柏林引起了多么喜悦的情绪"。这位德国男爵从芬兰边境清楚地了解到，俄国的爱国主义者需要怎样的信件。这类
消息充斥在抵御布尔什维克野蛮行径的文明社会的报刊上。 118

教授们和律师们相信自己所说过的话吗？假如肯定这一点，至少对于首都的领袖们而言就是等于严重低估了他们的政治智能。即使不是原则方面的和心理方面的理由，就是单凭事务方面的理由，而首先是财政方面的理由，也势必会让指控的荒谬性在他

们面前暴露出来。显然，德国政府所能帮助布尔什维克的不是思想，而是金钱。可是，布尔什维克所缺的恰恰是金钱。战争时期，党的国外中心一直在同严重的匮乏做斗争，连100法郎也被当作一个很大的数目，中央机关报一个月或两个月才出一次，列宁也仔细计算自己所写的文稿字数，不要让它超过预算。战争期间，党的彼得格勒组织开支的经费算起来只有寥寥的数千卢布，它们主要用于印刷一些非法传单，两年半时间内在彼得格勒总共也只印发了30万份传单。革命以后，党的人员和资金的流入当然增长得非常明显。工人十分愿意捐助苏维埃和苏维埃政党。劳动派分子、律师布拉姆松在苏维埃第一次代表大会上报告说："在我们的革命爆发的第二天，就开始为苏维埃开展了捐款以及各种各样的缴费、征收和扣除……从清晨到深夜都可以看到有人连续不断地前来塔夫里达宫找我们交纳这类资费的十分令人感动的场面。"越到后来，工人就越发自愿地捐助布尔什维克。尽管党在迅速壮大，钱款收入也在迅速增加，然而就规模而言，《真理报》还是各党派报纸中最小的。回到俄国以后不久，列宁便写信给身在斯德哥尔摩的拉狄克说："请你们为《真理报》写些有关对外政策的文章，要尽量写
119 得短些，合乎《真理报》的要求（版面很小！篇幅太少！我们正在动脑筋扩大篇幅）。"（《列宁全集》中文第二版第47卷，第618页）尽管列宁在经济上实行了斯巴达式的制度，党还是没有走出匮乏的困境。对苏维埃执行委员会来说，每次给地方组织拨付两三千战时卢布都是十分难办的问题。为了把报纸寄送到前线，不得不在工人中间不断地进行新的募捐。结果能到达战壕的布尔什维克报纸的数量比妥协主义和自由主义的报纸还是不知少了多少。对这

种状况的抱怨从来就没间断过。“我们仅仅生活在有关你们报纸的传闻之中。”有士兵这样写道。4 月举行的城市党的代表会议号召彼得格勒的工人 3 天之内募集当时所缺的 7.5 万卢布的款项来购买印刷所。这个数目结果超额了，于是党终于买到了自己的印刷所，也就是后来在 7 月被士官生彻底捣毁的那个印刷所。布尔什维克口号的影响如同燎原之火一样扩展开了。但是宣传用的物资材料仍然还是非常缺乏的。布尔什维克的个人生活很少能给诬告提供把柄。那么到底还剩下了什么问题呢？最后，除了列宁是途经德国回来的以外，什么都没有了。然而正是这个时刻摆到没有经验的听众面前，作为列宁与德国政府友好证据的事实，实际上证明了相反的结论：一个间谍假若要途经敌对国家，会在十分保险的情况下暗中行动；只有彻底相信自己的革命家才能下决心公开违犯战时的爱国主义法律。

可是，司法部并没有停止执行难以见效的任务：它并非白白地
接收了过去的骨干人员，他们是在专制主义的最后阶段受过训练
的。那个期间发生过一伙全国都知其名的黑帮分子谋杀自由主义
代表的事件，却一直没有系统地揭发出来；倒是有一个基辅的犹太
店员被指控饮用了一个基督徒小孩的鲜血。根据特别重大案件侦 120
查员亚历山大罗夫和高等法院检察长卡林斯基签署的文件，7 月
21 日公布了以叛国罪对列宁、季诺维也夫、柯伦泰以及其他一些
人(其中包括德国社会民主党人赫尔范德-帕尔乌斯)提起公诉的
决定。刑事法典同样的条款(第 51 条、第 100 条和第 108 条)后来
被推到了在 7 月 23 日被军队逮捕的托洛茨基和卢那察尔斯基身
上。据决定原文称，“作为俄国公民的”布尔什维克领导人，“遵照

自己与其他人员的预先约定，从事旨在帮助跟俄国处于敌对行动之中的国家，与上述国家的间谍达成为了削弱俄军战斗力而推动破坏俄国的军队和后方的协议。为此，被告用从这些国家得到的金钱，在居民和军队中间开展了号召立即放弃与敌方作战的宣传。而同时出于同样的目的，于 1917 年 7 月 3—5 日在彼得格勒组织武装暴动”。尽管每一个识字的人都知道（至少在首都是如此），托洛茨基是怎样从纽约出发，途经克里斯蒂安尼亚和斯德哥尔摩回到彼得格勒的，司法侦查还是认定他犯有过境德国的罪行。看来，司法部门希望不给由反间谍机关提供给它处置的那些文件的可靠性留下任何疑问。

这个机关无论在哪里都不是道德的温床。在俄国，反间谍机关同样是拉斯普京制度的藏污纳垢之所。军官团、警察局和宪兵队的渣滓和警备队遭开除的奸细组成了这个平庸、卑鄙和万能的机关的骨干。这些不适合作战的上校、大尉与准尉把社会和国家生活的所有部门都置于自己的管辖之中，从而在全国范围内建立
121 起了反间谍的封建制度。前警察局局长库尔洛夫抱怨说：“一旦名声远扬的反间谍机关开始介入人民政府机构的事务，情况就变得简直是灾难性的了。”记在库尔洛夫本人账上的就有不少十分蹊跷的案件，其中包括间接参与行刺大臣会议主席斯托雷平的案子，然而反间谍机关的活动甚至使得他那经过考验的想象力也为之震栗。他写道，就在“与敌方间谍斗争……执行得很不得力”的同时，出于敲诈的目的，常常出现一些分明是强加在根本无罪的人身上捏造的案件。库尔洛夫就遇到过这样一件案子，他说：“令我非常害怕的是，我听见了一个我以前在警察局任职时知道的一个因为

敲诈而被开除的秘密间谍的化名。”一个名叫乌斯季诺夫的外省反间谍局长(战争爆发前他是公证人)在自己的回忆录中,用与库尔洛夫大致相同的语句描绘反间谍机关的习惯做法:“搜罗案件的侦查机关自己捏造材料。”用这位告发者本人的话来检验该机关的水平更有教益。乌斯季诺夫谈到二月革命时写道:“俄罗斯毁灭了。它成了德国间谍用德国金钱制造的革命的牺牲品。”这位爱国主义公证人对待布尔什维克的态度并不需要多加说明。“反间谍机关关于列宁以前的活动,关于他跟德国参谋部的联系,关于他收受德国黄金的报告是如此令人信服,它们足以马上把他送上绞架。”克伦斯基居然没有做到这一点,这仅仅因为他自己就是一个叛徒。“劣等犹太律师萨什卡·克伦斯基执掌国家大权尤其令人错愕,甚至简直是令人愤怒。”乌斯季诺夫还指证克伦斯基说,“众所周知,他是出卖自己同志的奸细”。正如后来弄清楚的那样,法国将军安瑟勒姆1919年3月之所以离开敖德萨,不是迫于布尔什维克的进

逼,而是因为收到了一大笔贿赂。从布尔什维克那里得到的?不 122
是的,“布尔什维克与此无关。那是共济会成员活动的结果。”这个世界就是如此。

二月革命后,这个由诡计多端的人、造假者和敲诈者组成的机关很快委托给从侨居地回国的爱国主义社会革命党人米罗诺夫进行监管,副部长、“人民社会党人”杰米扬诺夫用下面这样的话描述他:“表面上米罗诺夫给人以良好的印象……可是,如果说我看出这是一个不完全正常的人,我一点也不会感到惊讶。”可以相信这一点,一个正常人未必会同意领导一个应该干脆解散的机关,还要把升汞涂在墙上进行消毒。由于革命引起行政方面发生的混乱,

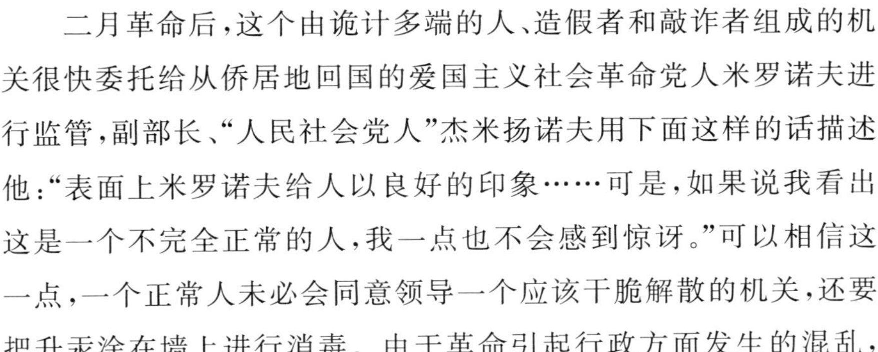

反间谍局划归司法部长佩列韦尔泽夫管辖，而这是一个行事不可思议地草率以及在处理经费方面完全是一团糟的人。还是那位杰米扬诺夫在自己的回忆录中说过，他的部长“在苏维埃几乎不享有任何威信”。在米罗诺夫和佩列韦尔泽夫的庇护下，这个被革命吓得胆战心惊的侦查机关很快就恢复过来了，并且使自己的老一套活动方式适应了新的政治形势。6 月间，甚至左翼倾向的政府报纸也开始刊登反间谍机关高级官员所犯下的敲诈钱财以及其他罪行的消息，其中包括该机关两名要员，也是倒霉的米罗诺夫最亲密助手休金和布罗伊。在七月危机爆发前一个星期，苏维埃执行委员会迫于布尔什维克的压力向临时政府提出了立即对反间谍机关进行检查的要求，同时要有苏维埃代表参加。这样一来，密探们就有了自己本位主义的，更确切地说是自私的理由来尽可能迅速和凶狠地打击布尔什维克。顺便指出，李沃夫公爵签署了一项法律，赋予反间谍机关将被捕者关押三个月的权利。

123 指控以及公诉人本身的性质难免会产生一个问题：性格向来正常的人怎么能相信或者哪怕是假装相信明显又十足荒谬的谎言呢？反间谍机关要在战争、失败、破坏、革命以及残酷的社会斗争所造成的气氛之外来取得成绩实在是难以想象的。从 1914 年秋天起，俄国统治阶级就一事无成，脚底下的土地在塌陷，任何情况都无力应付，灾难从四面八方冒了出来——可以不去寻找替罪羊吗？高等法院前检察长扎瓦茨基回忆说：“完全健全的人在恐慌的战争年代也喜欢怀疑在那些看来实在无疑是没有背叛的地方存在着背叛。在我任检察长期间出现的大多数这类案子都是被人虚夸的。”与恶毒的间谍一道充当了这类案件的始作俑者的是没有头脑

的庸碌之徒。可是，迅速蔓延的战争狂想变态已经与革命前的政
治冷热症结合起来了，而且开始在结出更加古怪离奇的果实。自
由主义者和四处碰壁的将军们一起到处全面寻找德国的代理人。
宫廷奸党被认为是亲德的。自由主义者认为或者至少宣称整个拉
斯普京团伙是在波茨坦的指令下开展活动的。有人大张旗鼓地公
开指责皇后是奸细，甚至在宫廷圈子里也认为她要为击沉基奇纳
将军来俄国所乘坐的那艘船舰承担责任。右翼分子也自然会予以
报复。扎瓦茨基谈到，作为内务部副大臣的别列茨基在1916年年
初的时候企图制造反对民族主义—自由主义工业家古契柯夫的案
件，指控他“在战争时期从事了类似叛国的活动……”曾经同样担
任过内务部副大臣的库尔洛夫揭露了别列茨基的立功计划，他自
己同样追究米留科夫：“他以自家看门人的名义收到了通过邮局汇 124
来的20万卢布的‘芬兰’金钱，又为祖国做了些什么诚实的工作？”
加在芬兰二字上的引号应当说是指案件涉及德国的金钱。然而米
留科夫完全享有当之无愧的憎恶德国者的名声！政府圈子里的人
一般认为所有反对派政党都在用德国金钱开展活动是有证据的。
1915年8月，当人们等待因为预定中的解散杜马一事而引起骚动
时，被认为差不多是一位自由主义者的海军大臣格里戈罗维奇在
政府会议上说道：“德国人开展了强有力的宣传，并且向反政府组
织提供了大量金钱。”尽管十月党人和立宪民主党人对这类诽谤愤
恨不已，他们还是不打算停止对自己左边的人进行诽谤。根据齐
赫泽在战争初期发表的半爱国主义言论，杜马主席罗将柯写道：
“后来的结果证明齐赫泽靠近了德国人。”哪怕想找到一点证据的
影子，也是徒劳！

在自己撰写的《第二次俄国革命》一书中，米留科夫说道："'含混资料'的作用在 2 月 27 日的革命中根本不清楚，不过根据后来全部事态来判断，要否认它的作用也是很困难的。"过去的马克思主义者、如今的反动斯拉夫主义者、德国血统出身的彼得·冯·司徒卢威说得更加明确："当德国暗中策划和暗地预谋的俄国革命取得成功之时，俄国实质上退出了战争。"司徒卢威与米留科夫一样，他所指的不是十月革命，而是二月革命。关于彼得格勒卫戍部队代表拟订的自由大宪章——有名的"一号命令"，罗将柯写道："我一刻也没有怀疑过一号命令的根源在德国。"师长巴尔科夫斯基将军告诉罗将柯："大量的一号命令印刷品是从德国战壕送到他所指挥的部队的。"当上陆海军部长以后，在沙皇时期曾被人企图指控

125 为叛国的古契柯夫赶忙把这一指控转而指向左方。古契柯夫给军队下达的四月命令内称："仇恨俄国的人无疑在为我们的敌人效力，这些人带着以我们的敌手特有的顽强钻进了作战部队，并且看来在执行他们的要求，鼓吹尽快结束战争的必要性。"关于针对帝国主义政策而举行的四月游行，米留科夫这样写道："撤销两位部长（指米留科夫和古契柯夫。——托洛茨基）职务的任务是直接在德国确定下来的。"参加示威的工人每天从布尔什维克那里得到 15 卢布报酬。这位自由主义历史学家用德国金钥匙打开了那些曾经把作为政治家的他绊倒的所有谜团。

那些中伤布尔什维克，说他们即使不是德国统治者的间谍，也是其不自觉的盟友的爱国主义—社会主义者，自己也处于来自右边的同样指控之下。我们听过了罗将柯对齐赫泽的评论。克伦斯基本人也没有得到他的宽恕，"这无疑就是他，由于秘密同情布尔

什维克，不过也可能是出于另外的考虑，他推动临时政府”允许布尔什维克返回俄国。“另外的考虑”除了意味着酷爱德国金子以外，不可能表示任何其他的意思。在译成外文的宫廷高级侍从的回忆录里面，宪兵将军斯皮里多维奇注意到社会革命党领导集团里有很多犹太人，他补充说道：“他们当中也有一些类似未来的农业部长和德国间谍维克多·切尔诺夫这样闪闪发光的俄罗斯名字。”这位社会革命党领袖远远不只是在宪兵那里有嫌疑。布尔什维克七月失败以后，立宪民主党人并没有多浪费时间，他们起来中伤农业部长切尔诺夫有与柏林进行勾结的嫌疑，于是这位倒霉的爱国主义者不得不暂时辞去职务，以洗刷加在自己身上的罪名。
1917 年秋，由于爱国主义苏维埃执行委员会给孟什维克斯科别列 126
夫下达了参加国际社会主义者代表大会的指示，米留科夫便出来发表意见，他在预备国会的讲坛上通过对原文进行非常周密的句法分析，证明该文件显然是“源自德国”的。不过，指示的文体与所有的妥协派文献一样，的确是很差劲的。没有思想，没有意志，带着恐惧的心情环顾四周，迟到的民主派在自己所写的东西上面堆满了一个又一个的保留条件，把它们变成了从外语翻译过来的很差劲的东西，就如同民主派自身也是外国过去的影子一样。然而，在这件事情上，鲁登道夫根本没有什么罪过。

列宁途经德国回国一事给沙文主义蛊惑宣传提供了无穷的可能性。可是，资产阶级报刊起初还带着虚伪的友善欢迎列宁，只是在自己完全弄懂了他的社会主义纲领以后，才肆无忌惮地攻击起他的“亲德主义”来了，这似乎是为了更清楚地证明爱国主义在自己政策中只扮演仆从的角色。“土地，面包与和平”？他只有从德

国才能带回这些口号。这个时候还没有涉及叶尔莫连科的揭发材料。

托洛茨基和另外几个侨民从美国回国途中，在哈利法克斯附近海上被乔治国王的军事检查人员逮捕以后，不列颠王国驻彼得格勒大使馆向报界提交了一份用无法仿效的英式俄语写成的正式通告："那些乘坐'克里斯蒂安尼亚峡湾号'轮船的俄国公民之所以在哈利法克斯遭到扣押，是因为英国政府得到消息，称他们与德国政府资助的推翻俄国临时政府的计划有牵连……"布坎南爵士的通告注明的日期是 4 月 14 日：这个时刻不仅布尔施泰因，连叶尔莫连科也还没有出现在人们的视线里。然而，身为外交部长的米
127 留科夫还是不得不通过俄国大使纳博科夫请求英国政府释放托洛茨基以及允许他返回俄国。纳博科夫写道："根据其在美国的活动，英国政府是了解托洛茨基的，因此感到莫名其妙：'这是什么，是恶意呢，还是盲目？'英国人耸耸肩膀，他们知道有危险，向我们提出了警告。"不过，劳合·乔治还是不得不做出让步。在回答托洛茨基在彼得格勒报纸上向不列颠大使提出的质问时，布坎南收回了自己最初的解释，这一次他宣称："我国政府把一批侨民扣留在哈利法克斯仅仅是为了让俄国政府弄清他们的个人身份，并且到此为止……整个扣留俄国侨民的事件就是归结为这一点。"布坎南不仅是一位绅士，而且是一位外交官。

在 6 月月初国家杜马成员举行的一次会议上，已经被四月示威赶出政府的米留科夫要求逮捕列宁和托洛茨基，并且明确地暗示他们与德国进行勾结。托洛茨基在次日的苏维埃代表大会上声明："迄今为止，米留科夫既没有证实也没有撤销这一指控，他的脑

门上留下了卑劣诬陷者的烙印。”米留科夫在《言论报》上回应说，他“的确对列宁与托洛茨基两位先生还在逍遥自在感到不满”，不过他说明必须逮捕他们的理由“不是他们成了德国间谍，而是他们触犯刑法的事做得够多了”。米留科夫是外交官，却不是绅士。在叶尔莫连科有新的发现之前，逮捕列宁和托洛茨基的必要性对他而言就已经是十分清楚的；逮捕的司法启动程序只是一个技术问题。这位自由主义领袖在他获准在“法律”形式下采取行动之前很早就在政治上玩弄起激烈的指控来了。

关于德国黄金的无稽之谈的作用，在临时政府办公厅主任、立宪民主党人纳博科夫（不要把他与前面提到的俄国驻伦敦大使弄混了）讲述的有声有色的情节中得到了再明显不过的反映。在政
府举行的一次会议上，米留科夫基于某种与会议不相干的理由指 128
出：“在促使革命爆发的诸因素中，德国金钱起到了作用无论对谁来说都不是秘密……”这很像是米留科夫，尽管他的方式明显温和了。根据纳博科夫的转述：“克伦斯基仿佛变成了恶魔。他抓起自己的公文包，啪的一声摔到桌子上，大声喊叫起来：‘米留科夫胆敢当着我的面诋毁伟大的俄国革命这一神圣事业，我一分钟也不愿意在这里继续待下去了。’”这很像是克伦斯基，尽管他的姿态也许更紧张一些。俄罗斯谚语劝诫人们不要往可能必得从中取水饮用的井里吐唾沫。对十月革命感到难受的克伦斯基没有找到任何比德国金钱的神话更好的武器来反对它。米留科夫“诋毁神圣事业”的行为在布尔施泰因—克伦斯基那里变成了诋毁布尔什维克的神圣事业。

从皇后、拉斯普京、宫廷圈子经过内阁、司令部、杜马、自由主

义编辑部一直延伸到克伦斯基和部分苏维埃上层人士的亲德和间谍嫌疑这条连续不断的链子，以其千篇一律的形式令人感到无比震惊。政治上的对手似乎顽固地坚持不去劳驾自己的想象力。他们简单地把同样一种指控从一个地方挪到另一个地方，而且多半是从右边挪到左边。对布尔什维克的七月诬陷绝非从明亮的天空掉下来的；它是惊慌失措和仇恨情绪的结晶，是卑鄙无耻链条上的最后一环，是把现成的诬陷公式向调解昨天的原告和被告之间关系的新终点的转移。统治者的全部遗憾、全部恐惧，他们的全部残酷无情都用来反对那个最左的和再完整不过地体现出革命摧枯拉朽力量的那个政党。有产阶级实际上能给布尔什维克腾出地方，
129 不去为污蔑他们而进行最后的绝望尝试吗？由于长期使用而紧密地卷成一团的诬陷链条势必注定要落到布尔什维克的头上。来自反间谍机关的名誉准尉的揭发只不过是自己身处绝境的有产阶级的梦幻的具体体现罢了。正因为如此，诬告才具有这么可怕的力量。

德国间谍机关就其自身而言当然不是梦幻。在俄国的德国间谍比在德国的俄国间谍组织得不知要好多少倍。这里只要提到陆军大臣苏霍姆林诺夫早在旧制度下就被当作柏林信任的人物而被捕一事便足够了。同样确凿无疑的是，德国间谍不仅混入了宫廷和黑帮圈子，而且钻进了左派队伍。奥地利和德国当局从战争之初就加紧与分离主义倾向调起情来，开始与乌克兰以及高加索的流亡者眉来眼去。令人好奇的是，就连 1917 年 4 月被招募的叶尔莫连科也在为乌克兰的分离而斗争。早在 1914 年秋，列宁和托洛茨基就已经在瑞士的报刊上呼吁跟那些落入了奥地利—德国军国

主义圈套的革命者断绝往来。1917 年年初，托洛茨基在纽约的报纸上对德国社会民主党左派、李卜克内西的信徒重复了这一警告，因为英国大使馆的特工企图与之建立联系。但是，旨在削弱俄国和吓倒沙皇而与分离主义调情的德国政府与推翻沙皇制度的主张相距遥远。二月革命后德国人在俄军战壕里散发的传单再好不过地证明了这一点，该传单在 3 月 11 日举行的彼得格勒苏维埃会议上宣读过："起初，英国人与你们的沙皇走在一起，现在他们却起来反对他，因为他不同意答应他们贪得无厌的要求。他们把上帝赐予你们的这位沙皇赶下了皇位。为什么会发生这样的事情呢？因为他识破并泄露了英国人虚伪、奸诈的图谋。"无论是这份传单的 130
形式还是内容都为其真实性提供了内在的保证。就如不能伪造那位普鲁士中尉霍夫曼一样，也不可能伪造出他的历史哲学。有将军派头的普鲁士中尉霍夫曼认为，俄国革命是在英国暗中决定和策划的。这里面的空洞成分毕竟要比米留科夫—司徒卢威的论点更少一些，因为波茨坦直到最后还在继续指望与皇村单独缔结和约，而伦敦比谁都害怕上述双方单独媾和。只是到了沙皇不可能复位的局面彻底明朗的时候，德国参谋部才把自己的希望转移到革命进程的瓦解威力上来了。不过即使在列宁途经德国回国的问题上，采取主动的也不是德国人，而是列宁本人，而这个主张最初是孟什维克马尔托夫提出来的。德国参谋部只是接受了这个主意，而且看来也不是没有犹豫过。鲁登道夫对自己说：负担也许将由此而减轻吧？

七月事件期间，布尔什维克自己也在为某些出乎意料的和明显是蓄意挑起的破坏活动寻找来自外国的罪恶之手。在那些日子

里，托洛茨基曾经写道："在这里，反革命挑拨行为和德国间谍机关究竟起了怎样的作用？对此无论什么样的明确答案现在都还很难说出来……剩下的事就是等待真相调查的结果……不过，现在已经可以很有把握地说，侦查的结果将会清楚地说明黑帮的所作所为，以及德国的、英国的或者纯粹俄国的，最后或许是上述三者都有的黄金所起的秘密作用。但是，任何司法调查都不能改变事件的政治内涵。彼得格勒的工人和士兵群众没有也不可能被收买。他们既不会为威廉，也不会为布坎南或者米留科夫效劳……导致运动发生的原因是战争，是日益逼近的饥饿，是反动势力的抬头，
131 是政府的愚钝，是前线的冒险进攻，是政治上的不信任以及工人和士兵的革命紧迫感……"在战争与两次革命以后公之于世的全部档案、文献和回忆录都不容置疑地证明了：德国间谍机关对俄国革命进程的干预从来就没有从军事—警察范围上升到更广阔的政治领域。不过，在德国本国爆发革命以后，还有坚持这种说法的必要吗？1918 年秋，面对德国的工人和士兵，这个仿佛全能的霍亨索伦王朝的间谍机关显得多么可怜和无能！"我们的敌人派遣列宁回俄国的盘算完全走样了。"米留科夫这样说道。鲁登道夫本人对事情结果的评价则完全不同，他在谈到俄国革命时为自己辩护说："我不可能推测到它将是我们强大实力的墓穴。"这仅仅意味着两位战略家——决定让列宁回国的鲁登道夫与接受这一决定的列宁——当中，列宁看得更准确和更远大。

鲁登道夫在自己的回忆录当中抱怨说："敌人的宣传和布尔什维主义力图在德国境内达到同一个目的。英国把鸦片给了中国，我们的敌人把革命给了我们……"鲁登道夫归咎于协约国的，正是

米留科夫和克伦斯基指控德国的。遭到践踏的历史理性为自己进行了如此残酷的报复！然而鲁登道夫并没有就此打住。1931 年 2 月，他向全世界宣告，为布尔什维克做后盾的是被反对沙皇俄国和皇帝德国的斗争所联合起来的国际财政资本，特别是犹太人的财政资本。“托洛茨基带着由国际资本家提供的大量资金从美国经由瑞士回到了彼得堡。另外有金钱从德国犹太人索尔姆森那里流向了布尔什维克。”(《鲁登道夫大众报》，1931 年 2 月 15 日)无论鲁登道夫的证词跟叶尔莫连科的证词有多大差别，他们有一点 132
毕竟是相同的：原来，有一部分金钱确实是来自德国，不过不是从鲁登道夫那里，而是从他的死敌索尔姆森那里来的。要把整个问题说得尽量完美，光有这个证据是不够的。

可是，无论鲁登道夫，还是米留科夫或者克伦斯基都没有发明这种火药，尽管他们是第一个大量使用它的人。历史上有过“索尔姆森”多位先辈，既有犹太人，也有德国间谍。大革命时期的瑞典驻法国大使格拉夫·费尔森是君主政权、国王特别是皇后的狂热崇拜者，他曾多次向斯德哥尔摩政府呈送过这类报告：“从柏林来的犹太人埃夫莱姆作为赫茨贝尔格(普鲁士外交大臣。——托洛茨基)的密使向他们(指雅各宾党人。——托洛茨基)提供金钱，不久前他又收到了 60 万利夫尔[①]。”中间派报纸《巴黎革命》也揣测说，在共和派革命期间，“犹太人的外交密使，例如普鲁士国王的间谍埃夫莱姆这类人物加入了灵活善变和反复无常的人群……”还是那位费尔森的报告称：“要是没有被他们收买的无知之徒的支

① 当时法国的银币。——译者

持，雅各宾派……早就灭亡了。”假如说布尔什维克按日给参加示威的人付酬，那么他们不过是追随了雅各宾党人，其实收买“无知之徒”的金钱在两种场合都是从柏林的源头流出来的。20 世纪和 18 世纪革命者行动方式的相似是令人惊讶的，假如这种相似还没有被他们的敌人方面的诬陷更加令人惊讶的相似所超过的话。但是，没有必要局限于雅各宾党人。一切革命和内战的历史始终如一地证明，处境危险或者被推翻的阶级总喜欢不是从自己身上，而是喜欢从外国间谍和密使那里寻找自己倒霉的原因。无论身为学养精深的历史学家米留科夫，还是身为知识浅薄的读者克伦斯基
133 都不会不懂得这一点。可是作为政治家，他们都成了自己反革命
职能的牺牲品。

不过，在有关外国间谍的革命作用的论点下面，如同在全部大量和典型的谬见下面一样，也存在着间接的历史依据。在自己生存的紧急关头，每个民族都有意或无意地从其他民族的宝库里特别广泛和大胆地借用一些东西。况且，居住在国外的人士或者回到祖国的侨民在进步运动中发挥领导作用也不是什么稀罕的事情。因此，新的思想和制度首先就被保守阶层既当作异己的东西，也当作外国的东西。反对城市的农村，反对首都的穷乡僻壤，反对工人的小资产阶级是作为反对外国影响的民族力量来保护自己的。数百年来，俄国农夫把所有衣着得体的城里人当作德国人。归根结底是基于同样的原因，布尔什维克的运动被米留科夫说成是“德国人的运动”。不同之处就在于，农夫这样做是诚恳的。

1918 年已经是十月革命以后了，美国政府的出版局郑重其事地公布了一部有关布尔什维克与德国关系的文献集。直到没有发

现这些看起来是从各国搜集来的文献原文原来是同一架机器打印出来的之前，连许多有文化的和有分析能力的人都相信这种甚至经不起稍做批评的愚蠢捏造。造假者并不跟需求者讲什么客气，显然他们确信，揭发布尔什维克方面的政治需求将会战胜批评的声音。他们并没有错，因为他们因这些文献得到了很好的报偿。其实被大洋把它与争斗的舞台分隔开的美国政府所关心的仅仅是第二等或者第三等重要的事件。

可是，为什么政治诬陷依旧还是如此贫乏和单调呢？因为社 134
会心理是吝啬和保守的。它不愿为比达到其目的所必要的付出更多的努力。当它还没有为形势所迫不得不确立新的方式时，它宁愿继续采用旧的方式。不过即使在上述前一种场合，它也会把各种旧成分组合进去。历史上每一种依次出现的宗教并不重新从头创造自己的神话，而只是将过去时代的迷信翻新而已。哲学体系、法律和道德的学说也是按照这样的发展方式形成的。有些人甚至某些天才人物的发展就像培育他们的社会一样，同样不是那么协调的：在同一个人的头脑里，大胆想象与对现成样式的盲目依赖可以相安无事，勇敢的创举与愚蠢的偏见可以和睦并存。莎士比亚以从上古直到他所在时代的题材滋养自己的创作。帕斯卡借助概率论证明上帝的存在。牛顿发现了万有引力定律，却又对启示录深信不疑。马可尼在教皇宫邸中建起了无线电报站以后，基督耶稣的代理人却通过无线电传播神秘主义的神赐学说。平时，这些矛盾没有摆脱昏睡状态，可是到发生剧变时，它们便拥有爆炸性力量。在事情威胁到物质利益时，有教养的阶级就会动用人类装载在自己车队里的全部迷信和谬见。如果说旧俄国的主人们借助在

他们之前就已被击溃的阶级那里不曾挑选过的舶来品来创建自己堕落的神话，那么还可以对他们过分挑剔吗？事情过去多年以后，克伦斯基在自己的回忆录里面表示仍然相信叶尔莫连科这样的事实。无论怎么说，这都是太过分了。

我们说过，战争和革命时期的诬告其单调乏味令人吃惊。不过，毕竟还是存在着区别，从一堆事实中找出了新的实质。其他政党彼此之间的斗争与它们共同对布尔什维克的恶意攻击比较起
135 来，几乎就像是家庭内部的拌嘴。在相互冲突之中，它们好像仅仅是在为了开展另一场决定性斗争而展开演练。即使互相向对方提出勾结德国的激烈指控，它们无论何时也都没有将事情进行到底。7月的情景则不同。在攻击布尔什维克一事上，所有的统治势力：政府、司法部门、反间谍机关、司令部、官吏、市政厅、苏维埃多数派政党以及它们的报刊和它们的鼓动人员组成了一个规模宏大的整体。它们之间的那些分歧就像乐队里各种乐器的声音不同一样，只会增强总体的效果。两个卑鄙之徒的荒谬谰言上升到了历史因素的高度。诬告如同尼亚加拉瀑布一样倾泻而下。如果注意到局势（战争和革命）和被告（千百万人拥护的率领自己的党走向政权的革命领袖）的性格，那么可以毫不夸张地说，1917年7月是世界历史上诬告达到无以复加地步的一个月。

第五章　反革命势力抬头 136

最初两个月，政权形式上属于古契柯夫—米留科夫政府，实际上它完全集中到了苏维埃手中。在随后两个月里，苏维埃遭到了削弱，对群众的一部分影响转移到布尔什维克那里，社会主义部长们又把少许权力装进自己的公文包带到联合政府中去了。从筹备发动前线进攻一开始，大本营、财政资本机构和立宪民主党的作用就自动增强了。还在士兵流血之前，苏维埃执行委员会就把自己很可观的鲜血输进了资产阶级的动脉。幕后的操纵线都集中掌握在协约国的大使馆和政府手里。

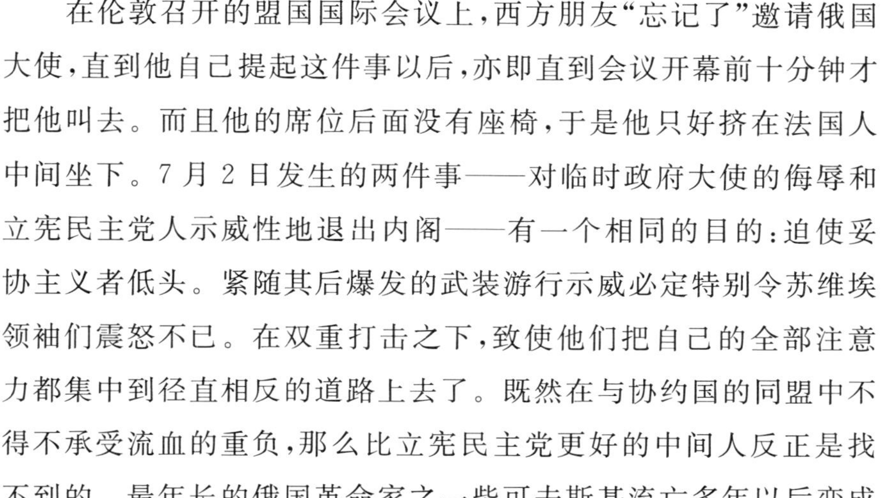

在伦敦召开的盟国国际会议上，西方朋友"忘记了"邀请俄国大使，直到他自己提起这件事以后，亦即直到会议开幕前十分钟才把他叫去。而且他的席位后面没有座椅，于是他只好挤在法国人中间坐下。7 月 2 日发生的两件事——对临时政府大使的侮辱和立宪民主党人示威性地退出内阁——有一个相同的目的：迫使妥协主义者低头。紧随其后爆发的武装游行示威必定特别令苏维埃领袖们震怒不已。在双重打击之下，致使他们把自己的全部注意 137
力都集中到径直相反的道路上去了。既然在与协约国的同盟中不得不承受流血的重负，那么比立宪民主党更好的中间人反正是找不到的。最年长的俄国革命家之一柴可夫斯基流亡多年以后变成

了温和的不列颠自由主义者，他带有劝谕性地说道："战争需要金钱，而盟国是不会把钱交给社会主义者的。"妥协主义者因为这个论断而感到尴尬，但是他们明白其全部的分量。

力量对比明显发生了不利于人民的变化，可是究竟到了何种程度，谁也不能说清楚。不管怎样，资产阶级的胃口膨胀到了比其可能膨胀的程度不知大了多少倍。在这种不确定性当中，包含着冲突的源头，因为各个阶级的力量要在运动中受到检验，而革命事件就是归结为这类不断重复的检验。可是，权力无论在多大规模上从左向右移动，这种移动也很少触动仍然是空洞无物的临时政府。七月危机期间关心李沃夫公爵内阁的人屈指可数。正是那位曾经与古契柯夫谈论过废黜尼古拉二世的克雷莫夫将军（后面我们将很快最后一次遇见这位将军）以大公的名义发了一封电报，电文最后是以这样的训令结束的："是从口头议论到采取行动的时候了。"这劝告听起来引人发笑，它只不过更突出地强调了政府的无能而已。

自由主义者纳博科夫后来写道："7月月初，有一段当局威信似乎在重新上升的短暂时光，这是在镇压了布尔什维克第一次暴动以后。但是此刻临时政府不善于利用形势，因而与当时的有利时机失之交臂。于是它们便一去不复返了。"右翼阵营的其他代表人物也表示了同样的意见。事实上，在七月危机期间就如同在历来所有紧急时刻一样，组成联盟的各个成分都在追求各自不同的目标。如果不是能斗过布尔什维克的军官、哥萨克、乔治十字勋章
138 获得者和突击队员明显要击溃妥协派自身的话，妥协派分子是完全打算允许彻底打垮布尔什维克的。立宪民主党人不仅想彻底消

灭布尔什维克，而且想消灭苏维埃。所以在整个紧张时期，立宪民主党人置身于政府之外就绝不是偶然的。最后分析起来，把他们赶出政府的正是不顾妥协主义者的一切缓冲行动的群众压力。即使自由主义者能成功地掌握政权，他们也不可能维持它。后来的时局发展非常透彻地证明了这一点。关于7月期间似乎错过了时机的想法乃是追溯往昔的幻想。无论如何，七月胜利不仅没有使政权得到巩固，相反开始了一个拖延政府危机的阶段。这个危机表面上看在7月24日就结束了，而实质上它进入了二月体制为期四个月的垂死挣扎时期。

妥协主义者在恢复同资产阶级的半友好关系的必要性与缓解跟群众的敌意的需要之间毁掉了自己。对他们而言，随机应变变成了生存方式，迂回前进变成了猛烈摇摆，不过其基本路线正在急剧地向右转。7月7日，临时政府决定采取一系列镇压措施。不过，就在这次好像是偷偷摸摸举行的会议上，社会主义部长利用“长者”也就是立宪民主党人缺席的机会，建议政府着手实施苏维埃六月代表大会的纲领。这旋即就导致了政府的进一步瓦解。前地方自治联合会主席、大地产所有者李沃夫公爵指责政府，称它的土地政策“破坏了人民的守法意识”。令地主们感到不安的还不是他们有可能失去继承得来的领地，而是妥协主义者“竭力使立宪会
议去面对业已解决了的问题的这一事实”。所有保皇反动派的支 139
持力量都变成了纯粹民主政治的热烈拥护者！政府把内阁主席的职位交给了克伦斯基，同时保留他原先的陆海军部长职务。新任内务部长策烈铁里不得不在苏维埃执行委员会就逮捕布尔什维克一事做出答复。马尔托夫提出了抗议性的质询，而策烈铁里毫不

客气地回敬这位自己党内的老同志说，他宁愿与列宁交手，也不愿跟马尔托夫纠缠，他知道该怎样对付第一个人，而第二个人使他感到束手无策……“我个人将为这些逮捕行为承担责任。”部长在凝神细听的大厅里发出了挑战。

在向左方实施打击时，妥协派分子用来自右方的危险做掩护。“俄国正处在军事独裁的前夜”，达恩在 7 月 9 日的会议上证明说，“我们有责任夺走军事独裁的刺刀，而我们只有靠承认临时政府是一个公安委员会[①]才能做到这一点。我们应当赋予它无限的权力，以便让它能够从根本上消除来自左边的无政府状态和来自右边的反革命……”在与工人、士兵和农民做斗争的政府自己手中，除了反革命刺刀以外，好像还可能紧握着另一种刺刀！联席会议以 252 票赞成，47 票弃权做出如下决定：“一、国家与革命正处在危险中。二、临时政府宣布自己是拯救革命的政府。三、承认它拥有无限制的权力。”决定就像一个响声特别大的空木桶。参加会议的布尔什维克投了弃权票，从而证明在那些日子里党内上层无疑处在手足无措的状态。

群众运动，哪怕是被击溃了的群众运动，任何时候都不会不留下一点痕迹。一位激进律师当上了政府首脑，占据了有爵位的贵族的座位，内务部则是由一位以前的苦役犯掌管。政权发生了平
140 民革新。克伦斯基、策烈铁里、切尔诺夫、斯科别列夫，以及苏维埃执行委员会的领袖如今决定着政府的面貌。这不是实现了六月事件喊出的“打倒十个资本家部长”的口号吗？不，这只是它破产的

① 法国革命雅各宾专政期间的全权机关。——译者

体现。民主派部长只是为了把政权归还资本家部长而掌握政权的。La coalition est morte, vive la coalition!（联合政府死了，联合政府万岁！）

在冬宫广场上演了一出解除机枪手武装的盛大而可耻的闹剧。许多团队被解散了。士兵们分成不大的队伍被派去补充前线兵力。四十岁的中年男子还被迫服从他人，在战壕里弄得精疲力竭。所有这些人都成了反对克伦斯基体制的宣传员。他们的人数数以万计，在秋季到来之前，他们一直在执行重大的任务。同时被解除武装的还有工人，尽管成效甚微。在将军们的压力（我们很快就将看到它采取什么形式）之下，前线重新实施死刑。可是就在7月12日这一天，颁布了限制订立土地交易契约的法令。在农夫们斧头下采取的为时已晚的这一敷衍措施引起了来自左边的讽刺挖苦，来自右边的则是切齿之声。在取缔全部街头游行——制止了向左转的威胁以后，策烈铁里又对任意逮捕举起了手——尝试制止向右转。解除了军区司令官的职务以后，克伦斯基对左方解释说——是因为他粉碎了工人组织，对右方解释说——是因为他缺乏足够的决心。

哥萨克成了资产阶级彼得格勒的真正英雄。哥萨克军官格列科夫讲道："经常出现这样的场面，每当任何一个身着哥萨克制服的人走进政府机关，走进挤满人群的饭店时，所有人都会站起来，并且对进来的人报以热烈的掌声。"剧院、电影院和花园里为哥萨克伤兵和牺牲者的家庭举办了一系列慈善晚会。苏维埃执行委员会常务局被迫选出了一个以齐赫泽为首的委员会参加为"7月3—5日履行革命职责时牺牲的军人"举行的葬礼的领导工作。妥协主义者

不得不把这杯屈辱的苦酒一饮而尽。送葬仪式从圣以撒大教堂举行的弥撒开始。棺材在罗将柯、米留科夫、李沃夫公爵和克伦斯基的扶持下抬了出来，他们为死者举着十字架前往亚历山大—涅夫斯基修道院。行进途中没有见到警察，哥萨克承担了维持秩序的任务。举行葬礼的这一天乃是他们完全支配彼得格勒的一天。被哥萨克打死的工人和士兵，这些二月牺牲者的亲兄弟的下葬是悄无声息进行的，就像沙皇统治时期埋葬 1 月 9 日的遇难者一样。

临时政府以封锁喀琅施塔得岛做威胁，要求喀琅施塔得苏维埃执行委员会立即把拉斯科尔尼科夫、罗沙利和列姆涅夫准尉交由侦查当局处置。在赫尔森福斯，头一次发生了左翼社会革命党人士与布尔什维克一起被捕的事情。已经去职的李沃夫公爵在报纸上撰文指责说："苏维埃处于全国范围的道德水平之下，它们没有清除列宁分子——这类德国的间谍……"证明自己具有国家道德对妥协派人士而言是事关荣誉的大事。7 月 13 日，两个苏维埃执行委员会在联席会议上通过了一项由达恩提交的决议："所有遭到司法当局起诉的人，直到法院做出判决之前都要停止参加执行委员会的工作。"布尔什维克事实上就成了这种不受法律保护的人。克伦斯基查封了布尔什维克的全部报刊。在外省，发生了逮捕土地委员的事件。《消息报》有气无力地诉苦说："仅仅几天之前我们还是彼得格勒大街上无政府主义猖獗的见证人，今天在同样的街道上，反革命和黑帮的言论不可遏止地流传起来了。"

解散了最革命的团队和解除了工人的武装以后，这股合力还在继续进一步向右转。相当大一部分的实际权力明显集中到了上
142 层军人、工业—银行家和立宪民主党人小团体手中，其他部分的权

力仍然像以往一样留在苏维埃手中。两个政权的局面照样存在，但已经不是先前几个月那种合法化的、密切联络的和互相合作的两个政权，而是相互害怕却同时又互为需要的军人—资产阶级的和妥协主义者的团伙的爆炸性的两个政权。接下来该做些什么呢？重建联合政府。米留科夫说得对：“在7月3—5日的暴动以后，联合的主意不仅没有消失，而且相反，一时间它比以前具有更大的力量与影响。”

国家杜马临时委员会迫不及待地活动起来，并且做出了一项反对挽救革命的政府的严厉决议。这是最后的一次冲击。全体部长都把自己的职位托付给了克伦斯基，从而使他变成了国家主权的中心人物。二月体制在后来的命运就像在克伦斯基个人的命运一样，这个时刻具有重要的意义：在结帮、辞职和任命的混乱状态中，出现了某一个像是固定不动的点位，所有其他东西都围绕其转动。部长们辞职仅仅是作为与立宪民主党人以及工业家进行谈判的前奏。立宪民主党开出了自己的条件：政府成员的义务“仅仅是对自己的良心负责”；与盟国保持完全一致；在军队里恢复纪律；在立宪会议召开之前不进行任何社会改革。没有写在纸上的一点就是延期举行立宪会议选举。这些要求被称作“超党派的全民纲领”。工商界的代表报以同样的回答，而妥协派人士曾经力图唆使他们反对立宪民主党人，结果是白费。苏维埃执行委员会重申了自己关于赋予拯救革命的政府“一切全权”的决议，这意味着同意
政府独立于苏维埃。同日，身为内务部长的策烈铁里发出了关于 143
采取“火速而坚决的措施，以禁止在土地关系方面一切擅作主张的行动”的通令。至于说粮食部长佩舍霍诺夫，他则要求禁止“对土

地所有者采取强制和违法行为”。拯救革命的政府说明自己首先是拯救地主所有制的政府。不过,不仅仅是这一种所有制。工业大亨、工程师帕利钦斯基以工商业部主管、燃料和金属首席特派员以及国防委员会领导人的三重身份精力充沛地贯彻辛迪加资本的政策。在苏维埃经济处工作的孟什维克经济学家切列瓦宁指责民主制的良好创举因遇到帕利钦斯基的怠工而遭到了破坏。被立宪民主党人指控为与德国人有牵连的农业部长切尔诺夫认为自己是“为了恢复名誉”而被迫辞职的。7 月 18 日,社会主义者在其中占优势的政府颁布了解散社会民主党人占多数的尚未屈服的芬兰国会的公告。在世界大战三周年纪念日发给盟国的庄严照会中,政府不仅重申了忠实遵守宗教仪式般的誓言,而且通报了幸运地镇压了由敌方间谍挑起的叛乱情况。一份闻所未闻的奴颜婢膝的文件!同时公布的还有针对破坏铁路运输纪律的残酷法律。在政府展示了自己在国务方面的成熟性以后,克伦斯基最终决定答复立宪民主党的最后通牒,意思是它提出的要求“不能成为加入临时政府的障碍”。可是,对自由主义者遮遮掩掩的屈服已经远远不够
144 了。他们需要妥协主义者真正的投降。立宪民主党中央委员会宣布,联合破裂以后于 7 月 8 日颁布的政府声明——民主派共同点的集合——对于它来说是不能接受的,于是中止了谈判。

攻击具有同心协力的性质。立宪民主党不仅与工业家及盟国外交官,而且与军官们保持着密切的联系。大本营属下的军官协会总委员会处于立宪民主党事实上的领导之下。立宪民主党通过最高指挥人员给妥协派人士最难受的部位施加压力。7 月 8 日,西南战线总司令科尔尼洛夫将军下令用机枪和大炮对临阵后退的

士兵开火。得到战线特派委员、社会革命党前恐怖组织首领萨文科夫支持的科尔尼洛夫最先要求在前线实施死刑，并且威胁说，不然的话就自行辞去指挥职务。这封秘密电报很快就见了报，科尔尼洛夫关心的是要让大家都知道有他这么一个人。比较谨慎和含糊的最高总司令布鲁西洛夫写信给克伦斯基提出劝诫："部分为我们所忘记的法国大革命的教训仍然有权提醒人们注意它……"教训就在于徒劳地尝试过在"人道的基础上"改造军队的法国革命家后来走上了实行死刑的道路，"结果他们的胜利旗帜遍及了半个世界"。除此以外，将军们从有关描写革命的书籍中什么也没有读到。7 月 12 日，临时政府宣布"在战争时期对犯有某些严重罪行的军人"恢复使用死刑。但是过了两三天以后，北方战线总司令克列姆博夫斯基写道："经验表明，补充了许多兵力的作战部队却变得毫无战斗力了。如果军队的补充来源是腐烂的，它本身就不可能是健康的。"俄国人民就是这腐烂的补充来源。

7 月 16 日，克伦斯基带着捷列申柯和萨文科夫在大本营召集一批高级指挥官开会，科尔尼洛夫缺席：他所在的战线正在全速后撤，直到几天后德国人自己停留在原先的国境线上以后才停止撤退。会议参加者的名单包括：布鲁西洛夫、阿列克谢耶夫、鲁兹斯基、克列姆博夫斯基、邓尼金、罗曼诺夫斯基，这些名字听起来就像是掉进久远时代的无底深渊发出的回响一样。四个月来，高级将领们觉得自己处于半死不活的状态。他们认为眼前这位政府主席是曾经令他们烦恼不堪的革命化身，现在他们复活了，可以毫无忌惮地让他领教充满愤恨的难堪滋味。

根据大本营的资料，西南战线的军队在 6 月 18 日—7 月 6 日期间大约损失了 56000 人。相对战争的规模而言这是微不足道的牺牲！可是二月和十月两次大变革的代价就要少得多。除了死亡、破坏与灾难以外，自由主义者和妥协主义者发动的进攻还带来了什么呢？1917 年的社会震荡改变了世界上六分之一土地的面貌，并且为人类提供了新的机会。我们既不想否认也不想淡化革命的残酷和恐怖，但是它们不是从天上掉下来的：它们与整个历史发展是不可分割的。

布鲁西洛夫报告了一个月前发动的进攻的结局：“彻底失败。”原因就在于“从连长到总司令的所有指挥官都没有权力”。他没有说是怎样以及为什么失掉权力的。至于未来的作战行动，“我们不可能在春天之前把它们准备就绪”。克列姆博夫斯基与其他人一起坚持进行镇压，不过他旋即又对镇压的效果表示怀疑：“死刑？难道可以把一整个师的人都枪毙吗？交付法庭审判？——可是那样一来，军队的一半人都将要流放到西伯利亚……”总参谋长报告
146 说：“彼得格勒卫戍部队有五个团被解散了。主谋将交付法庭审判，……总共要从彼得格勒调出大约 9 万人。”这个建议被如愿采纳了。谁也不去考虑撤走彼得格勒卫戍部队会引起怎样的后果。

委员会？“必须取消它们……历时数千年的军队历史产生了自己的规则。如果我们去破坏它们，我们就会遭到彻底失败。”阿列克谢耶夫说道。此人把历史规则理解为操练条令了。鲁兹斯基吹牛说：“人们跟着往昔的旗帜就像跟着神圣的东西，就不怕牺牲。而红旗带来的是什么？带来的是军队整军整军地逃跑。”这位衰老的将军忘记了，1915 年 8 月他本人是怎样向大臣会议报告的：“军事技术的现代要求是我们力所不及的。无论在何种情况下我们都

赶不上德国人。"克列姆博夫斯基幸灾乐祸地强调，摧毁军队的其实不是布尔什维克，而是"其他不懂军队生存习惯和条件的"、实行不良军事立法的"人"。这是向克伦斯基直接挑战。邓尼金对部长们的攻击更加坚决："你们污辱了它们——我们光荣的战斗旗帜；你们要把它们举起来，如果你们还有良心的话……"而克伦斯基是怎样回应的呢？被质疑没有良心的他卑躬屈膝地感谢这些粗野的军人"坦率和真诚地表达意见"。士兵权利宣言么？"假如在宣言制定期间我是部长，它就不会问世。是谁第一个制伏了西伯利亚轻步兵？是谁第一个为制伏不驯服的士兵流血？是我的人，是我的特派委员。"外交部长捷列申柯谄媚地安抚说："我们的进攻，甚至我们的失败也增强了盟国对我们的信任。"盟国的信任！难道没有它地球就不围绕自己的轴心转动吗？

"在现时，军官是自由和革命的唯一支柱。"克列姆博夫斯基告诫大家说。布鲁西洛夫进一步解释说："军官不是资产者，他是最地道的无产者。"鲁兹斯基将军则补充说："就连将军也是无产者。"取消委员会，恢复旧指挥人员的权力，把政治也就是革命从军队中清除出去，——这就是将军衔无产者的纲领。克伦斯基没有对这一纲领本身表示反对，只是时机问题困扰着他。他说，"至于建议的措施，我想就是邓尼金将军也不会坚持马上就付诸实施……"将军毫无例外地都是些平庸之辈。但是他们不可能不对自己说："同这些先生交谈就得要用这样的语言！"

由于这次会议的结果，高层指挥发生了变动。柔顺易变的布鲁西洛夫原先接替的是反对前线进攻的小心谨慎的办事员阿列克谢耶夫，现在他被解职了，其职位被任命给了科尔尼洛夫将军。各方看待这一变动的理由是不一样的：它们令立宪民主党人相信，科尔尼洛夫将建立起铁的纪律；而令妥协主义者深信不疑的是，科尔尼洛夫将成为委员会和特派委员的朋友。萨文科夫本人则替科尔尼洛夫的共和制感情做担保。作为对任命为高级职务的报答，这位将军向政府发出了新的最后通牒：要他科尔尼洛夫接受这一任命，除非满足这样一些条件："对自己的良心和人民负责；不干涉高级指挥人员的任用；在后方恢复死刑。"第一点令人产生了困窘：克伦斯基已经开始在"对自己的良心和人民负责"，而这事是不容他人来竞争的。科尔尼洛夫的电报刊登在一份发行最多的自由主义报纸上。反动派谨慎的政客皱起了眉头。科尔尼洛夫的最后通牒本来就是立宪民主党的最后通牒，只是翻译成了哥萨克将军无法自制的语言而已。不过科尔尼洛夫的盘算出了漏子：最后通牒的过分要求和粗鲁语气引起了所有的革命的敌人，首先是骨干军官
148 无比兴奋。克伦斯基惊慌起来了，并且想马上解除科尔尼洛夫的职务，可是他在自己的政府里面也没有得到支持。最后根据自己的怂恿者的建议，科尔尼洛夫同意以口头说明的方式承认，他把对人民负责理解为就是对临时政府负责。至于最后通牒的其他方面，被有些许保留地接受了。科尔尼洛夫当上了最高总司令。同时军事工程师菲洛年科被任命为他身边的特派委员，而西南战线前特派员萨文科夫则出任陆军部的主管。一个是偶然出现的暴发户，另一个是有着漫长革命经历的人物，两个人都是彻头彻尾的冒险家，或者在所有方面都已够格，比如菲洛年科；或者至少在许多方面是如此，比如萨文科夫。他们与科尔尼洛夫的密切关系促使这位将军飞黄腾达，就如我们将要看到的那样，这种关系在时局的

后续发展中发挥了自己的作用。

妥协主义者在各个领域都投降了。策烈铁里强调指出:“联合政府——这就是拯救革命的联盟。”尽管出现了表面上的中断,幕后的谈判还是在全速进行。为了加快取得结果,克伦斯基根据同立宪民主党人达成的公开协议,采取纯粹戏剧性的亦即完全符合他的政治本性的措施,然而同时对于达到他的目的来说这又是十分有效的措施:他辞去职务并且到郊外去了,任由妥协主义者陷于他们原先的绝望之中。米留科夫据此说道:“他用自己示威性的离去……对无论是自己的敌人,还是自己的竞争者或是自己的支持者表明,无论他们怎样看待他的个人品德,在那个时刻,单凭他在两个相互斗争的阵容之间所处的政治地位,他就是必不可少的人物。”按照先下手为赢的特殊规则,党输掉了棋局。妥协主义者带着遭到压制的诅咒和公开坦白的祈求急忙投奔“克伦斯基同志”。立宪民主党人和社会主义者双方没有遇到什么困难就把自我取消的决定强加给了失去了首脑的政府,并且委托克伦斯基根据他自 149
己个人的裁定重新组建政府。

为了最终吓倒其实已经被吓坏了的苏维埃执行委员会成员,就要让他们得到关于前线形势恶化的最近消息。德国人紧逼俄国军队,自由主义者紧逼克伦斯基,克伦斯基紧逼妥协主义者。7 月 23 日,孟什维克和社会革命党的党团整夜都在开会,为孤立无助感到烦恼不堪。两个执行委员会终于以 147 票的多数赞成,46 票反对,42 票弃权——前所未有的反对派!——同意无条件和无限制地把权力交给克伦斯基。在同时举行的立宪民主党代表大会上,则响起了要推翻克伦斯基的声音,可是米留科夫阻止了那些迫

不及待的人，他提议暂时以施加压力为限。但这并不等于说米留科夫自己对克伦斯基抱有幻想，不过他在后者身上看到了有产阶级的着力点。使政府摆脱了苏维埃以后，再使它摆脱克伦斯基已经没有什么困难了。

那时，联合政府的诸神仍然还在感到口渴。逮捕列宁的决定是在7月7日，即过渡政府建立之前做出的。现在需要某种强硬的行动来表明联合政府的复活。早在7月13日，高尔基的报纸(布尔什维克的报刊已经不存在了)刊登了托洛茨基致临时政府的公开信。信中说："你们不可能有把我置于在那个法令效力之外的任何逻辑依据，因为根据那个法令，列宁、季诺维也夫和加米涅夫同志必须遭到逮捕。至于说事情的政治方面，那你们也不可能有理由怀疑我像上述同志一样，也是临时政府总体政策毫不妥协的

150 反对者。"就在新内阁成立的当天夜里，托洛茨基和卢那察尔斯基在彼得格勒，而未来的布尔什维克最高总司令克雷连科准尉在前线分别遭到逮捕。

在历时三周的危机以后来到世上的政府看上去像是弱不禁风的小家伙。它是由根据最小祸害原则挑选出来的二三流人物组成的。副主席是左翼立宪民主党人、工程师涅克拉索夫，为了镇压革命，2月27日他就曾提议把政权委托给一位沙皇将军。栖身立宪民主党和孟什维克之间界线上的无党派人士和毫无个性的作家普罗科波维奇成了工商业部长。先前的检察官、后来的激进律师、亚历山大二世的"自由派大臣"的儿子扎鲁德内伊应召来主管司法部。农民苏维埃执行委员会主席阿夫克先季耶夫得到了内务部长的职务。孟什维克斯科别列夫当上了劳动部长，人民社会党人佩

舍霍诺夫担任粮食供应部长。从自由主义者队伍中进入内阁的同样是一些二流人物，无论在此前或此后都没有起过领导作用。切尔诺夫出人意料地重返了农业部长岗位：从他辞职到重新上任只有短短的4天时间，他成功地为自己恢复了名誉。在自己的《历史》一书中，米留科夫冷静地指出，切尔诺夫对待德国当局态度的性质“仍然是不清楚的”；接着他又补充说：“也有可能是，无论俄国侦查机关的证词，还是克伦斯基、捷列申柯以及其他人在这方面的怀疑走得太远了。”恢复切尔诺夫农业部长的身份不再是作为对执政的社会革命党威望的应有贡献，因为切尔诺夫其实在该党内部越来越失去了影响。可是，策烈铁里预先就被排除在政府之外，5月时人们认为，他成为政府一员是对革命有利的，现在让他待在苏维埃是对临时政府有利的。从这个时候起，策烈铁里实际上履行着苏维埃体制下资产阶级特派委员的职责。他在彼得格勒苏维埃一次会议上说过：“假如国家利益因联合而遭到损害，我们的职责 151
就是从政府召回我们的同志。”这话的意思实在不是如同达恩不久前承诺的那样，在耗尽了自由主义者的能量以后再清除他们，而是在觉得自己消耗殆尽以后及时离开政权。策烈铁里准备把政权完全交给资产阶级。

在5月6日组成的第一次联合内阁中，社会主义者是少数；然而他们是局势事实上的主人。在7月24日组成的内阁中，社会主义者是多数，然而他们仅仅是自由主义者的影子。米留科夫承认：“在社会主义者名义上占不大优势的情况下，内阁中实际上的优势绝对属于资产阶级民主制度的坚定拥护者。”如果说更准确一些，是资产阶级所有制的拥护者。民主制度的情况则不太确定。基于

同样的精神，部长佩舍霍诺夫把七月联合内阁与五月联合内阁进行了对比，尽管提出了一种意想不到的论据：当初资产阶级需要来自左边的支持；现在有出现反革命的可能危险，来自右边的支持对我们来说是十分必要的。“我们吸收的右翼力量越多，剩下攻击政权的人就越少。”真是一条奇妙无比的政治战略规则：为了打破对堡垒的包围，最好是自己从里面打开大门。这就是新的联合内阁的公式。

反动派在进攻，民主派在后撤，在革命第一阶段感到害怕的阶级和集团抬起了头。昨天还在遮遮掩掩的利害关系今天暴露出来了。商人和投机者要求消灭布尔什维克，要求贸易自由；他们提高嗓门反对一切限制流通的措施，甚至包括在沙皇统治时期就已实行的措施。在生活所必需的食品匮乏的情况下，旨在与投机行为进行斗争的粮食管制也被说成是造成生活必需食品匮乏的犯罪行为。对粮食管制的愤怒迅速转化为对苏维埃的愤怒。孟什维克经
152 济学家格罗曼报告说，商人们的进攻势头“在7月3—4日的事件以后特别加强了”。苏维埃要为战事失败、物价飞涨和抢掠行为承担全部责任。

因保皇派阴谋而感到不安的临时政府害怕左翼予以某种猛烈的回击，因此于8月1日把尼古拉·罗曼诺夫及其全家遣送到了托博尔斯克。第二天，新出版的布尔什维克报纸《工人和士兵报》就被查封了。从四面八方传来了大肆逮捕军队委员会委员的消息。7月月底，布尔什维克只能在半地下的状况下召开自己的代表大会。军队代表大会则被禁止了。以前龟缩在家里的人——地主、商人、工业家、上层哥萨克、僧侣、乔治十字勋章获得者开始聚

集在一起。他们发出相同的喊声，只是粗鲁无礼的程度有所不同罢了。尽管不总是公开的，指挥权无可争辩是属于立宪民主党的。

8月月初，召开了有大约300名交易所和企业家组织最重要的代表人物参加的工商业代表大会。在会上，锋芒毕露的纺织大王里亚布申斯基发表了纲领性演说。“临时政府只是徒具政权外表……实际上登上王位的是一伙政治骗子……政府加紧征收税款，首先是向工商阶级严苛征税……把它们给了浪费者，这合理吗？为了拯救祖国而对浪费者严加管束不是更好些吗？……”最后，他果然以威胁作为结束语：“饥饿与赤贫的人民的骨瘦如柴之手必将掐住人民之友的脖子。”骨瘦如柴之手这个概括同盟歇业政策的词语从此就稳固地进入了革命的政治词典。它让资本家付出了高昂的代价。

名省特派委员的代表大会也在彼得格勒召开了。这些临时政府的代理人原本计划应当是作为环绕政府的防护墙，现在他们抱成一团实际上是来反对它，并且在其立宪民主党核心领导下对倒霉的内务部长阿夫克先季耶夫展开了猛烈的抨击。“不能坐在两把椅子之间，政权应当实行统治，而不是傀儡。”妥协派人士进行了辩解，并且低声提出了抗议，因为他们害怕布尔什维克偷听到他们与盟友之间的争吵。这位社会主义部长（指阿夫克先季耶夫。——译者）像被开水烫伤了一样离开了代表大会会场。

社会革命党和孟什维克的报刊说起话来日益带着抱怨和委屈的语气。报纸版面上开始出现了出人意料的揭露性内容。8月6日，社会革命党的《人民事业报》刊登了几个左翼士官生从开赴前线途中写来的一封信，令作者震惊的是：“士官生所扮演的角色是……

不断实施肉刑，士官生参加的是伴随着不经审判和侦讯，仅凭营长的一道命令就执行枪决的讨伐……一些凶狠的士兵从隐蔽的角落朝单独行动的士官生开枪射击……”整顿军队方面的工作看起来不过如此而已。

反动派在发起进攻，临时政府则节节后退。8 月 7 日，参加过拉斯普京团体和参与过反犹暴行的一些臭名昭著的黑帮活动分子被释放出狱，布尔什维克却继续关押在十字监狱里，那里即将发生被捕工人、士兵和水兵的绝食。彼得格勒苏维埃工人部当天向托洛茨基、卢那察尔斯基、柯伦泰和其他遭囚禁的人发来了慰问信。

工业家、省里的特派委员、在诺沃切尔卡斯克举行的哥萨克代表大会、爱国主义报刊、将军、自由主义者——所有这一切都认为 9 月举行立宪会议选举是根本不可能的，最好是把选举推迟到战争结束之际。但是政府不可能做到这一点。不过，折中的办法还是找到了：立宪会议的召开延期到 11 月 28 日。立宪民主党人不
154 是没有埋怨地接受了这一延期，他们顽固地指望在剩下的 3 个月期间必将发生一些有决定意义的事件，使它们能把有关立宪会议的问题本身转移到别的方面去。这类希望越来越公开地与科尔尼洛夫的名字联系起来了。

围绕新的“最高总司令”这个人物所进行的宣传从此开始成为资产阶级政策的中心。在大本营的积极推动下，“第一位人民总司令”的传记大量发行。当身为陆军部主管人的萨文科夫对记者说到“我们认为”的时候，他所说的“我们”指的不是萨文科夫和克伦斯基，而是萨文科夫和科尔尼洛夫。围绕科尔尼洛夫出现的喧嚣使克伦斯基警觉起来。关于存在着以大本营属下军官协会总委员

会为中心的阴谋传闻越来越顽强地流行起来了。8月月初，政府首脑和军队首脑的个人会面不过是使得他们之间相互的嫌恶变得更为强烈罢了。“这个容易上当的夸夸其谈的人物还想支配我吗?”科尔尼洛夫必定对自己这样说。“这个智力平平和不学无术的哥萨克决意要拯救俄国吗?”克伦斯基不会不想到这一点。依据各自的理由，双方都是对的。科尔尼洛夫的纲领把对工厂和铁路实行军事化，把死刑推广到后方和使彼得格勒军区连同首都卫戍部队一起隶属大本营都纳入自己的内容之中，当时这在妥协主义者圈子里已经是尽人皆知的。紧随正式纲领之后没有说出来的，然而更为真实的另一种纲领毫无困难地被识破了。左翼报刊发出了警报。苏维埃执行委员会提议以切列米索夫将军作为新的总司令候选人。人们开始公开谈论科尔尼洛夫即将辞职的话题。反动派惊慌起来了。

8月6日，顿河、库班河、捷列克河等12支哥萨克部队联合委员会在萨文科夫出席的情况下通过了一项决定，“大声和坚定地” 155
告知政府和人民，一旦撤换“英雄领袖”科尔尼洛夫将军，它就会取消自己对前线和后方的哥萨克部队的行为所负的责任。乔治十字勋章获得者联合会的代表会议更为强硬地威胁临时政府，假如科尔尼洛夫遭到撤换，那么联合会立即就“向全体乔治十字勋章获得者发出与哥萨克共同行动的战斗号召”。没有任何一位将军对这种破坏隶属关系的行为表示过抗议。秩序党的报纸异常兴奋地刊登了这类意味着有引发内战危险的决定。陆海军军官联合会总委员会四处发电报，声称把自己的全部希望都“寄托在敬爱的领袖科尔尼洛夫将军身上”，号召“全体诚实正直的人”表达对他的信任。

那些日子里在莫斯科召开的右翼阵营“社会活动家”会议给科尔尼洛夫发了一封电报，电文称会议让自己的声音融入军官、乔治十字勋章获得者以及哥萨克的声音：“整个独立思考的俄罗斯带着希望和信赖的目光仰望着您。”话不能说得更清楚了。参加此次会议的有像里亚布申斯基和特列季亚科夫这样的工业家和银行家，阿列克谢耶夫将军和布鲁西洛夫将军，僧侣和教授代表，以及以米留科夫为首的立宪民主党领袖。作为装饰的半虚构的“农民联合会”的代表也到场了，它理应为立宪民主党在农民上层中找到支持。高坐在主席席位上的是大块头人物罗将柯，他向一个哥萨克代表团致谢，因为该团镇压了布尔什维克。科尔尼洛夫作为国家拯救者角色的候选人资格就这样由俄国有资产的和有教养的阶级中一批最有威信的代表公开提出来了。

在完成了这些准备以后，最高总司令再次出现在陆海军部长那里，就他提出的拯救国家的纲领进行谈判。科尔尼洛夫的参谋长卢科姆斯基将军讲述了他这次拜访的情况：“一到达彼得格勒，
156 他便由携带着两挺机枪的帖金人陪伴去了冬宫。在科尔尼洛夫将军进入冬宫之后，帖金人把这两挺机枪从汽车上卸下来，他们就守卫着冬宫的大门，以便在需要的时候帮助总司令。”可以这样假定，帮助总司令就可能需要反对政府主席。帖金人的机枪是瞄准手足无措的妥协派分子的资产阶级机枪。独立于苏维埃的拯救革命的政府看来就是这样的！

在科尔尼洛夫拜访过后，临时政府成员科科什金马上向克伦斯基声明，“如果今天还不接受科尔尼洛夫的纲领”，那立宪民主党人便宣布辞职。尽管没有机关枪，立宪民主党人还是采用了科尔

尼洛夫最后通牒式的语言跟政府讲话。这很快就见了效。临时政府赶忙审议最高总司令的报告，而且认为采纳他提议的措施，“直到包括在后方实行死刑”的措施原则上是可能的。

全俄高级神职人员会议自然而然地加入到了动员反动势力的事业中来了，按照自己的正式目标，它本该实现使东正教会挣脱官僚制度桎梏的任务，可是实质上它必定起着把教会与革命隔离起来的作用。随着专制制度的覆灭，教会失去了自己的官方首领。它与国家、与原先的庇护人和靠山的关系一直悬而未决。在3月9日发布的文告中，最高宗教会议固然对业已实现的革命赶紧表示祝福，同时也号召人民“信赖临时政府”，可是未来仍然笼罩在威胁之中。临时政府对教会问题就像对其他问题一样故意避而不答。僧侣们感到非常惊惧惶惑。有时，从某个边远的地方，例如从靠近中国边境的城市维尔内，由当地牧师发来一封电报，电报请李沃夫公爵相信，他的政策是完全符合福音书教义的。教会努力去适应大变革，它没有胆量去干预时局。这一点在前线得到了再清 157
晰不过的证明，在那里，僧侣的影响与对纪律的恐惧一起崩溃了。邓尼金承认：“如果说军官团还在花费宝贵时间来争取自己的指挥权与军事威信，那么从革命的第一天起，牧师的声音就消失了，他们参与军队生活的一切行为都完全停止了。”僧侣代表大会在大本营和各级司令部没有留下任何痕迹。

高级神职人员会议首先是僧侣特别是其高层自身的帮派事业，不过它还是没有封闭在教会官僚制度的小范围里。自由主义社会竭尽全力抓住它不放。在人民中间没有找到任何政治根基的立宪民主党幻想把改革了的教会作为它联系群众的传输装置。在

会议的筹备过程中，诸如特鲁别茨科伊公爵、奥尔苏菲耶夫伯爵、罗将柯、萨马林以及一些自由主义者教授和作家等各种世俗政治人物起到了与教会显贵同样的甚至是超过后者的积极推动作用。立宪民主党试图围绕会议创造一种教会改革的气氛，结果徒劳无功，因为那时它害怕因行动不慎而动摇腐朽的结构。至于教会与国家分离的问题，无论僧侣还是世俗改革人士都没有提及。教会显贵自然愿意削弱国家对自己内部事务的控制，但是又想看到发生这样的事情，那就是国家将来不仅保护他们的特权地位、他们的土地和收入，而且还将继续支付他们极大的一份花销。至于自由资产阶级，则准备保证东正教会维持其统治教会的地位，但条件是它要学会以新方式在群众中为统治阶级的利益服务。

然而就在这里出现了主要的困难。还是那位邓尼金忧愁地指出，俄国革命“没有创建出一种无论什么样的令人瞩目的人民宗教
158 运动”。假如要说得更正确一点，那就是随着人民中新的阶层参加到革命中来，他们几乎是自动地转过身去，让背朝着教会，即使以前他们与教会联系密切也罢。在农村，个别牧师由于凭借他们在土地问题上所持的态度还能够维持个人的影响。在城市里，不仅在工人而且在小资产阶级人群当中，没有任何人为了解决革命所引发的问题而头脑中产生过去找僧侣的想法。人民根本没有参与神职人员会议的筹备工作。群众的兴趣和激情在社会主义口号的语言中，而不是在神学经文中得到了自己的反映。发展滞后的俄罗斯通过速成班走过了自己的历史：她不仅被迫跳越了宗教改革阶段，而且跳越了资产阶级议会制阶段。

高级神职人员会议早在革命浪潮高涨的几个月期间就筹划好

了，召开时恰逢几个星期的革命低潮。这使得它的反动色彩变得更加浓重了。会议的组成人员以及他们所提问题涉及的范围，甚至会议开幕的仪式——统统都说明各个阶级对待教会的态度发生了根本的变化。克伦斯基、阿夫克先季耶夫与罗将柯以及立宪民主党人一道出席了在乌斯宾斯基大教堂举行的祈祷。莫斯科市长、社会革命党人鲁德涅夫在祝词中说道："只要俄罗斯人民还活着，基督教信仰就在他们的灵魂深处燃烧起来。"这些人昨天还认为自己是俄国启蒙思想家车尔尼雪夫斯基的直系后裔呢。

神职人员会议把印好的告人民书发送到了各个角落，它呼吁建立强有力的政权，揭发布尔什维克的罪行，用劳动部长斯科别列夫的口吻恳求说："工人弟兄们，全身心地去工作吧，让你们的要求服从祖国的利益吧。"不过，会议特别关注的却是土地问题。总主教和主教被农民运动的规模吓坏了，因此变得冷酷起来，其程度并不亚于地主；于是他们内心对教堂和修道院土地的忧虑远远超过

了对教区民主化问题的恐惧。会议的文告用上帝的愤怒和革出教 159
门进行威胁，要求"马上把从教堂、修道院、僧侣以及私有主人那里劫掠的土地、森林和收获归还给他们"。这令人相应地想到无人应答的旷野呼声！会议拖了一个星期又一星期，直到十月革命以后才达到自己的顶点——恢复早在两百年前就被彼得大帝废除了的总主教制。

7月月底，临时政府决定于8月13日在莫斯科召开由全国各个阶级和社会团体参加的国务会议。出席会议的人员由政府自行决定。与国内举行的毫无例外的全部民主选举的结果完全相背，临时政府采取了措施来预先保证有产阶级和劳动人民派出相同人

数的代表参加会议，拯救革命的政府还希望仅仅依靠这种人为的平衡来拯救自己。这个全民会议指望不到任何确定的权利。用米留科夫的话来说就是："会议……得到的……最多也只能是咨议性的发言权。"有产阶级想给民主派做出舍己为公的榜样，以便以后更可靠地独占整个政权。"国家政权与全国所有有组织的力量团结一致"被宣布为会议的宗旨。报纸也大谈团结、和解、鼓舞、振奋精神的必要性。换句话说，有些人不想，而另一些人则不能明确说出，召开会议本身是为了什么。在这里，说明事物名称的本质便成了布尔什维克的任务。

第六章　克伦斯基和科尔尼洛夫（俄国革命中的波拿巴主义分子） 160

假如让一个思想明确和性格坚强的人取代克伦斯基成为政权的首脑，后来的不幸，包括布尔什维克的上台本来是能够避免的，关于这个题目有人已经写了不少。可是，相关的社会阶级为什么只得正好把克伦斯基这个人物抬举到自己的肩上呢？

好像是为了让我们的历史记忆清晰起来，西班牙事件再次向我们指明革命是怎样冲刷人们熟悉的政治界线的，在其初期阶段又是怎样用玫瑰色的浓雾遮蔽每一个人和每一件事的。在这个阶段，甚至革命的敌人也在竭力涂上革命的色彩：这种表象里面反映了保守阶级半本能地力图去适应危险变化，以便尽可能少地遭受因这些变化而造成的损害。建立在泛泛空谈基础上的民族团结使妥协主义政策化作了必不可少的政治功能。在这个阶段，那些用超阶级的观点去观察事物的、用陈词滥调进行思考的、不知道想要些什么的以及希望一切变得更好一些的小资产阶级幻想家成了多数人唯一想象得到的领袖。假如克伦斯基有明确的主张和坚定的意志，那他就完全不适宜自己扮演的历史角色。这并不是事后诸葛亮式的评价。在时局紧张的时刻，布尔什维克就是这样看待他 161
的。“政治案件的辩护律师、身为劳动派首领的社会革命党人、没

有任何社会主义经历的激进分子——克伦斯基，这个人再充分不过地反映了革命的第一阶段，革命模糊不清的‘全民性质’，革命在希望与期待方面富于激情的理想主义。”七月危机以后关在克伦斯基设的监狱里的本书作者是如此描写他的，“克伦斯基大谈土地和自由、秩序、各族人民的和平、保卫祖国、李卜克内西的英雄举动，大谈俄国革命应当以宽宏大量让全世界感到惊奇，并且拿着这条红色的丝绸头巾来回摆动。那些处于半苏醒状态的俗人异常兴奋地倾听这些言论：他们似乎觉得这话像是自己在讲台上说的。军队把克伦斯基当作摆脱古契柯夫的解救者来欢迎。农民所听到的就是他是一个劳动派分子，是农夫们的代表。他那在没有定准的激进言辞掩盖下的极端温和的思想博得了自由主义者的好感……”

然而，全民拥抱的蜜月为期不长。革命初期的阶级斗争仅仅是为了在后来的国内战争形式中复活而处于静止状态。就是在妥
676
协主义政策梦幻般的高潮中，它不可避免的破产事先就包含在其中了。法国御用记者克洛德·阿内解释了克伦斯基迅速失去声望的原因，那就是缺乏分寸感促使这位社会主义政治家做出了与其身份“很不相称”的行为。“他去看了皇帝的卧榻。他住在冬宫或者皇村的宫殿里。他在皇帝的床铺上睡觉。过分的并且是太惹人注意的虚荣心确实有一点点；这在一个世界上最简朴的国家里是很不得体的。”分寸感在小事情上也像在大事情上一样，必须以对形势以及自己在其中的位置了解为前提，而克伦斯基连这种了解的影子都没有。因群众的轻信而高升的他完全是他们的陌路之人，他不了解他们，他对他们如何认识革命以及从中得出了什么结论一点也不关心。群众期望他采取大胆的行动，而他要求群众不

要妨碍他的宽宏和雄辩。就在克伦斯基做戏般地探望被捕的沙皇全家时,看守皇宫的士兵对警卫队长说:“我们就在这铺板上睡觉,我们的供给也很差,而小尼古拉,尽管被捕了,可是他身边的人把肉扔进了泔水缸。”这是“非宽宏”的话,但是它们反映了士兵的感受。

冲破了数百年束缚的人民每走一步都跨越了有教养的领袖为他们设定的界限。4 月月底,克伦斯基曾经就这个问题哭诉说:“难道自由的俄罗斯国家是一个叛逆奴隶的国家么?……我惋惜没有在两个月前死去,我应该怀着伟大的幻想去死。”等等。他指望用这种拙劣的高调来影响工人、士兵、水兵和农民。海军上将高尔察克后来在苏维埃法庭上讲述了这位激进的陆海军部长走访黑海舰队各船舰的情形,他此行的目的是劝说水兵同军官和解。在每次演讲完事之后,演讲人似乎觉得目的达到了:“这就是您看见的,海军上将,一切都已经调解好了……”但是什么都没有调解好,舰队的分裂才刚刚开始呢。

时间越久,克伦斯基因其装腔作势、傲慢无礼、妄自尊大引起群众的愤慨就越来越强烈。在遍访前线期间,他在车厢里经常这样气愤地高声呼唤自己的副官:“您把这些讨厌的委员会给我赶出去!”这可能是出于让将军们听见他的声音的考虑。抵达波罗的海舰队后,克伦斯基命令水兵中央委员会到海军上将的舰艇上去见他。“波罗的海中央”作为一个苏维埃机构并不隶属这位部长,并且认为该命令是侮辱性的。委员会主席、水兵德宾科回答说:“如果克伦斯基希望跟中央委员会对话,那就让他到我们这里来。”难道这不是令人难堪的粗鲁吗!在克伦斯基与水兵进行政治谈话的

军舰上，情况不见得就好一些。特别是在充满布尔什维克情绪的
163 “共和国号”军舰上，水兵们逐条逐项地质问部长：他为什么在国家杜马投票支持战争？他为什么在米留科夫 4 月 21 日发出的帝国主义照会上签名？他为什么指定给沙皇的枢密官每年 6000 卢布养老金？克伦斯基拒绝回答由对他“心怀敌意的人”提出的这些阴险狡诈的问题。全体船员严厉地认为部长的解释是“完全说不过去的……”在水兵们死一般的沉默中，克伦斯基离开了军舰。“暴动的奴隶！”激进的律师咬牙切齿地说。而水兵们体验到了自豪感：“不错，我们是奴隶，而且我们起来暴动了！”

由于自己对民主派舆论采取毫无礼貌的态度，克伦斯基每走一步都会跟苏维埃的领袖们发生准冲突，这些人走的其实就是他所走的同一条道路，只不过他们比较顾忌群众的反应罢了。早在 3 月 8 日，被下层抗议吓坏了的苏维埃执行委员会就已经告知克伦斯基，称释放被捕的警察是不能容许的。几天之后，妥协派分子认定自己不得不对司法部长把沙皇全家送到英国去流亡的意图表示抗议。又过了两三个星期，执行委员会提出了与克伦斯基“调整关系”的总体问题。但是这些关系没有也不可能调整好。在党的那一方面，事情实在是太不顺利了。在 6 月初举行的社会革命党代表大会选举中央委员会时，克伦斯基只得到 270 名代表中的 135 票，结果落选了。该党领导人百般狡辩，他们向左右双方解释说：“很多人之所以没有投票给克伦斯基同志是因为他负担太重了。”实际上，如果说在司令部和政府机关工作的社会革命党把克伦斯基当作幸福的源泉来宠爱的话，那么与群众联系密切的老社会革命党人对他并不信任和尊敬。可是无论执行委员会

还是党没有克伦斯基都不行:他作为联合政府的结合环是不可或缺的。

在苏维埃联盟中,主导作用属于孟什维克:他们发明决定,也 164
就是发明躲避行动的方式。但是在国家机关,民粹主义者相对孟什维克有明显的优势,这再明显不过地反映在克伦斯基所占据的优越地位中。半立宪民主党人、半社会革命党人的克伦斯基在临时政府里面不是像策烈铁里或者切尔诺夫那样作为苏维埃的代表,而是作为资产阶级和民主派之间活的联系纽带。策烈铁里—切尔诺夫代表联合政府的一方,克伦斯基则是这联合本身的个体化身。策烈铁里抱怨克伦斯基有太多的"个人因素",他不明白它们与克伦斯基的政治功能是分不开的。策烈铁里本人作为内务部长也曾就各省特派委员一事发过通告,称后者应当依靠当地所有的"积极力量",即依靠资产阶级和苏维埃,贯彻临时政府的政策,而不是屈从"党派的影响"。这种理想特派委员超越互相敌对的阶级和党派,以便凭借自身和通告来克尽自己的职守,他们就是些各省各县范围内的克伦斯基。要完善这个体制,冬宫里面有一位独立的全俄特派委员是很有必要的。没有克伦斯基,妥协主义就是没有十字架的教堂穹顶。

克伦斯基的发迹过程充满了许多教益。正是多亏了他害怕的二月起义,他才得以当上了司法部长。"暴动的奴隶"举行的四月示威使他成为陆海军部长。"德国间谍"发起的七月战斗把他送上政府首脑的位置。9 月初,一个群众运动又让他这个政府首脑当上了最高总司令。妥协主义制度的辩证法及其辛辣的讽刺就在于,在推翻克伦斯基之前,群众必得用自己的压力一直把他抬升到

顶点。

克伦斯基对赋予他权力的人民令人震惊地弃之不顾，从而去
165 贪婪地追求上流社会的赞扬。早在革命初期，莫斯科立宪民主党领导人基什金医生从彼得格勒回来后说："假如不是克伦斯基，也就没有我们所拥有的一切。他的名字将用黄金字母载入史册。"获取自由主义者的颂扬是克伦斯基最重要的政治准则之一。但是他不能够，而且不愿意简单地把自己的名声置于资产阶级的脚下。相反，他越来越感兴趣的是需要看到所有阶级都拜倒在自己的脚下。米留科夫证明说："从革命刚一开始起，使资产阶级和民主派的代表彼此之间相互对抗和相互平衡的想法对于克伦斯基来说并不陌生。"这一方针是他途经介于自由主义律师职业与地下小组二者之间的整个生活道路的自然产物。在恭敬地说服布坎南相信"苏维埃将以自然死亡的方式消亡"的同时，克伦斯基往往用苏维埃的愤慨来恐吓自己的资产阶级同事。而在苏维埃执行委员会领导人与他发生分歧的场合，克伦斯基又经常用最可怕的灾祸——自由主义者的辞职来吓唬他们。

克伦斯基一再说他不愿做俄国革命的马拉，这就意味着他拒绝对反动派采取严厉措施，但是绝对不会拒绝对"无政府状态"采取严厉措施。其实，政治生活中暴力反对者的道德准则大体都是这样的：他们拒绝暴力是因为这将牵涉现存的东西会发生改变，但是为了捍卫秩序，他们不会在最无情的镇压面前停止下来。

在前线准备发动进攻期间，克伦斯基成了有产阶级最宠爱的人物。捷列申柯到处介绍说我们的盟国是如何高度评价"克伦斯

基的工作";一向对妥协主义态度严厉的立宪民主党《言论报》始终强调自己对陆海军部长的好感;罗将柯本人认为:"这个年轻人……为了祖国的利益和开展创造性的工作,每天以双倍的精力活跃在岗位上。"自由主义者想用这样的评论来反复抚爱克伦斯 166
基。可是实际上他们不可能不看到,他在为他们而工作。列宁问道:"……请想一想,要是由古契柯夫来命令在前线发动进攻,解散团队,逮捕士兵,禁止召开代表大会,对士兵大声直呼'你',把他们称为'胆小鬼',那情况又会怎样呢?而克伦斯基能够豁出去追求这种奢侈的东西——因为他确实暂时还没有花掉那些令人眩晕地快速隐含起来的信任,这是人民赊销给他的。"

提高了克伦斯基在资产阶级队伍中的声望的前线进攻最终损害了他在人民当中的声望,进攻的失败实质上是克伦斯基在两个阵营的失败。但是令人惊讶的现象是:从那以后正是他在双方阵营名誉受损这一事实使他成为"不可替代的人物"。关于克伦斯基在建立第二届联合政府方面的作用,米留科夫是这样说的,"他是唯一可能的人选",可惜"不是所需要的那个人……"其实无论何时,居领导地位的自由主义政客都没有太看重克伦斯基,而更大范围的资产阶级圈子越来越把命运遭受的全部打击的责任推给了他。按照米留科夫所说明的,就是"具有爱国主义情绪的集团无法忍受的处境,促使其去寻找强有力的人物"。海军上将高尔察克在一段时间里曾经充当这种角色。为国家政权确立一个强有力的人物"要考虑谈判和妥协方式以外的方式"。要相信这一点并不难。斯坦凯维奇是这样描述立宪民主党的:"对民主主义、对人民自由意志、对立宪会议的希望已经放弃了。因为在全俄国举行的市政

厅选举让社会主义者取得了压倒性胜利……于是开始急匆匆地寻求一个不是能进行说服，而仅仅是发布命令的政权……”更准确地说，就是一个能够把革命逼上绝路的政权。

从科尔尼洛夫的经历以及他的个性中不容易辨认出证明他能
167 作为拯救者职位候选人的那些特征。从前和平时期科尔尼洛夫服役时的长官，而战争时期和他住在同一个奥地利战俘营的马丁诺夫将军用这样的话描述科尔尼洛夫：“他以对劳动的不懈爱好和充分自信而与众不同，不过就自身的智能来看，他是一个没有开阔眼界的和不怎么出色的平庸之辈。”马丁诺夫列出了科尔尼洛夫的两个优点：个人勇气和大公无私。在人们把关心个人安全放在首位和肆意为盗的环境中，这些品质无疑十分令人瞩目。科尔尼洛夫丝毫没有战略能力，首先是从整体上运用其物质与精神因素评判形势的能力。“而且，他缺乏组织天赋”，马丁诺夫说道，“由于自己的性格暴躁和情绪不稳，一般他很少能采取有计划的行动。”战争期间一直在监督自己这位下属作战行动的布鲁西洛夫评论他的时候带着十足蔑视的口吻：“一个剽悍勇猛的游击队指挥官——其他什么都不是。”围绕科尔尼洛夫指挥的那个师制造的官方传奇是由于要在阴沉背景下找出一个明亮耀斑的爱国主义舆论所左右的。马丁诺夫写道：“第四十八师的牺牲仅仅是因为……科尔尼洛夫本人指挥混乱而造成的，他……不善于组织后撤行动，而主要是多次反复改变自己的决定，因而浪费了时间……”在最后关头，科尔尼洛夫把由他领进陷阱的那个师抛弃不管，任其自生自灭，这样做仅仅是试图为了使自己免遭被俘。可是，经过四昼夜的逃亡迷路流浪以后，这位不走运的将军还是被奥地利人抓住了，只是后来他又逃出

了俘虏营。“回到俄国以后,科尔尼洛夫在同各报记者访谈时用天
花乱坠的谎言粉饰自己的逃亡经历。”我们没有理由停留在那些见
多识广的见证人对这一传奇故事做作的平淡乏味的修订上面。看 168
来从此时起,科尔尼洛夫对报纸的宣传产生了兴趣。

直到革命爆发之前,科尔尼洛夫都是一个带黑帮色彩的保皇派分子。做俘虏期间他在读报时不止一次地说过,“把古契柯夫和米留科夫这类人物统统绞死才大快人心”。但是政治理念对他来说,总是像对类似性情的人一样,那就是仅仅限于与他直接相关的才感兴趣。二月革命以后,科尔尼洛夫很轻松地把自己说成是共和派人士。马丁诺夫是这样评论他的:“他根本没有弄清楚俄国社会各个阶层相互冲突的利益,他既不了解党派集团,也不了解社会活动家个人。”在他看来,孟什维克、社会革命党和布尔什维克已经合流成了一个庞大的敌对群体,这个群体妨碍指挥官进行指挥,妨碍地主享有庄园,妨碍工厂主开工生产,妨碍商人做生意。

早在 3 月 2 日,国家杜马委员会就已经紧紧抓住了科尔尼洛夫将军,手持签名文件的罗将柯在大本营面前坚持要任命这位“全俄勇敢的著名英雄”为彼得格勒军区部队的总指挥官,在已经不再是沙皇的沙皇给罗将柯的电报中写着:“执行”。就这样,革命的首都得到了自己第一位红色将军。在苏维埃执行委员会 3 月 10 日的会议记录里面,关于科尔尼洛夫写下了这样一句话:“一个想终止革命的旧式将军。”其实,在革命初期,将军竭力从有利的一面来显示自己,而且并非没有争议地执行了逮捕皇后的手续,此举为他加了分。但是从被他任命为皇村警卫队长的科贝林斯基上校的回忆录中可以发现,科尔尼洛夫玩弄了两面手法。科贝林斯基很有

分寸地叙述说，皇后出现以后，“科尔尼洛夫对我说：‘上校，让我们两个人留在这里，您自己到院子里去走走。’我出来了。5 分钟过
169 后，科尔尼洛夫又喊我，我走了进去。皇后向我伸出了手……”显然，科尔尼洛夫把上校作为朋友进行了介绍。后来我们还得知沙皇与他的“狱吏”科贝林斯基之间互相拥抱过。作为负责人员，科尔尼洛夫在自己的新岗位上的表现糟糕透了。斯坦凯维奇写道：“他在彼得格勒最亲近的助手也经常抱怨他没有能力开展工作和主持事务。”不过科尔尼洛夫在首都并没有待多久。四月危机期间，在并非没有来自米留科夫方面的暗示情况下，他企图对革命进行第一轮血腥镇压，可是遇到了苏维埃执行委员会的抵制。于是他辞了职，却得到了一个集团军，后来则得到了西南战线的指挥权。还不等从法律上规定实行死刑，科尔尼洛夫就下令枪杀逃兵，并且把写有罪名的尸体摆放在大路上。他用严厉的惩罚来恐吓损害地主所有权的农民。他组建了一些突击营，并且每逢合适的场合，就用这些突击兵团威胁彼得格勒。这些作为使他的名字在军官和有产阶级心目中立即绕上了一道光环。不过，很多克伦斯基的特派委员也自认为：除了寄托在科尔尼洛夫身上的希望，再没有别的什么希望了。过了几个星期以后，这位具有指挥过一个师的可悲经历的好斗将军当上了一支趋于瓦解的数百万人大军的最高总司令，而协约国还想逼迫这支军队一直战斗到最后胜利。

科尔尼洛夫的头脑晕乎起来了。政治上的无知和眼界的狭隘使他成了猎奇者轻易得手的俘获物。这是一个顽固维护自己个人特权的人，“一个长着狮子心脏和公羊脑袋的人”，阿列克谢耶夫将军这样评论科尔尼洛夫。紧随他之后的是韦尔霍夫斯基，后者说

科尔尼洛夫很容易为外界影响所左右,如果这些影响与满足他的虚荣心刚好相符的话。对科尔尼洛夫态度友好的米留科夫则指出,他“对善于奉承他的人怀有孩童般的信赖”。最高总司令最亲近的鼓动者是一个谦称为传令官的叫扎沃伊科的人,这个阴沉的 170
人物是一个前地主出身的石油投机商和冒险家,他尤其以自己的笔杆子使科尔尼洛夫佩服不已。扎沃伊科具有无论在什么情况面前都不会善罢甘休的行骗者所具有的堪称机敏的文笔。这个传令官是一位广告宣传的导演,是科尔尼洛夫“民间”传记的作者,是各种报告、最后通牒以及那些总之用将军的话来说就是要有“强有力的、富于艺术风格的”文献的编纂者。另一个名叫阿拉季因的猎奇者加入了扎沃伊科的工作,此人是以前第一届杜马的代表,在国外侨居了数年时光,嘴里老是叼着英国烟斗并且因此便自认为是研究国际问题的专家。这两个人站在科尔尼洛夫的右手边,把他与反革命中心连接起来。给他蒙上左派旗帜的是萨文科夫和菲洛年科;在尽量支持将军自吹自擂的同时,还令他们操心的是,他不要过早地让自己在民主派看来是非常厉害的人物。“投奔他的既有正直的人,也有卑鄙之徒;既有诚实的人,也有阴谋家;既有政治家,也有军人,还有冒险家。”令人感动的邓尼金将军写道,“所有人都用同一种声音说:拯救祖国吧。”正直的人和卑鄙之徒的比例到底怎样,不容易查明。无论什么场合,科尔尼洛夫都严肃地认定自己是负有“拯救”使命的人,因此跟克伦斯基是直接竞争对手。

两个对手丝毫不掩饰相互之间的憎恶,按照马丁诺夫的说法就是:“克伦斯基在同高级将领打交道时,自己习惯于表现出一种高傲自大的派头。为人谦逊的勤快人阿列克谢耶夫和颇有外交官

风度的布鲁西洛夫能容忍对自己的轻视，但是类似的策略对自尊心强和好使性子的科尔尼洛夫行不通，何况这个人……同样居高临下地看待克伦斯基律师。”两位首领中较弱的一位做出了让步并且郑重其事地向对方表示怀有好感。至少在 7 月月底，科尔尼洛
171 夫对邓尼金说过，政府圈子里有人建议他进入内阁。“嘿，不行！这批先生与苏维埃联系太密切了……我对他们说：把政权交给我，那时我就开展决定性的斗争。”

克伦斯基脚底下的地面开始下沉，就像站在泥炭沼泽上一样。他像往常那样在仓促的言论形式中寻找出路：召开会议，宣布决定，发表声明。7 月 21 日，即克伦斯基高居民主派和资产阶级两个相互敌对阵营之上成为不可或缺的人物的时刻，个人的成功提醒他萌发了在莫斯科召开国务会议的想法。在冬宫封闭大厅里发生的那些事情应当搬到公开的舞台上来。但愿国家能用自己的目光看到，一切都会土崩瓦解，如果克伦斯基不把缰绳和马鞭紧紧掌握在自己手中的话！

*　*　*

根据官方提出的名单，吸收参加国务会议的是：“各种政治组织、社会组织、民主组织、民族组织、工商业组织和合作社组织的代表，民主机关的领导人，军队、科学机构、大学的高层代表人士，第四届国家杜马的成员。”原定大约有 1500 人与会，结果参加会议的却有 2500 人左右，而且扩大的部分完全是为了满足右派的需要。莫斯科社会革命党的报纸带着责备的口气谈论自己的政府：“120 名工商阶级代表出来反对 150 名劳工代表。100 名土地所有者被邀请来反对 100 名农民代表。反对 100 名苏维埃代表的有 300 名国

家杜马成员……”克伦斯基本党的报纸对这次会议能否给政府带来“它所寻求的支持”表示怀疑。

妥协派分子十分勉强地前来参加会议，他们互相开导，务必怀有实现达成协议的真诚意图。可是，该怎样对待布尔什维克呢？ 172
无论如何也要阻止他们妨碍民主派与有产阶级进行对话。苏维埃执行委员会一项特别决议规定，各党党团未经执行委员会主席团同意无权上台发言。布尔什维克决定以党的名义宣读一份声明便离开会议，机警地注视着布尔什维克每一个举动的主席团要求他们放弃违法的打算。于是布尔什维克毫不犹豫地退还了入场券。他们准备采取其他行动，做出更加有力的回应：诉诸无产阶级的莫斯科。

差不多是从革命开始时起，秩序拥护者在每一个适当的场合都在把纷扰的彼得格勒与平静的“全国”进行对照。在莫斯科召开立宪会议就成了资产阶级的口号之一。国家自由主义的“马克思主义者”波特列索夫也曾诅咒过把自己想象为“新巴黎”的彼得格勒。好像吉伦特党人也不曾用惊雷霹雳吓唬过旧巴黎，也不曾建议它把自己的作用缩减到八十三分之一！(法国当时有 83 个省。——译者)外省的孟什维克在苏维埃六月代表大会上说过：“在反映全俄国生活环境方面，任何一个诺沃切尔卡斯克这样的地方都要比彼得格勒可靠得多。”妥协派分子实质上像资产阶级一样不是在“全国”真实的情绪中，而是在正是由他们制造的令人慰藉的幻景中寻求支持。现在，亦即需要摸清莫斯科的政治脉搏的时候，等待国务会议举办人的是无比强烈的失望。

从 8 月月初开始轮流举行了一系列反革命会议，以土地所有人代表大会为开端，以教会代表会议而告终，它们不仅把莫斯科的有产阶级集团动员起来了，而且同时促使工人和士兵行动起来了。里亚布申斯基的威胁、罗将柯的呼吁，还有立宪民主党人与哥萨克将军的握手言欢——所有这一切都是在莫斯科下层民众的眼前发生的，布尔什维克的鼓动人员则马上抓住报纸上的综合报道来解
173 释这一切。这一次，反革命的危险采用了可以看得出来的甚至是全体出动的形式。各个工厂里涌起了愤怒的浪潮。莫斯科布尔什维克的报纸写道："如果苏维埃无能为力，无产阶级就应该团结在自己富有强大生命力的组织的周围。"被推到最前列的是工会组织，它们中的大多数已经处于布尔什维克领导之下。工厂里的情绪对国务会议是如此敌视，以致从下层萌发的总罢工想法在莫斯科布尔什维克组织所有支部的代表会议上几乎没有遇到反对就被采纳了。工会响应了这一倡导。莫斯科苏维埃以 364 票对 304 票的多数否决了罢工的提议。但是既然在事先的党团会议上，孟什维克和社会革命党人的工人投票赞成罢工，只是要服从党的纪律才改变态度，那么很久都没有进行改选的苏维埃做出的这个决定其实违背了它真正多数的意愿，因此也就根本不能阻止住莫斯科的工人。41 个工会组织的理事会会议做出决定号召工人举行为期一天的抗议罢工。各区苏维埃多半站在布尔什维克党和工会一边。各工厂旋即提出改选莫斯科苏维埃的要求，因为它不仅落后于群众，而且已经处于跟群众尖锐对立的境地。在莫斯科河南岸区苏维埃和各工厂委员会举行的联席会议上，更换那些"违背工人阶级意愿"的代表的要求以 175 票赞成，4 票反对和 17 票弃权通过了！

然而,罢工前一天夜晚对莫斯科的布尔什维克来说是一个令
人不安的夜晚。全国在沿着彼得格勒的道路行进,可是落在了它
的后面。七月示威在莫斯科是不成功的,不仅大多数卫戍部队,而
且大多数工人也不敢违背苏维埃的主张去上街。这一次将会怎样
呢?结果清晨就有了答案。妥协主义者的阻挠并没有妨碍罢工演
变成为仇视联合,仇视政府的大规模示威。在此之前两天,莫斯科 174
工业界报纸还颇为自信地写道:“让彼得格勒政府快点到莫斯科来
吧,让它仔细倾听克里姆林宫圣地、大钟和圣洁的高塔发出的声
音……”结果今天圣地的声音消失了——这是暴风雨来临之前的
寂静。

布尔什维克莫斯科委员会委员比亚特尼茨基后来写道:“罢工……开展得很好。没有灯光,没有电车,工厂、铁路停车场和车库都没有开工,甚至食堂服务员也罢工了。”米留科夫用清晰的线条描绘了这幅图景:“前往国务会议会场的代表……无法乘坐电车和在食堂用早餐。”据这位自由主义历史学家承认,这让他们对没有获准出席会议的布尔什维克的实力做出更恰当的评价。莫斯科苏维埃的《消息报》全面界定了 8 月 12 日游行示威的意义:“群众置苏维埃的决定于不顾,他们跟着布尔什维克走。”在莫斯科及其周边共有 40 万工人响应布尔什维克党的号召举行罢工。5 个星期以来,该党还没有从遭受打击的阴影中走出来,它的领袖仍然处于地下状态或者被关进了监狱。彼得格勒党组织新的机关报《无产者报》在被查封之前还来得及向妥协派分子提出了这样一个问题:“从彼得格勒来到了莫斯科,从莫斯科又将走向何处呢?”

局势的主宰者应当给自己提出这个问题。在基辅、科斯特罗

马和察里津也举行了为期一天的抗议总罢工或局部罢工。宣传鼓动活动遍及全国。在各个地方包括最偏僻的角落，布尔什维克都发出了如下警告，国务会议“明显地反映出反革命阴谋的性质”：到8月月底时，这个结论的意义在全体人民的眼前充分展示出来了。

国务会议的代表就像资产阶级的莫斯科一样，期待群众手持武器出动，期待出现冲突和战斗，期待发生“八月危机”。但是工人
175 一上街就意味着把自己置于渴望对罢工进行报复的乔治十字勋章获得者、军官团、士官生、独立骑兵部队的打击之下。号召卫戍部队上街就意味着使它陷入分裂，使已经打开扳机的反革命事业变得更加容易。党没有号召上街，受过正确辨别能力教育的工人自己避免了一场公开冲突。为期一天的罢工是对局势再好也不过的回应。不能像在国务会议上对待布尔什维克的声明那样对罢工置之不理。当整个城市陷入黑暗之中时，整个俄国就会看见是布尔什维克掌握着开关。不，彼得格勒并不是孤立的！“在莫斯科，当许多人都把希望寄托在上古遗风和谦让恭顺的时候，工人区却急不可耐地露出了利齿。”苏哈诺夫就是如此判定那一天的意义的。虽然布尔什维克缺席，但是联合派的国务会议还是不得不在无产阶级革命露出利齿的标志下举行。

莫斯科人俏皮地说，克伦斯基是来他们这里“接受加冕”的。可是在第二天，科尔尼洛夫也怀着同样的目的从大本营赶来了，他受到了为数众多的代表，其中包括高级神职人员会议代表的欢迎。火车还没有停稳，身着鲜红长袍的帖金人就跳下月台，他们抽出弯曲的军刀，排成两列横队。兴奋不已的贵妇们用花瓣撒向正在巡视卫兵和代表团的英雄。立宪民主党人罗季切夫致欢迎词，欢迎

词最后说："请您来拯救俄罗斯，心怀感激的人民要为您加冕。"爱国主义人士的哽咽声传开了。百万富商的妻子莫罗佐娃还跪倒在地。一群军官簇拥科尔尼洛夫走向人群。就在总司令检阅列队在车站前面广场上的乔治十字勋章获得者、士官生、在校准尉、哥萨克连队的时候，作为陆海军部长和竞争对手的克伦斯基正在检阅莫斯科的卫戍部队。科尔尼洛夫沿着以前沙皇的脚印，从车站前
往伊维尔圣像教堂，在那里当着头戴硕大毛皮高帽的穆斯林帖金 176
人卫队的面举行了祈祷仪式。关于这次祈祷，哥萨克军官格列科夫写道："这种情形使整个虔诚的莫斯科对科尔尼洛夫进一步产生了好感。"同时，反革命分子想方设法占据了街道。他们从汽车上毫不吝啬地往下面分发带有传主肖像的科尔尼洛夫传记。墙上贴满了号召人们协助这位英雄人物的海报。作为有产阶级的权力象征，科尔尼洛夫在自己车厢里接见了众多政治家、工业家和金融资本家。银行的代表向他报告了国家的财政状况。十月党人希德洛夫斯基意味深长地写道："杜马全体成员中只有米留科夫一个人去科尔尼洛夫的车厢与他见面，并且跟他进行了交谈，至于谈话的内容，我并不知晓。"关于这次谈话，我们后来才从米留科夫那里了解到他本人认为需要讲出来的那些内容。

这个时候，发动军事政变的准备工作在全速进行。在国务会议召开前几个星期之内，科尔尼洛夫以援助里加为借口命令四个骑兵师做好准备向彼得格勒推进。奥伦堡哥萨克团本来被大本营派往莫斯科去"维持秩序"，可是遵照克伦斯基的命令，结果在途中被拦住了。在后来自己向科尔尼洛夫案件侦讯委员会提供的证词中，克伦斯基说道："我们得到了消息，说是有人要在莫斯科会议期

间宣布建立独裁。”就这样，在全民团结的庄严日子里，陆海军部长和最高总司令各自忙于从战略上配置力量互相反对。然后又要尽可能做到不失体面。两个阵营的关系在正式发表的友好声明和国内战争之间游移不定。

在彼得格勒，尽管群众很节制（七月的经验教训毕竟没有消失得无影无踪），关于将要发生布尔什维克暴动的谣言还是从上层、从参谋部和报纸编辑部极其顽固地传了出来。彼得格勒的党组织
177 发表公开文告，警告群众说敌人方面有可能发出挑衅性号召。与此同时，莫斯科苏维埃采取了自己的措施。由每个苏维埃政党其中包括布尔什维克派出两名代表共 6 人组成一个秘密的革命委员会。委员会发布了一道秘密命令，禁止在科尔尼洛夫行经的道路两旁由乔治十字勋章获得者、军官和士官生夹道列队。对于布尔什维克来说，通向兵营的正式入口自从七月危机以来就被关闭了，现在又完全同意把通行证交给他们，因为没有布尔什维克就不能控制士兵。就在孟什维克和社会革命党公开与资产阶级进行关于建立牢固的政权来反对布尔什维克所领导的群众的谈判时，同样是这些孟什维克和社会革命党人暗地里跟被他们排除在国务会议之外的布尔什维克一起准备发动群众来同资产阶级阴谋展开斗争。昨天还在反对举行示威罢工的妥协派分子，今天却号召工人和士兵做好斗争的准备。群众鄙视性的愤怒情绪并没有妨碍他们起来响应做好战斗准备的号召，而这种战斗准备与其说使妥协派分子感到高兴，不如说更令他们感到害怕。假如妥协派分子继续蓄意推行自己的政策，那么具有几乎是对双方公然背信弃义性质的可恨的骑墙态度真是不可思议的，实际上他们只不过在自食其

果而已。

重大的事件明显高悬在空中。不过在举行国务会议期间,大概谁也没有打算发动政变。不管怎样谁也没有掌握能证实后来克伦斯基所引用的传闻性证据,无论是在正式文件当中,还是在妥协派人士的作品中,或是在右翼人士的回忆录中都找不到这种证据。问题暂时只涉及政变的准备工作。用米留科夫的话来说——而他的证词正巧与后来事态的发展相符——那就是科尔尼洛夫已经在国务会议召开前就为自己采取行动定好了日子:8 月 27 日。当然这个日子只有为数不多的人才知道。听到不完整消息的人就像在这种场合通常所做的那样,把发生重大事件日子提前了;于是预先风传的流言从四面八方汇聚到当局那里来了;看起来攻击眼看就 178
要发生了。

可是,正是资产阶级和军官团的激昂情绪能够在莫斯科发作,如果不是导致未遂政变的话,那也将导致举行旨在检验反革命势力的游行示威。更加可能的情况是,企图从国务会议成员中选出一个不论什么样的拯救祖国中心来同苏维埃竞争。右翼的报刊已经公开谈论到了这一点。但是这个目的没有达到,因为群众进行了干预。如果说有人存在着把坚决行动的时间提前的想法,那么在罢工的打击之下他也不得不对自己说:给革命一个措手不及的扼制没有成功,被工人和士兵阻止了,因此必须暂缓行事。甚至因为牧师和自由主义者按照跟科尔尼洛夫协商的结果而突然打算举行的向伊维尔圣像教堂进发的全民游行也被取消了。

刚一知道直接的危险消失了,社会革命党人和孟什维克就赶紧装出什么特别的事情也没有发生一样。他们甚至拒绝让布尔什维克重新进入士兵营房，尽管兵营继续坚持要求派布尔什维克宣传员到那里去。“摩尔人该做的事都已经做完了，他们再也用不着了。”策烈铁里、达恩和当时的莫斯科苏维埃主席欣楚克想必是神情狡黠地相互这样诉说。可是布尔什维克根本不想落到摩尔人的境地，他们一心只想做自己的事情。

*　　*　　*

每一个阶级社会都需要政府意志的统一。两个政权并存实质上是社会危机的独特体制。这种状况标志着国家出现了严重分裂，孕育着潜在的或公开的国内战争。谁也不愿意让两个政权的状况继续维持下去；相反，大家都在盼望出现巩固的、统一的“铁
179 腕”政权。克伦斯基的七月政府拥有没有限制的全权。他的如意算盘就是超越于瘫痪的民主派和资产阶级之上，在双方的赞同下建立一个“真正的”政权。超越于各阶级之上的命运主宰者的思想不是别的，正是波拿巴主义。

如果用力匀称把两个插头插进软木塞，那么在向左右大幅度摇摆的情况下，它甚至能立稳在大头针尖上。这就是波拿巴式最后仲裁者的力学模型。如果撇开国际环境不谈，那么这样的政权的稳定程度就取决于国内各敌对阶级之间平衡的牢固程度。5月中旬时，托洛茨基在彼得格勒苏维埃一次会议上把克伦斯基定义为“俄国波拿巴主义一个数学意义上的点”。这种称它没有形体的评论表明不是涉及个人，而是涉及一种功能。我们还记得，7月月初所有部长都根据其所在政党的指示辞了职，授权克伦斯基去组建政权。7月21日，这种事情以更加令人瞩目的形式又重复了一次。敌对的双方都诉诸克伦斯基，每一方都在他身上看到了自己

的部分影子,双方都发誓说忠于他。当时身在监狱中的托洛茨基写道:“由什么都害怕的政治家所领导的苏维埃不敢执掌政权。各种私有制的代表立宪民主党还没有能力执掌政权。剩下的事情就是寻找一个大人物调停者、中间人和仲裁法官。”

在克伦斯基以个人名义发布的告人民书当中宣称:“我作为政府首脑……并不认为自己有权在变动(政权结构)一事前停下步来……这些变动将扩大我在高层管理事务中的责任。”这是纯粹的波拿巴主义用语。尽管得到了左右两方的支持,后来事态发展还是跟这种语言风格不相符。那原因又在何处呢?

那个小个子科西嘉人为了能高升到年轻的资产阶级国家之
上,需要革命预先解决自己的基本任务——把土地分给农民,以及 180
在新的社会基础上建立所向无敌的军队。18 世纪的革命后来无处可去:它只能急速后退。在这种后退中,它的基本成果毕竟还是处在了危险之下。无论如何也必须保卫这些成果。资产阶级和无产阶级之间已经加深了的、然而还极不成熟的对抗使一个彻底动摇的国家处在紧张状态之中。在这样的条件下,全民的“裁判员”是必不可少的。拿破仑保证了大资产者——发财的可能性,保证农民——保持他们一小块土地,保证农民的儿子和流浪汉——在战争中进行劫掠的可能性。裁判员手执军刀,他自己就履行着一个裁判警官的职责。第一位波拿巴的波拿巴主义的根基是牢固的。

1848 年的革命没有也不可能把土地分给农民:因为这不是一场一种社会制度取代另一种社会制度的伟大革命,而是在同一种社会制度基础上的政治重组。拿破仑三世后面没有一支所向无敌

的军队。经典波拿巴主义两种最主要的成分都不复存在。但是存在着其他并不少起作用的有利条件。半个世纪内成长壮大起来的无产阶级在6月显示了自己可畏的力量，可是，他们结果还是没有能力夺取政权。资产阶级害怕无产阶级，也害怕自己对后者取得的血腥胜利。农民小私有者也害怕六月起义，他们希望国家保护他们，以免有人分掉他们的家产。最后，工业生产没有遇到多大障碍，获得了持续20年之久的巨大发展，这给资产阶级开辟了前所未有的财富源泉。这些条件对于剽窃的波拿巴主义来说已经足够了。

在同样“超越各阶级”之上的俾斯麦的政策中，正如人们多次指出的那样，也有不容置疑的波拿巴主义特征，尽管是在王朝正统主义的掩盖之下。在一场软弱无力的革命过后出现的俾斯麦体制
181 的稳定保证了如德国统一那样一项伟大的民族任务得到了解决或者说一半解决。它导致了三场战争的胜利，获得了大量赔款，带来了资本主义的巨大繁荣。这使得该体制延续了几十年时间。

波拿巴的俄国候选人的不幸根本不在于他们丝毫不像第一位波拿巴，甚至也不像俾斯麦：历史很善于使用代用品。但是他们碰见了一场反对自己的伟大革命，而这场革命尚未解决其本身的任务，也还没有耗尽自己的力量。资产阶级强迫还没有得到土地的农民去为地主的土地作战。战争结果带来了一场失败。也谈不上工业的高涨；相反，经济崩溃造成了越来越频繁的毁灭性破坏。如果说无产阶级做出了退让，那么原因只有一个：为了更加严密地集结队伍。农民刚刚才开始积极行动起来，为的是对老爷们发起最后的冲击。被压迫的民族也转入了反对俄罗斯化专横行为的行动。在寻求和平的过程中，军队越来越紧密地追随工人及其政党。下层人民团结起来了，上层势力不断在削弱。力量平衡不再存在。革命依旧生气蓬勃。如果说波拿巴主义变得衰弱不堪，那也是不足为怪的。

马克思和恩格斯把波拿巴主义体制在资产阶级和无产阶级之间斗争中的作用与早先的绝对君主专制在封建主和资产阶级之间的斗争中的作用进行了比较。相似之处无疑存在，可是它们正好在政权的社会内部向外凸显的地方见不到了。在新旧社会成分之间进行仲裁的法官的作用在一定时期内是可以实现的，因为两种剥削制度都需要保护自己免遭被剥削者侵犯。可是在封建主和农奴之间已经不可能有“不偏不倚的”调停者了。沙皇专制制度在调和地主土地所有制与年轻的资本主义的利益的同时，在对待农民

一事上不是作为调停人，而是作为剥削阶级的全权代表出现的。 182

697

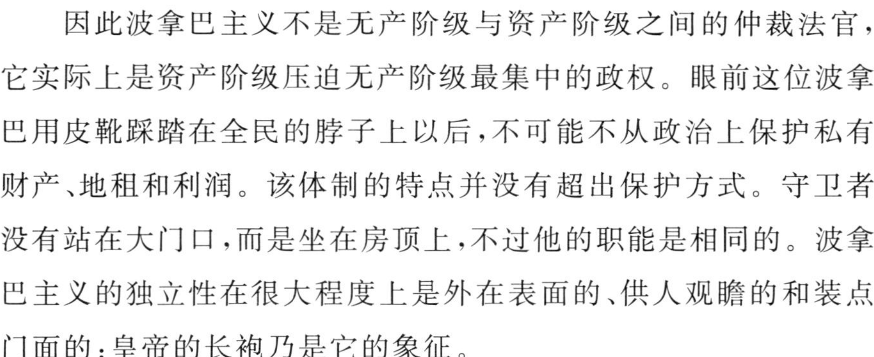

因此波拿巴主义不是无产阶级与资产阶级之间的仲裁法官，它实际上是资产阶级压迫无产阶级最集中的政权。眼前这位波拿巴用皮靴踩踏在全民的脖子上以后，不可能不从政治上保护私有财产、地租和利润。该体制的特点并没有超出保护方式。守卫者没有站在大门口，而是坐在房顶上，不过他的职能是相同的。波拿巴主义的独立性在很大程度上是外在表面的、供人观瞻的和装点门面的：皇帝的长袍乃是它的象征。

俾斯麦巧妙地利用资产者面对工人的恐惧，他在自己全部政治和社会改革中始终都是有产阶级的代表，无论什么时候他都没有背叛这个阶级。可是日益增强的无产阶级压力无疑让他超越于士官生和资产阶级之上，作为代表笨重的官僚制度的仲裁人：他的

职能就体现在这里。

苏维埃制度允许政府当局在对待无产阶级和农民的关系一事上享有很大的独立性，它们之间之所以有这么一个“调停者”，是因为它们的利益虽然也有摩擦和冲突，但是并非不可以在自己的基础上调和。可是，在苏维埃国家和资产阶级国家之间“不偏不倚的”仲裁法官是不容易找到的，至少在双方根本利益方面是如此。国际舞台上阻挠苏联加入国际联盟的正是这样一些社会因素，这些因素在一个国家范围内排除了政权在资产阶级与无产阶级之间的斗争中表现出真实的，而不是仅仅是表面上“不偏不倚”的可能性。

克伦斯基现象没有波拿巴主义的力量，却有它的全部缺陷。它高居于全民之上仅仅是为了用自己的无能来瓦解全民。如果说
183 资产阶级和民主派的领袖口头上应允“服从”克伦斯基，那么事实上是这位全能的仲裁者在服从米留科夫，特别是服从布坎南。克伦斯基从事的是帝国主义战争，保护地主所有制财产免受侵犯，在最有利的时机到来之前一直搁置社会改革。如果说他的政府是衰弱不堪的，那么这也是出于与资产阶级根本无力把自己人推上政权的原因相同。但是，在“拯救革命的政府”完全不起作用的情况下，其资本主义的保守特征也随着其“独立性”的增长一同明显增强起来。

明白克伦斯基体制是那个时刻资产阶级统治的必然形式，这既不排除来自资产阶级政治家对克伦斯基的极端不满，也不排除他们准备尽可能地摆脱他。必须让一个自己人中间的人来与小资产阶级民主派推出的国家仲裁人对抗，这在有产阶级的圈子里没有意见分歧。为什么恰好就是科尔尼洛夫呢？因为波拿巴的候选人应当与后起的、脱离人民的、没落的和无能的俄国资产阶级的性质相符。在遭到过几乎一场场全是大失脸面的失败的军队里面不容易找到一位有声望的将军。科尔尼洛夫是通过排除其他更不适宜的候选人而被推出来的。

这样一来，妥协主义者和自由主义者既不能在联合政府中真正团结起来，也不能在确定一位拯救者候选人一事上达成一致：许多尚未解决的革命任务妨碍他们做到这一点。自由主义者不信任民主派人士，民主派人士也不信任自由主义者。不错，克伦斯基是向资产阶级敞开了怀抱，可是科尔尼洛夫明白无误地暗示，一有机会，他就会拧断民主派的脖子。科尔尼洛夫和克伦斯基的冲突是从先前的事态发展中不可避免地产生出来的，它把两个政权的固有矛盾翻译成了个人野心的爆炸性语言。

到7月月初，在彼得格勒无产阶级和卫戍部队的队伍中形成 184
了一个很不耐烦的群体，它不满布尔什维克过于谨慎的政策。与此相类似，到8月月初的时候，在有产阶级的圈子里对立宪民主党领导层的观望政策也积蓄了极不耐烦的情绪。例如，这种情绪在立宪民主党的代表大会上就流露出来了，会上响起了要求打倒克伦斯基的声音。在立宪民主党范围以外，在生活在对士兵不间断的恐惧之中的军队指挥机关，在沉没在通货膨胀浪涛之中的银行，在屋顶在贵族头上熊熊燃烧的地主庄园，这种政治上的不耐烦情绪显得更加狂躁。“科尔尼洛夫万岁！”成了希望、绝望和渴望报复的口号。

在同科尔尼洛夫的纲领全面妥协的同时，克伦斯基又同他展开了关于实现该纲领期限的争论:“不可能一下子完成一切。”米留科夫认为必须摆脱克伦斯基,同时不同意过于急躁:“现在也许为时尚早。”就如7月期间由于群众的激愤情绪迸发而出现了准起义一样,8月期间由于私有者的不耐烦而产生了科尔尼洛夫暴动。正如布尔什维克发现自己被迫站在武装游行示威立脚点上,以便可能的话保证它获得成功,而且不管怎样也要防止它遭到失败一样,立宪民主党怀着同样的目的站在了科尔尼洛夫暴动的立脚点上。在这些方面,可以看到令人称奇的对称性。但是在这种对称的范围内,目的、方式还有后果都是截然相反的。在时局发展的进程中,它将在我们面前暴露无遗。

第七章　莫斯科国务会议 185

如果说象征是集中的形式，那么革命就是造就象征的最伟大的巨匠，因为它把所有的现象和关系都赋予了集中的形式。问题仅仅在于革命的象征意义实在是过于宏大，它对个人创作领域实行的干预是很不适合的。由于这一缘故，最厚实的人类戏剧的艺术复制品才如此贫乏。

莫斯科国务会议结果以事先注定的失败而告终。它什么事情也没有办成，什么问题也没有解决。但是它给历史学家留下了有关革命的宝贵痕迹，尽管它是照相底片一样的痕迹：在它上面，亮光处看起来是黑影，衰弱不堪显影为勇武有力，贪得无厌就像是大公无私，背信弃义就像是高尚忘我。再过 10 个星期势必要掌握政权的那个最强大的政党结果被国务会议当作不屑一顾的因素拒之门外。但是，一个谁都不熟悉的“进化社会主义党”反倒受到了认真对待。克伦斯基于是作为力量与意志的化身出场了。在过去就已经消耗过度的联合政府被说成是拯救未来的方式。千百万士兵所痛恨的科尔尼洛夫被当作军队和人民敬重的领袖而受到欢迎。
保皇派和黑帮分子也证明自己是喜爱立宪会议的。所有很快就要 186
走下政治舞台的人物好像事先约好了似的让自己在临时搭建的戏台上最后一次扮演最拿手的角色。他们声嘶力竭发出喊声：这就是我们想要扮演的，这就是我们能够扮演的角色，要是没人妨碍我们的话。可是工人、士兵、农民和被压迫民族妨碍了他们：数千万“站起来的奴隶”不让他们表达自己对于革命的忠诚。就在他们寻求庇护的莫斯科，罢工也紧随他们接踵而至。挤满剧院的这2500个人为“态度暧昧”、“愚昧无知”、“花言巧语”支使着，他们相互默契承诺不破坏舞台上的幻景。没有一句话提到罢工一事，也尽量不提布尔什维克这个名称。只有普列汉诺夫顺便提到了“留下骂名的列宁”，准确地说像是谈到一个彻底完蛋的对手。照相底片的性质就这样维持到了最后：在自命为“国家有生力量”的濒死幽灵的王国，真正的人民领袖无非是被他们当作了一具政治僵尸。

苏哈诺夫写道：“富丽堂皇的观众大厅十分强烈地分成两半：坐在右边的是资产阶级，坐在左边的是民主派。在右边的池座和包厢里，显然有不少身穿将军制服的人，而左边则有不少准尉和下级官吏。在舞台对面以前沙皇的包厢内，安排了盟国和友邦的高级外交代表的座位。我们这个极左的团体只占了池座不大的一角。”由于布尔什维克的缺席，马尔托夫的志同道合者结果成了极左的派别。

3点多钟的时候，克伦斯基在两位年轻的军官（一位陆军军官和一位海军军官）陪同下出现在拉开了帷幕的舞台上。象征着革命政权强大威力的他们一直纹丝不动地背朝主席站立着。为了不
187 刺激共和国的右翼人士，——就好像事先商量好似的——克伦斯基以“俄罗斯国家”政府的名义致辞欢迎“来自俄罗斯大地上各位代表”。自由主义历史学家[1]写道：“在最近几天事态的影响下，发

[1] 指米留科夫。——译者

言时用以取代体面和信任腔调的基本腔调是……很难掩饰的恐惧腔调，发言人似乎想要用提高嗓门的威胁来抑制自己内心的恐惧情绪。”克伦斯基没有直接点布尔什维克的名，然而他开始对他们进行威胁，称侵犯政权的新图谋“将被铁腕和流血来加以制止”。会场两侧汇成了一股暴风雨般的掌声。对还没有到场的科尔尼洛夫则发出了另外的威胁：“无论谁向我提出怎样的最后通牒，我都会做到让他的意志服从最高当局及其最高首脑——我本人。”——尽管这话也引起了非常热烈的掌声，但是它的确只是从会场左半侧发出来的。克伦斯基反复提到自己是“最高首脑”，他需要这种提醒。“你们从前线来到这里，我是以你们的陆海军部长和你们的最高领袖的身份来对你们说话的……军队里面没有高于临时政府的意志和权力的意志和权力。”民主派人士由于这种放空枪进行威胁而异常高兴，因为他们相信这样一来诉诸子弹的必要性就会得以避免。

政府首脑要人们确信：“人民和军队的全部优秀力量把俄国革命的胜利与我们在前线的胜利联系在一起了。但是我们的希望遭到了践踏，我们的信念也遭到了污辱。”对六月前线进攻所做的抒情式总结就是这样的。他，克伦斯基打算无论如何都要战斗到最后胜利。由于和平所遭受的危险要求牺牲俄国的利益（教皇 8 月 4 日提出的和平建议就暗示了这种途径），因此克伦斯基对盟国的宝贵信义予以了颂扬。“我以伟大的俄国人民的名义要说明的只有一点：除此之外我们不指望也不能指望其他东西。”对盟国外交官的包厢热情欢呼使大家站了起来，只有一些国际主义者和来自 188
工会组织的极少几个布尔什维克除外。从军官包厢里传来了呵斥

声:“马尔托夫,站起来!”马尔托夫值得赞许之处就是保持了不向协约国的大公无私屈服的坚定立场。

对于力求要按新方式安排自己命运的俄国被压迫民族,克伦斯基发出了夹杂着威胁的训诫。他以别人所戴的枷锁自夸:“我们在沙皇专制的枷锁下遭受痛苦和牺牲,为了各族人民的幸福我们不会怜惜自己的鲜血。”用对被压迫民族的感谢之情来规劝后者忍受剥夺他们权利的制度。

出路在哪里呢?“……你们感觉到自己在激情燃烧吗?——你们在自己身上感觉到了面对秩序、牺牲与困难的力量和意志吗?……在这里你们展示出了紧密团结的全民力量的面貌吗?……”这些话是在莫斯科抗议罢工时刻讲出来的,那天科尔尼洛夫的骑兵正在神秘移动。“我们在使自己的灵魂受伤,但是我们要挽救国家。”这个革命政府不能向人民提供更多的东西了。

米留科夫写道:“许多外省人在这个大厅里第一次见到了克伦斯基,——部分感到失望和部分感到愤恨的人离开了,因为站在他们面前的是一个疲惫不堪、脸色苍白的机械式装腔作势的年轻人……这个人似乎想要吓唬什么人,并且想给大家留下旧式力量和权威的印象。实际上只是引起大家对他的怜悯。”

临时政府其他成员的发言与其说显露了个人的破产,不如说显露了整个妥协主义体制的破产。设立巡视特派委员制度是内务部长阿夫克先季耶夫提交全国评判的伟大创意。工业部长劝告企业主只限于获取微薄的利润。财政部长承诺在提高间接税的情况
189 下减少对有产阶级征收直接税。会场右侧做出了用暴风雨般的掌声盖过上述发言的不慎重举动。在这掌声中,不无羞怯的策烈铁

里流露出缺乏做出牺牲的热情。农业部长切尔诺夫奉命彻底保持沉默，免得因剥夺土地的幽灵来刺激坐在右边的盟友。决心装作根本不存在土地问题对全民团结一致是有利的。妥协主义者没有进行阻挠。没有从讲台上听到真正的农夫声音。然而，正好就在8月的这几个星期里，土地运动在全国范围内蓬勃开展起来了，到秋季则演变成了不可战胜的农民战争。

经过一天双方都去搜罗和动员力量的休会以后，国务会议于14日在紧张的气氛中重新举行。科尔尼洛夫在包厢出现时，会场右半部向他表示热烈欢迎，左半部则几乎是全体坐着不动。从军官包厢里发出的“站起来”的喊声夹杂着粗野咒骂。政府成员出场时，会场左半部对克伦斯基报以长时间热烈掌声。如米留科夫所证明的，“这一回会场右半部同样坐着不动，示威性地没有加入”欢迎行列。在这相互敌对的鼓掌声浪中，可以听到即将临近的国内战争冲突。然而，在这出以政府名义导演的闹剧中，分裂的大厅里两边的代表继续正襟危坐，而暗中正在对总司令采取军事措施的会议主席一刻也没有忘记自己是“俄罗斯人民团结统一”的化身。克伦斯基以这种角色的派头称：“我提议，通过光临此地的最高总司令向为自由和祖国而正在英勇做出牺牲的军队致敬。”关于这支军队，他在第一次会议上就说过：“我们的希望遭到了践踏，我们的信念也遭到了污辱。”不过反正都一样，拯救国家的人物总算找到了，整个大厅起立对科尔尼洛夫和克伦斯基报以暴风雨般的掌声。190
举国一致的团结再次得到了挽救！

被无法挽回的历史特性扼住了咽喉的统治阶级决心采用历史假面舞会的方式。显然，他们认为假如他们再次以焕然一新的形

象出现在人民面前，那么就会变得更加重要和强大。全部四届国家杜马的代表以全民良心鉴定者的身份出现在舞台上。曾经多么尖锐的意见分歧消失了，所有资产阶级政党都在一批社会活动家提出的“超党派和超阶级纲领”的基础上达成一致，而正是这些人几天前曾向科尔尼洛夫发过致敬电报。立宪民主党人纳博科夫以第一届杜马(那是1906年!)的名义批驳“单独媾和的可能性意图本身”。但这并没有妨碍他在自己的回忆录中阐述自由主义政策，说他以及与他一道的许多立宪民主党领导人把单独媾和视为拯救国家的唯一途径。其余各届沙皇时期的杜马代表同样首先要求的是革命以鲜血作为贡献祭品。

“您讲话吧，将军!”会议进行到了紧张的时刻，最高总司令将会说些什么呢？克伦斯基坚持劝说他就军事形势只说一个大概状况就行了，可是这个想法落空了。作为目击者的米留科夫写道：“这是一个身材矮小、敦实而又强壮的人，他长着一张卡尔梅克人的脸，一双细小而黝黑的眼睛，发出锐利而又颇有穿透力的目光，并且燃烧着凶狠的火光，他出现在了舞台上，整个大厅为掌声所震撼。除士兵以外的所有人都站立起来了……”会场右半部冲着没有起立的代表“发出混杂着脏话的不满叫喊：‘混蛋！……站起来!’而从没有站起来的座位上也传出了喊叫：‘走狗!’喧嚣顿时转化成了风暴。克伦斯基提议大家静下来，听一听‘临时政府的第
191 一士兵’讲话”。科尔尼洛夫就像一位着手拯救国家的将军理所应当的那样，用断续的和不容商量的口气，宣读冒险家扎沃伊科在冒险家菲洛年科指使下为他写的一张便笺。但是，根据提出的计划来看，与以便笺作为序言的那种意图相比，便笺本身的内容要温和

得多。科尔尼洛夫对用最阴沉的语调和带着明显恐吓的目的来描述军队状况和前线形势并不感到难为情。他讲话的中心内容是军事上的预言:“……敌人已经在叩击里加的大门,只要我军一动摇,我们就不可能守住里加湾沿岸地区,那么通往向彼得格勒的大门就洞开了。”在这里,科尔尼洛夫还给了政府狠狠的一击:“因为由与军队的特性和理解格格不入的人在革命以后制定的一系列立法措施,这支军队变成了只珍惜自己生命的最为疯狂的一伙。”很清楚,里加是没救了,总司令向全世界公开挑衅性地说到了这一点,这就好像是在邀请德国人来占领这座没有设防的城市。彼得格勒呢?科尔尼洛夫的打算是这样的:如果我有可能执行自己的计划,那彼得格勒也许还会有救;但是你们得赶快做出决定!莫斯科布尔什维克的报纸写道:“这是什么——是警告还是威胁?塔尔诺波里的失败使科尔尼洛夫当上了总司令。里加失守可能使他成为独裁者。”这话说出的意思与阴谋家的意图完全吻合,超出了最富怀疑精神的布尔什维克所能猜测到的。

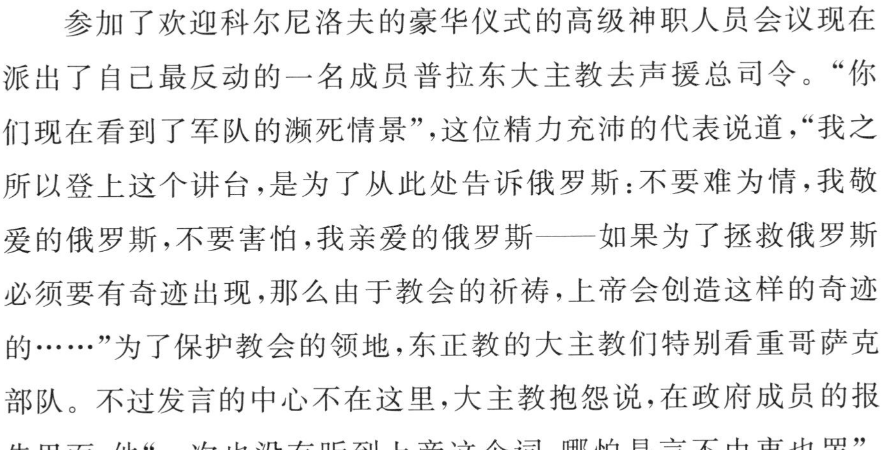

参加了欢迎科尔尼洛夫的豪华仪式的高级神职人员会议现在派出了自己最反动的一名成员普拉东大主教去声援总司令。“你们现在看到了军队的濒死情景”,这位精力充沛的代表说道,“我之所以登上这个讲台,是为了从此处告诉俄罗斯:不要难为情,我敬爱的俄罗斯,不要害怕,我亲爱的俄罗斯——如果为了拯救俄罗斯 192
必须要有奇迹出现,那么由于教会的祈祷,上帝会创造这样的奇迹的……”为了保护教会的领地,东正教的大主教们特别看重哥萨克部队。不过发言的中心不在这里,大主教抱怨说,在政府成员的报告里面,他“一次也没有听到上帝这个词,哪怕是言不由衷也罢”。

如同科尔尼洛夫指责政府瓦解了军队一样，普拉东同样揭发了“现在正管辖我们热爱上帝的人民”的不信教的罪人。这些曾经对拉斯普京的遗骸毕恭毕敬的教会人士如今胆敢当众要革命政府做忏悔。

卡列金将军代表12个哥萨克军宣读了一份声明，他的名字当时在军人派系中最强硬的人物当中被接连提到了。据他的一个颂扬者所称，卡列金“是一个不愿意也不善于讨好普通百姓的人，并且由于这个缘故与布鲁西洛夫将军断绝了来往，这个与时代风气如此格格不入的人被解除了军队指挥职务”。5月月初回到顿河地区以后，这位哥萨克将军很快当选为顿河哥萨克军的阿达曼（旧俄时代哥萨克军首领的称呼。——译者）。于是，他作为哥萨克部队最有资格和最有势力的一个首领受托提出了一个哥萨克特权上层的纲领。声明反射出了反革命性质的嫌疑，粗鲁无礼地提醒社会主义部长说，在危急关头为了对付布尔什维克他们是怎样向哥萨克求助的。这位阴森森的将军为了急于收买民主派的人心，大声说出了克伦斯基不敢说出的那个词汇：共和国。会场里多数人为哥萨克将军热烈鼓掌，而切尔诺夫部长特别起劲，因为他非常严肃地要求共和国提供专制制度没有能力提供的更多东西。拿破仑曾经预言，欧洲将成为哥萨克的欧洲或者共和制的欧洲。卡列金同意把俄国视为共和制国家，条件是它不要停止成为哥萨克国家的进程。在读完了“不应当给失败主义者在政府里安排职位”这句
193 话以后，这位不知感恩的将军猛然转过身来面向倒霉的切尔诺夫那边。自由主义报纸的报道指出：“所有人的目光都集中到了低身俯在桌面上的切尔诺夫身上。”不受官方身份约束的卡列金彻底展示了反动派的军事纲领：撤销各级委员会，恢复指挥官的权力，后

方和前线同等看待，重新审查也就是完全取消士兵的权利。会场右部的掌声与左部的抗议声乃至嘘哨声混合在一起。“为了开展平静和系统的工作”，立宪会议应当在莫斯科举行！总罢工过去一天以后，卡列金发表了在国务会议召开前准备的讲话。在莫斯科开展“平静的工作”这句话当时听起来像是一种嘲弄。拥护共和制的哥萨克的演说最后使会议大厅的温度达到了沸腾的地步，并且促使克伦斯基出来展现权威：“在此次会议上无论是谁都不应该向政府提出要求。”可是为什么要在那个时候召开国务会议呢？颇有点名气的黑帮分子普里什凯维奇在座位上喊了起来：“我们在政府眼里只是充当小卒的角色！”两个月前，这个暴徒还不敢把头伸出来呢。

受到左翼人士热烈欢迎的苏维埃中央执行委员会主席齐赫泽宣读了民主派的正式声明，这是一份十分冗长的文件，它企图回答所有的问题，结果连其中的一个都没有回答。“俄国革命的领袖万岁！”呼喊声使这个最不觉得自己是领袖的谦逊高加索人感到难为情。民主派用自我辩解的语调宣称，它“并不渴求取得政权，也不希望由自己实行垄断”。它已做好准备支持任何有能力保卫国家和革命利益的政权。但是不能取消苏维埃，因为只有苏维埃才能使国家免于陷入无政府状态；也不能撤销军人委员会，因为只有它们才能保证战争继续进行下去。为了全局的利益，特权阶级应该 194
放弃某些东西。不过，地主的利益应当免受侵犯。在立宪会议召开之前，民族问题的解决也必须搁置起来。但是，需要进行最迫切的改革。声明一个字也没有提到主动实现和平的政策。总的来说，这个文件好像是特地要造成这样一种效果：在不让资产阶级满意的同时，也引起群众的愤怒。

一位农民苏维埃中央执行委员会的代表在支支吾吾和平淡无味的发言中提醒人们注意“土地和自由”口号，在这个口号下“人民最优秀的战士做出了牺牲”。莫斯科某报的报道披露了不见于官方正式速记记录的一段情节：“整个大厅的人都站了起来并且向坐在包厢里的施吕瑟尔堡人热烈欢呼。”真是革命的怪现象！“整个大厅的人”都在为那些以前的政治犯举行庆贺仪式，而这些人还没有被阿列克谢耶夫、科尔尼洛夫、卡列金、普拉东主教、罗将柯、古契柯夫，实际上还有米留科夫的专制制度来得及在自己的监狱里绞死。刽子手或者他们的同谋想用自己的牺牲品的殉道者光环把自己装饰起来。

15 年前，会场右半部的领袖们为彼得一世占领施吕瑟尔堡要塞两百周年举行了庆祝会。社会民主工党革命派的报纸《火星报》当时写道：“在这个该死的岛上举行的爱国主义庆祝仪式将在我们胸中引起要多大就有多大的愤怒情绪，这座岛屿是对米纳科夫、梅什金、罗加切夫、施特龙贝格、乌里扬诺夫、格涅拉洛夫、奥西帕诺夫、安德留什金和舍维廖夫执行死刑的地方。岛上可以见到一些单人囚室，克利缅科在里面用绳子上吊而死，格拉切夫斯基在里面往自己身上浇煤油自焚身亡；索菲娅·金斯堡在里面用剪刀自杀了；在要塞堡垒的墙根，谢德林、尤瓦切夫、科纳舍维奇、波希顿诺夫、伊格纳季·伊万诺夫、阿龙奇克和吉洪诺维奇淹没在令人发疯的无尽长夜之中，还有好几十个人由于衰竭、坏血病和肺结核而丧命。你们就尽情沉湎在爱国主义狂欢之中吧，因为今天你们还是
195 施吕瑟尔堡的主人！”《火星报》的题词就是摘自普希金写给服苦役的十二月党人的一句诗：“一点火星足以燃成熊熊烈焰。”它确实燃

烧起来了。它把专制制度以及它的施吕瑟尔堡苦役刑罚烧成了灰烬。你看，在国务会议的大厅里，昨天的狱吏今天在向被革命从他们魔爪中夺走的牺牲品热情欢呼，但是，最离奇的事终究还是狱吏和囚徒在对布尔什维克、对曾经是《火星报》激励者的列宁、对引用前述文字的作者托洛茨基、对塞满了共和国监狱的造反的工人、不驯服的士兵的共同愤恨中实际上合流了。

国家自由主义者古契柯夫在其任第三届国家杜马主席时不许左翼代表参加国防委员会，可是因此缘故他被妥协主义者任命为革命政府的首任陆海军部长。他做了最有趣的发言，不过在他的发言中，嘲讽口吻与绝望情绪在徒劳地进行搏斗。他在暗指克伦斯基的讲话时说道："然而究竟是为什么……为什么掌握政权的代表们带着'极度的担忧'和'致命的恐惧'，我还要说是带着某种病态的歇斯底里绝望呼唤来找我们呢？而且为什么会有这样一种担忧、这样一种恐惧和这样一种呼唤呢？为什么他们在我们的灵魂中找到了同样因濒死的苦闷而产生的纠缠不休的痛苦呢？"这位莫斯科大商人代表从前那些手握大权、发号施令、仁慈宽恕和滥施刑罚的人公开坦承有"濒死的苦闷"这样一种感觉。他还说："这个政权只是一个政权的影子。"古契柯夫说对了。不过就连曾经是斯托雷平伙伴的他本人也仅仅是自己的影子而已。

刚好就在国务会议开幕的那一天，高尔基的报纸刊登了一篇报道，说罗将柯如何因提供不合格的枪托木坯而发了财。这个由当时还默默无闻的和未来的苏维埃政府外交官卡拉汉不适时的揭发，并没有妨碍这位宫廷高级侍从在国务会议上体面地为军火供应商的爱国主义纲领进行辩护。所有的一切灾祸都是源自临时政 196

府没有跟国家杜马这个“俄国唯一完全合法的和全民的代表机关”携手合作。这已经显得太过分了。会场左边的席位上发出了冷笑。并且传来了喊叫：“6 月 3 日！”1907 年 6 月 3 日这一天是践踏钦定宪法的日子，在过去它就像苦役犯的烙印一样在专制制度以及支持它的政党的脑门上闪亮。如今它变成了暗淡的回忆。但是身材高大魁梧和具有一副男低音嗓子的罗将柯本人在讲台上与其说是一个政治人物，不如说更像是过去时代一尊活的雕像。

临时政府是多么适时地用来自国外的赞扬来对抗国内的攻击啊。克伦斯基宣读了美国总统威尔逊发来的贺电，电报允诺：“为了把两国人民紧密联系起来的共同事业取得成功，对俄国政府进行一切物质和道义的支持。在这个事业中，两国人民不追求任何自私的目的。”朝外交使节包厢的新一轮掌声不能消减会场右边对华盛顿电报的担心：大公无私的赞扬对俄国的帝国主义者来说等于是为饥饿者限制饮食开出的一个药方，这真是太明显了。

策烈铁里代表妥协主义民主派（他是其公认的领袖）为苏维埃和军队委员会辩护，就如以前用名誉为堪忧的事业辩护一样。“在俄国自由革命的大厦尚未建成的时候，还不能搬走这些木料。”革命爆发后，“除了自己，人民群众实际上不相信任何人”。只是由于苏维埃的努力才使有产阶级有可能维持其上层地位，尽管在最初时期没有他们习惯的那种舒适感觉。策烈铁里把“将全部国家职能转交给联合政府的特殊功绩”归于苏维埃。难道这个牺牲是“被暴力从民主派手里夺走的吗？”这位发言人很像这样一个要塞指挥
197 官，此人公开夸耀自己未经战斗就退出了托付给他的堡垒……而在七月危机期间——“是谁当时用胸膛来捍卫国家使之免遭陷入

无政府状态的呢?”会场右边传来的声音是:“哥萨克和士官生。”这两个名词就像鞭子抽打一样,甩向老生常谈的民主派人群。国务会议的资产阶级派别非常清楚是妥协主义者提供的帮助解救了他们。然而感谢并不是政治感情。资产阶级赶紧从为之效力的民主制度中得出自己的结论:以社会革命党和孟什维克为首的日子结束了;以哥萨克和士官生为首的日子提上了议事日程。

策烈铁里特别小心地触及了政权问题。最近几个月,按照普选权原则举行了城市杜马以及部分地方自治机关的选举。结果怎样呢?上述民主自治机关的代表结果与同样处于社会革命党和孟什维克领导下的苏维埃一起属于国务会议的左翼集团。如果立宪民主党打算坚持自己的要求——消除政府对民主派的一切依赖,那么在这种时刻立宪会议的境遇又会如何呢?策烈铁里仅仅勾画了这种推论的大体轮廓,因为一旦和盘托出,就会导致谴责同立宪民主党实行联合的政策,它与哪怕是形式上的民主也是相矛盾的。有人不是指责革命妄谈和平吗?难道有产阶级还不明白,和平的口号现在正是用来进行战争的唯一手段吗?资产阶级明白这一点。它想要的只是要把这种手段连同政权一起掌握到自己手中。为了对联合表示尊敬,策烈铁里以一段颂词结束了发言。在已经分裂和看不到出路的国务会议上,妥协主义者的老生常谈最后一次带着希望的语调,但是就连策烈铁里实际上也已经是他本人的幻影而已。

米留科夫是被历史切断了实行清醒政策道路的那些阶级的清醒而又绝望的代表人物,他代表会场右半部对民主派做了回答。198
在自己所著的《历史》一书中,这位自由主义领袖尤其别有深意地

介绍了自己在国务会议上的发言。“米留科夫对‘革命民主派’的错误做了……简单扼要确又合乎实际的评述，并且对它们进行了总结：……在导致古契柯夫辞职的‘军队民主化’问题上的投降，在导致外交部长（指米留科夫。——托洛茨基）辞职的‘齐美尔瓦尔得分子’对外政策问题上的投降，导致科诺瓦洛夫（工商业部长。——托洛茨基）辞职的对工人阶级乌托邦式的要求的投降，导致其他立宪民主党人辞职的对各种极端民族要求的投降。在土地问题上对民众侵占企求的第五种投降……导致了临时政府第一任主席李沃夫公爵的辞职。”这是一份不太难看的病历。米留科夫在治疗方面超出了警察措施：必须摧毁布尔什维克。他揭露妥协派人士说：“面对显而易见的事实，这些比较温和的集团不得不想到，在布尔什维克内部存在罪犯和叛徒。但是迄今为止，他们还不认为把这些无政府工团主义战斗行动的追随者统一起来的最根本的思想是违法的。（鼓掌）”

最为温顺的切尔诺夫看起来仍然是把联合政府与革命连接起来的环节。几乎所有右翼的发言人——卡列金、立宪民主党人马克拉科夫和阿斯特罗夫都来攻击事前奉命保持沉默和谁也不为之辩护的切尔诺夫。至于米留科夫则提示说，农业部长“亲自参加过齐美尔瓦尔得和昆塔尔会议，并且在那里提出过最激烈的决议”。这话说得非常中肯，在成为帝国主义战争的部长之前，切尔诺夫确实在齐美尔瓦尔得的左派也就是列宁那一派的某些文件上签过自己的名字。

199 米留科夫并没有对国务会议隐瞒他一开始就是联合政府的反对者。他认为联合政府“不比由革命诞生的政府（也就是古契柯夫—米留科夫政府)更强大,而是更衰弱”。而如今他“非常担心现在的全体执行人员……不能为人身和财产的安全提供保障”。但是,无论发生什么事情,他米留科夫都承诺给予政府“自愿和毫无疑问”的支持。两个星期以后,对这种宽宏大量承诺的背弃就充分暴露出来了。在发言的时候,他的讲话没有激起任何热情的反应,不过也没有为严厉的抗议提供什么口实。发言人受到了不冷不热的掌声迎送。

策烈铁里第二次发言转变成了提出保证、发誓和号叫:要知道所有这一切都是为了你们,苏维埃、委员会、民主派的纲领、和平主义的口号——所有这一切都保护了你们:“谁能够比较容易调动革命的俄罗斯国家的军队呢?是陆海军部长古契柯夫还是陆海军部长克伦斯基呢?”策烈铁里几乎是逐字逐句地重复了列宁的话,只不过是这位妥协派领袖把革命领袖痛斥背叛的东西看作是一种功劳。接着,发言人为自己对布尔什维克态度过于温和进行了辩解:“我要对你们说:‘革命还没有同源自左翼方面的无政府状态做斗争的经验。’(会场右侧传来了暴风雨般的掌声)”但是“得出头几次教训”以后,革命纠正了自己的错误:“一项特别的法律已经得到了执行。”也正是在这个时候,一个六人委员会(其中两名孟什维克、两名社会革命党人、两名布尔什维克)暗中领导着莫斯科,以免这个城市遭受政变的危险,而妥协派分子却向那些发动政变的人承诺要粉碎布尔什维克。

阿列克谢耶夫将军的发言是会议最后一天最精彩的场面,此人的权威中体现出来的是旧军队办公机关的无能。在右翼遏止不住的赞成下,这位尼古拉二世的前参谋长和俄国军队一连串败仗

200 的组织者谈到了这样一些破坏分子:“在他们的口袋里,德国马克叮当作响,悦耳动听。”为了恢复军队的元气就需要纪律,为了贯彻纪律就需要树立指挥官的权威,为了做到这一点还是需要纪律。“你们可以说这纪律是铁的纪律,可以说它是自觉的纪律,也可以说它是真正的纪律……而这些纪律的基础是完全相同的。”在阿列克谢耶夫看来,历史是被机关内部的规章禁锢起来的。“先生们,在某个时期牺牲某些虚幻特权,即牺牲某些组织的存在就真的这么困难吗。(会场左边先是传来冷笑,接着喧哗和喊叫起来了)”这位将军劝说大家把解除了武装的革命暂时交由他来管理,不是永久的,千万别这样想,而只是“在某个时期”。他答应一旦战争结束,就会把原物完整地归还。不过,阿列克谢耶夫是用下面这句不错的格言来结束他的发言的:“需要采取措施,但不是不彻底的措施。”上述这些话是针对齐赫泽的声明,针对临时政府,针对联合,针对整个二月体制而说的。采取措施,但不是不彻底的措施!——布尔什维克也赞成这种说法。

支持“我们的最高长官”(陆海军部长)的彼得格勒和莫斯科的左翼军官代表马上就跟阿列克谢耶夫将军产生了对立。紧接着他们发言的是老孟什维克、“国务会议前线团体”的发言人库钦中尉,他以千百万士兵的名义讲了话,不过士兵们几乎不能在妥协主义的镜子里认清自己的模样。“我们完全预料到了卢科姆斯基将军在所有报纸发表的访谈,那里面说到如果没有盟国的援助,那么里加将会失守……”为什么这些总是拙劣地掩盖失败的高级指挥人员觉得需要浓重而阴暗的色调呢?会场左边对科尔尼洛夫发出了“可耻!”的喊声,而此人前一天正是在国务会议上发挥了同样的想法。库钦触及到的恰恰是有产阶级的痛处：资产阶级上层、指挥人员、会议大厅的整个右半部从头到脚都浸透了经济、政治和军事领域的失败主义倾向。这些持重而稳健的爱国主义者的座右铭是：201
越坏越好！可是这位妥协主义发言人急忙绕过这个话题，因为它会抽掉他的立足之地。“我们能挽救军队吗，我们不知道。”库钦说道，“但是如果我们不去挽救，那么指挥人员也不会去挽救……”“会挽救”，从军官席位传来了喊声。库钦紧接着说：“不，他们不会去挽救！”会场左边爆发出了热烈掌声。指挥官和委员们就是这样敌对地互相交锋的，而整顿军队的纲领正是建立在他们的虚假团结之上的。构成“真诚联合”基础的国务会议的会场两边就是这样互相交锋的。这些冲突只不过是令国家震撼的那些矛盾的议会制微弱而窒息的回声而已。

遵从波拿巴主义改编的剧本，左右两边的发言人尽可能相互均等地轮流上台。如果说东正教会议的主教支持科尔尼洛夫的话，那么福音派基督教徒的牧师则站在了临时政府一边。地方自治局和城市杜马的代表分为两个部分行动：大多数附和齐赫泽的声明，少数人则附和国家杜马的声明。

被压迫民族的代表一个接一个地让政府相信自己的爱国主义立场，但是他们恳求不要继续欺骗他们了：在各地还是同样的官吏，同样的法律和同样的压迫。“不能再拖延了。任何一个民族都不能靠诺言过日子。”革命的俄国应当证明，她是“各个民族的母亲，而不是它们的后娘”。胆怯的责备和温顺的恳求几乎没有赢得同情的反应，甚至在会议大厅左半部也是如此。帝国主义战争的精神与民族问题上的诚实政策是根本不能相容的。

孟什维克奇亨克利代表格鲁吉亚人发表声明说："迄今为止，外高加索各民族还没有采取任何分离行动，""他们今后也不采取
202 这类行动。"为掌声掩盖的责任很快就将破产。从十月革命时起，奇亨克利便成了分离主义领袖之一。但是在这里并不矛盾：民主派的爱国主义并没有超出资产阶级制度的范畴。

那个时刻，过去时代一批最具悲剧性的新幽灵登上了舞台，被战争变成残废的人发出了自己的声音。他们同样不是统一的。失去手脚和双目失明的人也有自己的贵族阶层和自己的平民阶层。因自己的爱国主义而受到侮辱的一名军官代表"由俄国各地128个分支机构组成的强大有力的乔治十字勋章获得者联合会"支持科尔尼科洛夫。（得到会场右边赞成）全俄重伤军人联合会则通过自己的代表同意齐赫泽的声明。（得到会场左边赞成）

刚刚成立的全俄铁路工会执行委员会（俄文名称缩写音译为"维克热利"）在随后几个月势必要发挥重大作用，它用自己的声音附和妥协主义者的声明，该委员会的主席是一位温和的民主派人士和极端的爱国主义者，他为存在于铁路系统中的反革命阴谋描绘出了一幅清晰的图像：对工人进行恶毒攻击，大规模解雇工人，任意取消八小时工作制，把工人送交法庭审判。由隐秘而有影响的中心领导的潜伏势力显然在想方设法诱使饥饿的铁路工人起来战斗。敌人几乎是觉察不出来的："反间谍机关在打盹，检察监督机关也在沉睡。"因此这位温和而又温和的人在发言结尾时发出了这样的威胁："如果反革命的多头蛇抬起自己的头，我们就会行动起来，用我们的双手掐死它。"

一个铁路巨头马上就提出了相反的控告："革命的洁净源泉被

毒化了。”为什么？“因为革命的理想主义目标被物质目标取代了。
（右边鼓掌）。”就在这种气氛中，立宪民主党人和地主罗季切夫揭
发工人，说他们吸收了来自法国的“可耻口号：你们发财吧！”布尔 203
什维克很快就将保证罗季切夫的公式取得非常突出的成功，尽管
它不是这位发言人所期望的那种成功。纯粹的学者和农业银行的
代表奥泽罗夫教授激动地大声说道：“战壕里的士兵应当去想战争
的事情，而不是去想分配土地。”这样说没什么可奇怪的：没收私有
土地就等于没收银行资本，因为到 1915 年 1 月 1 日的时候，私有
土地的债务已经超过了 35 亿卢布！

从右边上来发言的人代表着集合了高级参谋机关、工业联合会、商业界和银行、养马场主协会以及其他联合了数以百计的有名人物的组织的人。从左边上来发言的人则代表着苏维埃、军队委员会、工会、民主的市政厅、合作社以及处在这些组织之外更大范围内的千百万无名人物。在正常时期，优势总是在杠杆臂较短的一方。策烈铁里告诫大家说：“不能否认那些以财产分量而握有实力的人的比重和作用，在目前时刻尤其是这样。”可是问题就在于这种分量越来越变得……没有分量了。正如重量不是个别事物的内在属性而是它们之间的相互关系一样，社会成分的分量比重同样不是人的天生属性，而仅仅是其他阶级不得不承认它的那种阶级性质。不过，革命紧紧地挨着了那条界线，而不承认统治阶级最根本的“性质”的事情就是在那里发端的。由此一来，杠杆臂较短一方少数有名人物的处境变得如此难堪。妥协主义者使尽浑身解数来维持这种平衡。可是就连他们也已经没有权力了，处在杠杆臂较长一方的群众的压力实在是太难遏止了。大地主、银行家、工

业家是多么悉心地捍卫自己的利益啊。他们是在泛泛地捍卫它们
204 吗？几乎不是的。他们是在竭力维持理想主义的权利、文化方面的利益、未来立宪会议的特权。重工业的领军人物冯-季特马尔甚至为了表示对“自由、平等、博爱”的尊重，用颂词结束自己的发言。为利润而叫嚣的清脆男中音和为地租嘶鸣的男低音藏到哪里去了呢？从舞台上传出的只有最甜美的大公无私的男高音。但是，请予以片刻的注意，糖浆上面有如此之多的胆汁和酸醋！抒情的华彩歌调格外突然地滑落到了充满愤恨的假声上。全力拥护未来土地改革的全俄农业局代表卡帕钦斯基没有忘记感谢“我们真诚的策烈铁里”，因为后者颁布了捍卫反对无政府状态的权利的通告。可是土地委员会呢？要知道是它们要把权力直接交给农夫的！“要把土地交给……愚昧无知的、半文盲的和因幸运而失去理智的他们，他们好不容易等到了；连国内立法权也要委托给他们！”如果说地主在同愚昧的农夫的斗争中坚决捍卫自己的财产，那么他们这样做不是为了自己，不是的，而仅仅是为了以后把它奉献给自由的祭坛。

社会的象征意义似乎完结了。但是就在此刻，克伦斯基突然产生了极为难得的灵感。他提议还让一个团体——“一个代表俄国历史的团体，那就是布列什柯-布列什柯夫斯卡娅、克鲁泡特金和普列汉诺夫”——发表意见。俄国民粹派、俄国无政府主义和俄国社会民主工党通过老一辈来发言；无政府主义和马克思主义通过自己最有名的奠基人来发言。

克鲁泡特金请求把他的意见“列入那些呼吁全体俄国人民这次一劳永逸地跟齐美尔瓦尔得主义决裂的意见之中”。这位没有

权力的圣徒立即加入了国务会议右翼的行列。战败不只是有割让大片领土和偿付赔款的危险："同志们，你们知道有一种比所有这一切更糟糕的东西，这就是战败国的心理。"这位先前的国际主义者现在更喜欢谈论……在边界那一边的战败国心理。在提醒人们 205
回想起当年战败的法国如何在俄国沙皇面前低声下气（他没有预见到，获胜的法国将会如何在美国银行家前面低声下气）的同时，克鲁泡特金激动地大声说道："难道我们也要经受这种处境吗？无论如何也不！"整个大厅对他报以热烈的掌声。何况战争揭示出来的是多么美好的前景："大家都开始明白，需要在新的社会主义基础上建设新的生活……劳合·乔治发表了充满社会主义精神的演讲……在英国、法国和意大利形成了充满社会主义的新生活观，不过令人遗憾的是，这是国家的社会主义。"如果说劳合·乔治和普恩加莱还没有放弃"令人遗憾"的国家原则，那么克鲁泡特金就是在完全公开地走近这一原则。他说："我想，我们不能预料立宪会议的任何一种权利，——我完全承认，在这个问题上做出严肃决定的权利应当属于它——如果我们这个俄罗斯国家会议大声地说出我们的愿望是俄国宣布为共和国的话。"克鲁泡特金坚持联邦共和国的立场："我们需要的是如我们在美国所看到的那种联邦制。"这就是巴枯宁式的"自由村社联邦"的表现！讲话快结束时，克鲁泡特金恳请说："最后，你们要互相承诺，我们不会在这个剧院里分成左右两个部分……要知道我们只有一个祖国，我们应该保卫她并且为她牺牲，如果需要我们大家——无论是右翼还是左翼——的话。"地主、工业家、将军、乔治勋章获得者——所有这些不承认齐美尔瓦尔得的人都给了这位无政府主义圣徒应该受到的热烈

欢迎。

事实上，自由主义生存的原因不外乎是同警察制度互相结合，无政府主义就是企图清除自由主义的警察制度成分。可是，就如纯净的氧气不能供人呼吸一样，清除了警察制成分的自由主义也
206 就意味着该团体的灭亡。总而言之，作为自由主义笨拙可笑的影子，无政府主义遭受到了与前者同样的命运。阶级矛盾的发展在毁灭自由主义之后，又毁灭了无政府主义。一旦到社会矛盾发展到战争或者革命的时候，正如不是把自己的学说奠定在人类社会真实发展，而是奠定在将其某一个特点推到荒谬地步的基础之上的各种宗派一样，无政府主义也像肥皂泡一样破灭了。克鲁泡特金所代表的无政府主义恐怕是国务会议的全部幻影中最不切实际的幻影。

在巴枯宁主义视为典型国家的西班牙，无政府工团主义者和所谓“独特的”或者纯粹的无政府主义者在拒绝政治活动的同时，实际上重复了俄国孟什维克的政策。傲慢的国家否定者恭敬地屈从于国家，只不过后者刚刚稍微改头换面而已。在警告无产阶级正面对政权引诱的同时，他们又不顾一切地支持“左翼”资产阶级的政权。在诅咒议会制坏疽病的同时，他们又暗中把庸俗共和派分子的选票送给了自己的盟友。不管西班牙革命怎样发展，无论如何它都将把无政府主义埋葬。

普列汉诺夫受到了整个会议大厅的热烈欢迎，左翼在欢迎往昔的导师，右翼则在欢迎新近的盟友。俄国早期的马克思主义是经他之口陈说出来的，不过在长达数十年时间内，它的前景在政治自由一事上遇到了障碍。在对于布尔什维克来说革命才刚刚开始

的地方，对普列汉诺夫而言恰恰是其结束的地方。在建议工业家“寻求跟工人阶级接近”的同时，普列汉诺夫还劝告民主派人士说：“你们必须无条件地与工商业阶级的代表人物达成协议。”作为叫人害怕的样板，普列汉诺夫追究起了“留下骂名的列宁”，而后者竟堕落到如此地步，居然要号召无产阶级“立即夺取政权”。正是为
了预防为夺取政权而进行斗争，因此国务会议需要把革命者最后 207
一副铠甲放在革命门槛外的普列汉诺夫那里。

就在“代表俄国历史”的代表们发言的那天傍晚，克伦斯基让农业局和养马场主协会的一个同样叫克鲁泡特金的代表发言。他是这个古老公爵家族的另一成员，如果相信族谱抄本的话，这个家族比罗曼诺夫家族更有权获得俄国皇位。“我不是社会主义者，”这位贵族领主说道，“但是我尊重真正的社会主义。不过当我看见侵占、抢劫和暴力的时候，那我就必须说……政府应当强迫那些混进社会主义的人离开创建国家的事业。”显然是在攻击切尔诺夫的第二个克鲁泡特金并不对劳合·乔治或者普恩加莱这样的社会主义者表示反对。与自己家族的叛逆、无政府主义者一起，保皇主义者克鲁泡特金同样谴责齐美瓦尔得、谴责阶级斗争和侵占土地（可惜，他已习惯把这称作“无政府行为”），同样要求团结和胜利。遗憾的是，会议记录没有标明两位克鲁泡特金是不是互相给对方鼓了掌。

723

在备受愤怒情绪煎熬的国务会议上，有如此之多的人谈到了团结问题，以致它不会不在必不可少的哪怕瞬间象征性握手动作中体现出来。孟什维克的报纸用令人鼓舞的词句描述了这一情景：“在布勃里科夫发言的时候，发生了给国务会议全体与会者留

下深刻印象的意外一幕……布勃里科夫宣称:‘如果说昨天革命的高尚领袖策烈铁里拉着工业界的手,那么我让他明白,这只手不会悬在空中不动……’就在布勃里科夫结束讲话之际,策烈铁里朝他走过去,并且与他紧握双手。会场里热烈欢呼起来。”

要多少就有多少的热烈欢呼!热烈欢呼实在太多了。在上述情景发生前的一个星期,同是那位铁路巨头布勃里科夫在工业家
208 代表大会上冲着苏维埃领袖大喊大叫:“让无耻和无知的人滚开!所有这些人……在促使它走向毁灭。”他这话还没有在莫斯科的空气里引起反响。作为工会代表团成员出席国务会议的老马克思主义者梁赞诺夫非常及时地提到了里昂主教拉穆列特之吻:“我说的是国民会议两部分——不是工人和资产阶级,而是资产阶级的两个部分——的相互亲吻,你们知道,在这次亲吻以后,斗争任何时候都没有如此猛烈地开展过。”米留科夫也十分露骨地承认,这个团结,从工业家方面来说是“不真诚的——可是对于那些失去了太多东西的阶级来说实际上又是必不可少的。布勃里科夫那次有名的握手正是别有用心的和解”。

多数与会人员相信握手和政治亲吻的力量吗?他们相信自己吗?他们的感受如同他们的计划一样是矛盾的。诚然,在个别人特别是边区代表的发言中,还可以隐约听到初期的兴奋、希望和幻想。可是,在左半部已经彻底失望和斗志涣散,而右半部则气势汹汹的会场上,3 月那些日子的余响听起来就像是在已经订婚的人的离婚诉讼过程中宣读他们的热恋通信。退入幻影帝国的政治家在用虚幻的方法来挽救虚幻的制度。一股令人绝望的寒气在“有生力量”聚会和注定要失败的人的会演场所的上空飘移着。

国务会议临近结束之际发生了一件意外的事情，它显现出在被当作团结统一和国家组织典范的那个群体——哥萨克人内部存在着严重分裂。加入了苏维埃代表团的哥萨克年轻军官纳加耶夫宣布，哥萨克劳动者不会追随卡列金；前线的哥萨克士兵不相信哥萨克上层。这无疑是真实情况，而且戳中了某些人的最痛之处。后来报纸的报道描述了发生在国务会议全部剧情中最激烈的一
幕。会场左边兴高采烈地为纳加耶夫鼓掌，并且响起了这样的喊 209
声："光荣属于革命的哥萨克！"右边则发出了愤怒抗议："您要对此负责！"从军官包厢里则传来了"德国马克"的喊叫声。虽然作为最后的爱国主义论据，这些喊叫是不可避免的，但还是造成了爆炸性的后果。大厅里响起了一片凶狠的吵嚷声。苏维埃代表们从座位上跳起来，朝军官包厢挥舞拳头以示威胁。并且大声喊道："挑衅分子……"主席铃不停地摇着。"看来，已经到了那个关头——眼看就要开始一场群殴啦。"

这一切过后，克伦斯基在闭幕演讲中宣称："我相信甚至感受到……你们互相充分的了解和充分的尊重……"二月体制的两面性此前从未达到如此令人厌恶和漫无目的的虚伪地步。说最后几句话时，演讲人没有使自己保持住前面那种语气，而是意外脱口发出充满绝望与威胁的号叫。按照米留科夫的记述是这样的："克伦斯基用断断续续的声音，一会儿是歇斯底里的喊叫，一会儿是悲剧式低声私语对假想的反对者发出了威胁，同时用红肿的双眼在大厅里来回不停地搜寻他……"其实米留科夫比任何一个人都更清楚，反对者根本不是假想的。"俄国大地上的公民们，今天我不再继续抱有幻想……我要变成铁石心肠。"克伦斯基发狂似的说道，

“让所有的花朵都枯萎，对人的幻想都消失。（上方传来女人的声音：‘不应该！’）今天，有人从这个讲台上……践踏了这些花朵与幻想。我自己也将这样做。再没有这些东西了。（上方传来女人的声音：‘您不可能做这种事情，您的良心不允许您这样做。’）我会把热爱人的心灵钥匙抛得远远的，我将只考虑国家。”

大厅里出现了恐慌情绪，这一次它笼罩了大厅的左右两个部
210 分。国务会议的社会象征意义是以感伤话剧中一段令人难堪的独白结束的。高喊要捍卫心灵之花的女人声音听起来多么像是呼救的声音，多么像是和平的、充满阳光的和不流血的二月革命发出的SOS。最后，剧院的大幕在国务会议的上方落下来了。

第八章　克伦斯基的阴谋 211

根据米留科夫的判断，莫斯科国务会议恶化了临时政府的处境，暴露出“国家已经划分为两个阵营，它们之间实际上不可能达成和解与妥协了”。国务会议强化了资产阶级的自我感觉，使他们的急不可耐情绪更加强烈了。另一方面，会议给了群众运动以新的推动力。莫斯科罢工开始了工人和士兵加速向左转入重新进行部署的阶段。从此，布尔什维克不可阻挡地壮大起来。能在群众中坚持下来的妥协派人士只有左翼社会革命党人和部分左翼孟什维克。彼得格勒的孟什维克组织把策烈铁里从城市杜马候选人的名单中剔除了，这标志着它在政治上的进步。8 月 16 日，彼得格勒的社会革命党代表会议以 16 票比 1 票要求解散大本营下辖的军官联合会，以及对反革命采取其他坚决措施。8 月 18 日，彼得格勒苏维埃不顾自己的主席齐赫泽的反对，把废除死刑的问题列入了议事日程。就在决议举行投票之前，策烈铁里挑衅性地发问：“如果你们做出决定之后，没有紧接着实现取消死刑，那会怎样呢？你们会号召人们上街要求推翻政府吗？……”“会的，”——布尔什维克大声回答他，“是的，我们会号召人们上街，而且直到推翻政府为止。”“你们现在已经把头高高抬起来了，”策烈铁里说道。布尔什维克和群众一起抬起了头，在群众抬头的同时，妥协主义者把头 212

垂下去了。废除死刑的决定几乎是全票通过：约 900 票赞成，4 票反对。这四个投反对票的人是：策烈铁里、齐赫泽、达恩、李伯尔！4 天以后，在孟什维克以及追随它的组织举行的联合代表大会上，代表们不顾马尔托夫的反对就一些根本问题通过了策烈铁里提出的决议案，但是也毫无争议地接受了立即废除死刑的要求：策烈铁里默不作声，他已经没有力气抗拒压力了。

前线发生的事件掺和进了紧张的政治空气之中。8 月 19 日，德国人突破了俄军在伊克斯丘里的战线，21 日占领了里加。科尔尼洛夫预言的实现（就像事先谈妥似的）成了资产阶级发动政治攻势的信号。报纸把反对“不做工的工人”和“不作战的士兵”的战役规模扩大了十倍。原来革命要对一切负责：它使里加失守，它还准备放弃彼得格勒，军队受到的诽谤就像两个半月以前一样疯狂，而这一次连半点理由都没有。在 6 月的时候，士兵们实际上是拒绝参加进攻，他们不愿意扰动前线的局势，不愿意击退处于被动的德国人，不愿意重新投入战斗。可是在里加城下，进攻的主动权属于敌人，于是士兵们产生了另外一种精神状态。恰好是比较相信宣传的第十二集团军较少受到惊慌失措情绪的影响。

这个军的军长帕尔斯基将军并非完全没有根据地夸耀说，撤退行动组织得非常好，根本不可能与加利西亚和东普鲁士的溃败相提并论。特派委员沃伊廷斯基补充说：“我们的各支部队在突破口地带毫不推诿和忠诚不渝地执行了委托给他们的任务，但是他们没有长时间抵挡住敌人的进攻，一步一步地缓慢后撤，因而蒙受了巨大的损失。我认为有必要指出拉脱维亚轻步兵的高度英勇精
213 神，他们的残部不顾极度的疲惫重新投入了战斗……”该军委员会

主席、孟什维克库钦的报告语调更加激昂："士兵们情绪异常高昂，据委员会成员和军官们证实，他们如此坚韧不拔，这是此前任何时候都没有过的。"同是这个军的另一位代表数天之后在苏维埃执行委员会常务局的会议上报告说："在突破口的纵深处只有几乎全是由布尔什维克组成的拉脱维亚旅，——接到前进的命令以后，这个旅高举红旗，高奏军乐展开了极其英勇的战斗。"晚些时候，斯坦凯维奇用同样的语调（不过更审慎一些）写道："即使在有明摆着要把过错推卸给士兵的人物的司令部里面，他们不能对我说出任何一个事实，来证明士兵不仅拒不执行战斗命令，而且不管其他什么命令。"在穆胡海峡战役中，全体登陆的水兵如从官方文献中能显然看到的那样，同样表现出了十分出色的坚强精神。

事情这一次直接牵涉到两个革命中心——里加和彼得格勒的防御问题，这一事实对军队特别是拉脱维亚轻步兵和波罗的海水兵的情绪来说，远不是无关紧要的。最先进的部队已经充满着布尔什维克这样一些思想观念："把刺刀插进地里"并不等于解决了战争问题；为和平而开展的斗争与为政权也就是为新的革命而开展的斗争是不可分割的。

如果说即使有个别在将军威逼之下的特派委员夸大了军队的坚强程度的话，那么士兵和水兵执行命令和做出牺牲的事实是始终存在的，他们不可能做得更多。可是，防御战实际上并没有发生过。无论这事是多么不可思议，第十二集团军遭到的完全是突如其来的意外袭击。什么都缺乏，人员、大炮、弹药、防毒面具都不够。通讯联络处于极其糟糕的状态。冲锋遇阻是因为运来供俄式
步枪使用的却是日式子弹。其实问题并不仅是出现在前线的个别 214

地段。在里加所受损失的影响对最高指挥机关来说并不是什么秘密。到底要如何解释第十二集团军的防御兵力和物资处于十分可怜的境地呢？斯坦凯维奇写道："……布尔什维克已经开始在散布谣言，说这座城市是故意放弃给德国人的，因为指挥部门打算以此来消除布尔什维主义的温床和根源。这些谣言不可能不赢得军队的信任，军队知道防守和抵抗实际上是不存在的。"的确如此，鲁兹斯基将军和布鲁西洛夫将军在 1916 年 12 月就曾经抱怨说，里加是"北方战线的不幸"，它是"进行有效宣传的巢穴"，要与之进行斗争，除了实施死刑以外再没有别的什么可用手段了。把里加的工人和士兵交给德国军事占领当局去调教该是北方战线许多将军秘而不宣的梦想。当然，谁也不曾料想到，最高总司令下达了放弃里加的命令。不过，全体指挥官都读过科尔尼洛夫在国务会议的讲话稿以及他的参谋长卢科姆斯基与报界的谈话。这完全可以代替命令。北方战线总司令克列姆博夫斯基将军属于阴谋家小集团里的人物，因此他期待弃守里加，把它作为拯救行动的信号。何况在比较正常的情况下，俄国的将军们也是宁愿弃守和撤退。现在他们的责任被大本营事先卸掉了，而政治利益促使他们走上了失败主义的道路，因此他们甚至没有产生防御的念头。无论哪个将军是否把积极破坏与对防御的消极怠工结合起来，这都是一个次要的问题，实际上也是很难解决的。但是，以为在将军们的背叛行径能够让其不受惩罚的一切场合，他们不会尽力挽救遭受的厄运，那真是太天真了。

215　美国记者约翰·里德是一个善于观察和倾听的人，他留下了一部以新闻简报形式记录十月革命那些日子的不朽著作。他毫不迟疑地证实了大部分俄国有产阶级人士认为与其让革命胜利还不如让德国人获胜，并且不羞于公开说出这一点。里德的叙述中谈到了另外一些例子："有一天我不得不在莫斯科一个商人家里过夜，一张茶桌围坐着 11 个人。下面的问题向大家提出来了，他们到底愿意选择哪个人，是威廉还是列宁？结果有 10 个说宁肯要威廉，只有 1 个人除外。"还是这位美国作家在北方战线同一些军官进行过交谈，他们"公开认为军事上的溃败要比跟士兵委员会友好相处还好些"。

放弃里加已经列入阴谋家的计划并且在阴谋的日程中占据着实实在在的地位，这完全可以证明布尔什维克而且不单是他们提出的政治上的谴责。此事在科尔尼洛夫的莫斯科演讲的字里行间十分清楚地看得出来。后来发生的事件使事情的这一面彻底曝光了。不过，我们还有直接的证人证词，一位目击者的个性使其在这种场合具有不容置疑的可靠性。米留科夫在自己的《历史》一书中叙述道："正是科尔尼洛夫在自己的莫斯科演讲中点明了这样一个时刻，过了那个时刻他不愿再延缓采取'使国家免于毁灭，使军队免于瓦解'的坚决措施。这个时刻就是他预先指出的里加陷落的时刻。在他看来，这一事实务必会唤起……爱国主义情绪的高涨……正如 8 月 13 日我们在莫斯科见面时科尔尼洛夫亲自对我所说的，他不想错过这个机会，同克伦斯基政府发生公开冲突的时刻在他的头脑里是十分明确的，直到事先预定的日子——8 月 27 日，都是如此。"可不可以表达得更清晰一些呢？为了实行向彼得格勒进军，科尔尼洛夫必须在事先预定的日子之前几天就放弃里加。 216
加强里加的阵地，采取认真的防御措施，那就等于葬送了科尔尼洛夫另外一个也是更加重要得多的战役计划。如果说为了巴黎而做

弥撒是值得的[①],那么为了政权而牺牲里加也是值得的。

从里加陷落到科尔尼洛夫起事的一个星期内,大本营成了中伤军队的中心源泉。俄军参谋部的情报和俄国报界的报道在协约国的报纸上马上得到了响应。俄国的爱国主义报纸同样异常兴奋地转载 Times(泰晤士报)、Temps(时报)或者 Matin(晨报)对俄国军队的嘲弄和辱骂。士兵据守的战线由于屈辱、愤怒和厌恶而颤抖起来了。清一色妥协主义和爱国主义的特派委员和委员会也都感觉到了极大的刺痛。抗议从四面八方蜂拥而至。罗马尼亚战线、敖德萨军区和黑海舰队中央执行委员会,即所谓罗黑敖执行委员会的信件特别明显地反映出了要求苏维埃中央执行委员会"在全俄国面前树立罗马尼亚战线士兵们的忘我精神和奋不顾身的英勇气概;停止在报刊上中伤在保卫革命俄国的残酷战斗中每天都在牺牲的成千战士……"在来自下层的抗议的影响下,妥协主义上层分子也摆脱了萎靡不振的状态。"看来,没有什么污泥是资产阶级报纸不拿来甩向革命军队的。"《消息报》谈到联合的盟友时这样写道。可是什么东西也没有产生效果。对军队的诽谤构成了由大本营处于中心位置的那个阴谋的必要组成部分。

放弃里加之后,科尔尼洛夫旋即通过电报下令在途中当众枪决了几名士兵,目的是杀一儆百。特派委员沃伊廷斯基和帕尔斯基将军报告说,据他们看来,这样的措施根本不是因为士兵的行为引发的。失去自制的科尔尼洛夫在身处大本营的委员会代表举行

① 法国国王亨利四世语,他原为新教徒,为了稳定统治,于 1590 年改宗天主教。——译者

的会议上宣称，他要把沃伊廷斯基和帕尔斯基送上法庭，因为他们 217
没有给军队状况做出正确的报告，也就是如斯坦凯维奇所说明的那样："没有把罪责归咎于士兵。"为了使情景变得完整，需要补充的是，同一天科尔尼洛夫命令军队参谋机关把布尔什维克军官的名单呈报军官协会总委员会，这是一个以立宪民主党人诺沃西利采夫为首的反革命组织，也是最重要的阴谋推动力量。这位最高总司令、"革命的第一士兵"就是这样一副嘴脸！

决心揭开真相内幕一角的《消息报》写道："某个十分接近高层指挥圈子的居心不良的集团一手制造了这起骇人听闻的挑衅性事件……""居心不良的集团"这个名称指的就是科尔尼洛夫及其参谋部。日益临近的国内战争闪电般以一道新的亮光不仅把今天而且把昨天也照得透亮。出于自卫的需要妥协派人士也开始揭露指挥官员在六月进攻期间的可疑举动。报纸上出现了越来越多的有关遭到参谋部恶毒诽谤的那些师和团的详细报道。《消息报》写道："俄罗斯有权要求对她展示我们七月撤退的全部真相。"这些文字被士兵、水兵、工人，特别是被当作对前线灾难负有罪责的，并且在不断挤满监狱的那些嫌疑犯热切地阅读到了。两天以后，《消息报》认定自己只得更加坦率地宣布："大本营以自己的通告玩起了反对临时政府和革命民主派的确凿无疑的政治游戏。"在这些言辞中，临时政府像是作为大本营意图的无辜受害者出现的。不过，政府似乎拥有制止将军们的全部可能手段。如果说它没有做到这一点，那么是因为它不愿意这样做。

在前面提到的对恶毒诽谤士兵所提出的抗议中，罗黑敖执行
委员会特别愤慨地指出："大本营发出的通告……强调了军官们的 218

勇敢精神，似乎故意在贬低士兵们对于捍卫革命事业的忠诚。”罗黑敖执行委员会的抗议刊登在8月22日的报纸上，而第二天报纸就刊载了克伦斯基发布的一项专门赞扬军官的特别命令，命令称“他们从革命的第一天起就不得不忍受着削减自己权利的处境”，以及来自“用忠于某种思想的口号掩盖自己怯懦的”士兵群众方面的不应受到的侮辱。就在克伦斯基最亲密的助手斯坦凯维奇、沃伊廷斯基以及其他人对诽谤士兵一事发出抗议的时候，克伦斯基本人却示威性地加入了诽谤的行列，他以陆海军部长和政府首脑的挑衅性命令使这种诽谤得以圆满完成。后来，克伦斯基承认说，早在7月月底他手中就已经握有了聚集在大本营周围的军官阴谋的“准确情报”，用克伦斯基的话来说就是：“军官协会总委员会从自己人中间派出了一批活跃的阴谋分子，正是其成员充当了在各地从事秘密活动的奸细。也正是他们为协会的合法行动提供了它所需要的语调。”这是完全正确的，只是必须补充一句，“所需要的语调”乃是诬陷军队、委员会和革命的语调，也就是克伦斯基8月23日发布的命令的那种语调。

怎样解释这种莫名其妙的现象呢？克伦斯基没有贯彻执行审慎又连贯的政策，这一点是完全没有争议的。但是他除非是一个精神失常的人，否则怎么能在得知军官们的阴谋后，还把自己的头置于阴谋分子的军刀之下，同时还帮助他们掩饰呢。乍看起来，克伦斯基的举动是如此不可思议，实际上其谜底非常简单：到这个时候，他本人也成了反对没有出路的二月革命体制的阴谋参与者。

当坦诚秘密的时机来临之际，克伦斯基本人供认，哥萨克、军官和资产阶级政客圈子中间有人不止一次建议他实行个人独裁。

"但这是把种子播在不毛之地……"无论在什么情况下，克伦斯基 219
的地位都是这样的：反革命的领袖可以不冒任何风险同他交换有关国家政变的意见。据邓尼金说，"最初谈论实行独裁的话题是以试探意见的轻松方式进行的，"这事是在6月月初也就是准备在前线发动进攻的时刻开始的。克伦斯基经常参与这类谈话，当然是在这样的情况下，即对于克伦斯基来说，最主要的是他本人将处于独裁政权中心。苏哈诺夫很中肯地谈到了克伦斯基："他是一个科尔尼洛夫分子……不过这只是在他本人担当科尔尼洛夫分子首脑的前提下。"在前线进攻崩溃的那些日子里，克伦斯基对科尔尼洛夫以及其他将军许诺的东西要比他能实现的多得多。卢科姆斯基将军讲述道："亲自到达前线后，克伦斯基鼓足勇气，并且与自己的随行者多次讨论建立强硬政权、建立执政内阁或者说把政权转交给独裁者的问题。"基于自己的性格，克伦斯基把没有定型的、粗疏不细的和漫不经心的成分带进了这些讨论。相反，将军们则向往司令部的完整计划。

克伦斯基随意参加将军们的谈话似乎使军事独裁的思想合法化了，出于谨慎对待尚未被扼杀的革命的需要，他们多半给这种独裁政权赋予执政内阁的名称。这里很难说关于热月政变以后法国政府的历史回忆在多大的范围内起了作用。可是，撇开纯粹言辞上的伪饰不谈，执政内阁一开始就具有那种无可争辩的便利：它能容忍各人的野心同时并存。在这个执政内阁中，不仅应该为克伦斯基和科尔尼洛夫，而且要为萨文科夫甚至为菲洛年科找到位子，总之是要为具有"钢铁意志"的人，自认为是独裁者候选人的人找
到位子。他们当中每个人心里都怀抱着从集体独裁开始，然后转 220

变为个人独裁的想法。

因此，对于同大本营进行阴谋勾结来说，克伦斯基并不需要做出任何急剧的转变，只要扩展和继续业已开始的事情就够了。同时他以为自己能够为将军们的阴谋提供适当的指导，使其不仅猛烈抨击布尔什维克，而且在一定范围内猛烈抨击自己那些盟友以及妥协派人士当中那些令人讨厌的监护人头目。克伦斯基的如意算盘是这样的：在不彻底揭发阴谋分子的同时，好好地吓唬他们一通，然后把他们纳入自己的图谋之中。这样一来，他也就走到了最后的边缘，一旦超出这个界限，政府首脑就会变成非法的秘密活动家。“克伦斯基需要来自右边即来自资本家集团、盟国大使馆，特别是大本营对他施加的有效压力，”托洛茨基在9月月初写道，“以便让他彻底放开手脚去行动。克伦斯基企图利用将军们的叛乱来加强自己的独裁。”

国务会议乃是一个转折关头。克伦斯基把有伤自尊的个人失败感连同无限可能的幻想一起从莫斯科带回来了，他最终决定抛开疑虑，并且向他们充分显示一下自己的身手。“他们”是谁？是所有的人。首先就是布尔什维克，他们在冠冕堂皇的全民伪装下以总罢工进行暗中捣乱。这样一来，他同时便一劳永逸地扼制了所有像古契柯夫、米留科夫这样的右翼分子，因为这些人没有认真接受他，他们嘲笑他的举止，把他的政权视为政权的影子。最后，要狠狠地吓唬“他们”，即类似可恨的策烈铁里这样的妥协派家庭教师，因为此人曾经指出过他的错误并且教训过他这个全民爱戴的人物，甚至在国务会议上也是如此。克伦斯基坚定决心向全世界证明，他根本不是如同近卫军官和哥萨克军官越来越露骨地称

呼他的那样的“歇斯底里患者”，不是“丑角”，不是“芭蕾舞演员”，他是一个钢铁般坚强的人，是一个在紧紧地锁住内心后把钥匙抛进大海的人，是一个不理睬剧院包厢里陌生的漂亮女子哀求的人。

斯坦凯维奇指出，克伦斯基在那些日子里的“力求讲出某种与国家处于惊恐与紧张状态相适应的新说法。克伦斯基……决定把纪律惩罚引入军队。他大概还准备向政府建议采取其他坚决措施”。斯坦凯维奇只知道上司的一部分企图，即上司认为该及时通知他的那部分企图。实际上此时克伦斯基的意图已经走得很远很远了。他决心一举夺掉科尔尼洛夫的立足地，同时贯彻自己的计划，并且以此迫使资产阶级依附自己。古契柯夫不能推动军队去进攻，他克伦斯基能够做到这一点。科尔尼洛夫也将无法贯彻科尔尼洛夫的纲领，而他克伦斯基能够做到这一点。莫斯科罢工固然提醒了人们，在这条道路上将会出现障碍。然而七月危机证明，这个障碍是可以克服的。这一回需要的仅仅是把事情坚持干到底，不让左翼的朋友对自己进行掣肘。首先必须完全改组彼得格勒卫戍部队，用不看苏维埃眼色行事的“健康部队”代替革命的团队。没有可能也没有必要跟苏维埃执行委员会商议这个计划，因为临时政府被认为是独立的，并且在这面旗帜下在莫斯科举行了加冕典礼。妥协主义者的确明白这种形式上的独立是作为让自由主义者安静下来的一种手段。可是他克伦斯基却把这种形式上的手段变成了实质性的。正是他在莫斯科不无必要地说过，他不与右翼也不与左翼在一起，他的力量就在这里。现在他在用事实证明这一点！

国务会议过后几天间，执行委员会的路线与克伦斯基的路线

继续分道扬镳：妥协主义者害怕群众，克伦斯基则害怕有产阶级。
222 人民群众要求取消前线的死刑，科尔尼洛夫、立宪民主党人、协约国大使馆则要求在后方也实施死刑。

8 月 19 日，科尔尼洛夫致电政府主席说："我坚决要求必须让彼得格勒军区隶属于我。"大本营公然把手伸向首都。8 月 24 日，苏维埃执行委员会打起精神，公开要求政府平息"反革命举动"，并且"毫不迟疑和全力以赴地"着手实行民主化改造。这是新的语言。克伦斯基不得不在适应民主派的行动纲领与科尔尼洛夫纲领之间做选择，在自己处于十分虚弱境地的情况下，前者可能导致与自由主义者及将军们决裂，后者则可能引发与苏维埃的冲突。克伦斯基决定向科尔尼洛夫、向立宪民主党人和协约国伸出双手。无论如何他都要避免同右翼发生公开的冲突。

诚然，8 月 21 日，米哈伊尔·亚历山德罗维奇大公和帕维尔·亚历山德罗维奇大公遭到了软禁，与此同时还有另外几个人被拘押了。然而这一切都太轻率，于是马上又不得不把被捕者释放了。克伦斯基本人后来在审理科尔尼洛夫案件做证时说过："……事实证明，我们是被人有意带上错误道路的。"必须得补充一句：是在克伦斯基本人协助之下被带上这条道路的。因为非常明显的是，对于重要的阴谋分子即坐在莫斯科国务会议会场右半部的人而言，问题完全不在于恢复君主制度，而在于建立资产阶级对人民的独裁。在这方面，科尔尼洛夫及其所有同伙不无愤怒地回击了对他们提出的"反革命的"，亦即保皇派图谋的指控。昔日的达官大臣、侍从武官、宫中女官、宫廷黑帮分子、巫师、修道士和芭蕾舞演员的确在某个僻静的地方交头接耳，可是这不过完全

是微不足道的因素。资产阶级的胜利无非是在军事独裁的形式中取得的。君主制的问题只能在以后的某一个阶段出现，不过依旧是在资产阶级反革命的基础上，而不是在拉斯普京的宫中女官基础上产生。资产阶级在科尔尼洛夫的旗帜下开展反对人民的斗争在这个阶段是实实在在的。在与这个阵营寻求联盟时，克伦斯基更乐意用对两位大公的假逮捕来掩饰自己，以免左派产生怀疑。精心策划又是如此露骨，因此莫斯科的布尔什维克报纸当时便指出："逮捕罗曼诺夫家族一对愚蠢的傀儡和允许以科尔尼洛夫为首的、由指挥官组成的军人集团……自由行动——这意味着对人民的欺骗……"这使布尔什维克遭人愤恨，因为他们看到了一切，并且大声说出了这一切。

在这紧急的几天，萨文科夫成了克伦斯基的鼓舞者和指导者。此人是一个有名的冒险家，是由于政治暗杀的经历而蔑视群众的赌徒型革命者，他是一个颇有才干而又意志坚强的人，可是这并没有妨碍他在多年期间成了著名奸细阿泽夫手中的工具；这个怀疑论者和犬儒主义者认为自己有理由——并且是不无根据地居高临下俯视克伦斯基，并且在右手握住帽檐行礼的同时，用左手恭敬地牵住他的鼻子。萨文科夫作为一个有影响的人物让克伦斯基敬重，作为一个历史上有名望的真正革命者给科尔尼洛夫留下了深刻印象。米留科夫引用萨文科夫本人的话转述了这位特派委员与将军第一次见面时饶有兴味的情形。萨文科夫说道："将军，我知道如果形势一旦稳定下来，您势必会枪毙我，您现在就枪毙我吧。"接着稍微停顿了一下，他又补充说道："但是形势要在我必须枪毙您的情况下才能稳定下来，我同样会这样做。"萨文科夫也从事文

学活动，他熟读高乃依和雨果的作品，他倾心于那些高水平的作品。科尔尼洛夫准备同革命算账，而不管它是伪古典主义还是浪
224 漫主义的形式。但是这位将军也不是完全与“强有力的艺术风格”格格不入，前恐怖主义者的话令人愉快地激发了前黑帮分子身上原有的那种英雄主义本性。

在后来报纸上刊出的一篇很可能就是萨文科夫本人撰写的明显富于鼓动性的文章当中，他的个人计划得到了十分透彻的阐述。文章说：“还是在担任特派委员的时候，萨文科夫就已经确信，临时政府没有能力带领国家摆脱严重状况。在这里应当由其他力量来发挥作用。但是，这方面的全部工作只有在临时政府其中包括克伦斯基的旗帜下才能开展起来。这将是通过铁的手腕而实现的革命独裁，萨文科夫在……科尔尼洛夫将军身上发现了这样的手腕。”克伦斯基作为“革命的”外衣，科尔尼洛夫则是作为铁的手腕。文章故意不提第三个人物的作用，毫无疑问，萨文科夫促使总司令与政府首脑实现和解并非没有包含排挤两人的意图。这个时候，这种别有用心是如此露骨，以致在科尔尼洛夫的抗议下，刚好就在国务会议召开前夕克伦斯基迫使萨文科夫辞了职。然而，就如在这个圈子里司空见惯的那样，辞职并不具有最终确定的性质。菲洛年科指出：“8 月 17 日情况清楚了，萨文科夫和我可以保住自己的职位，科尔尼洛夫将军、萨文科夫和我提交的报告中所阐述的纲领原则上为政府首脑采纳了！”8 月 17 日，克伦斯基“命令萨文科夫准备起草一份在后方采取措施的法案”。为此，萨文科夫设立了一个由阿普什金将军担任主席的委员会。尽管十分害怕萨文科夫，克伦斯基还是为了实现自己宏大的计划最终决定要利用他，结

果不仅保留了他在陆军部的职务，而且另外还让他在海军部担任职务。在米留科夫看来，对于临时政府而言，这就意味着“采取行动的时刻来临了，哪怕有引起布尔什维克上街的危险”。同时，萨 225
文科夫还“公开说过有两个团就能轻而易举地镇压布尔什维克的叛乱，并且解散布尔什维克组织”。

克伦斯基和萨文科夫都非常清楚，妥协主义的苏维埃无论如何也不会采纳科尔尼洛夫的纲领，尤其是在莫斯科国务会议以后更是如此。昨天才要求取消前线死刑的彼得格勒苏维埃，明天将会以加倍的力量来反对把死刑推广到后方！因此危险就在于，反对克伦斯基策划的政变的运动将不会是由布尔什维克，而是由苏维埃领导的。但是我们不必停留在这一点上面，要知道问题牵涉到拯救国家的大事！

克伦斯基写道：“8 月 22 日，萨文科夫顺道(!)去了大本营，此行旨在根据我的委托要求科尔尼洛夫将军把一个骑兵军划归政府指挥。”当他必须在社会舆论面前为自己辩白的时候，萨文科夫自己则以下面这样的方式来断定这一委托：“请求科尔尼洛夫将军调出骑兵军是为了切实在彼得格勒实行战时状态，保卫临时政府，使其免遭任何侵犯，其中(!)包括布尔什维克的侵犯。根据外国间谍机关提供的情报，他们的行动……由于德国的登陆和芬兰的暴动而即将再次发起……”虚构的反间谍机构情报应当说确实掩盖了那样一个事实，用米留科夫的说法就是，政府在冒“引起布尔什维克上街的危险”，也就是说打算挑起暴动。而如果规定在 8 月份最后几天颁布建立军事独裁的法令，那么预料中的叛乱就会在萨文科夫所预定的期间发生。

8 月 25 日，布尔什维克的机关报《无产者报》在任何表面上的
226 理由也没有的情况下被封闭了。接替它出版的《工人报》写道，其前身“就在它鉴于里加前线的崩溃而号召工人和士兵保持克制和平静的第二天被封闭了。是谁如此操心不让工人知道，党预先已警告他们要防止挑拨行径？”这个问题击中了要害。布尔什维克出版物的命运掌握在萨文科夫手里，封闭报纸提供了两点好处：激怒群众和阻碍党让他们提防挑拨，这次是直接来自政府高层的挑拨行径。

根据大本营也许在文辞上稍有润饰的，不过总体上还是十分符合形势和当事人特征的简要记录，萨文科夫对科尔尼洛夫宣布：“拉夫尔·格奥尔基耶维奇，您的要求将在最近几天得到满足。不过政府同时担心，彼得格勒可能出现严重的麻烦……公布您的要求将会……成为布尔什维克举行武装暴动的推动力。……谁也不知道苏维埃将怎样对待新的法律。后者同样可能出来反对政府……因此我请您交出第三骑兵军的指挥权，以便让它于 8 月月底之前开往彼得格勒，并且让它处于临时政府指挥之下。除布尔什维克以外，如果发生苏维埃的成员也采取行动的事情，那我们务必起来反对他们。”克伦斯基的这位使者还补充说，行动理应是最坚决和最无情的。对此，科尔尼洛夫回答说，他“不懂得还会有其他什么行动”。接着，萨文科夫在替自己辩解时又补充说道：“假如在暴动发生之际苏维埃也变成布尔什维克的了呢……”可是这是一个过于粗率的诡计：宣布克伦斯基政变的法令应当过三四天以后再公布。可见，这里所谈论的就不是未来的苏维埃，而是 8 月月底时存在的苏维埃。

为了不引起误解和不引起布尔什维克“在那个时间之前”发起 227
行动，他们商量好要保持采取行动的连续性：预先把骑兵军集结在彼得格勒，然后宣布首都处于战时状态，只有在这以后才能颁布势必会引发布尔什维克暴动的新法令。这个计划在大本营的记录中白纸黑字地写下来了：“为了让临时政府准确地知道什么时候必须宣布彼得格勒军区进入战时状态和什么时候公布新法令，就必须做到，由科尔尼洛夫将军通过电报准确地告诉他（即萨文科夫）该军向彼得格勒挺进的时间。”

按照斯坦凯维奇的说法，实施阴谋的将军们明白，“萨文科夫和克伦斯基……企图在大本营协助下完成一次政变。需要的仅仅是这个。于是他们赶紧答应了所有的要求和条件……”忠于克伦斯基的斯坦凯维奇还附带说明，大本营的人把克伦斯基和萨文科夫“错误地混为一谈了”。但是怎么可能把他们两人分开呢？要求和条件不正是由带着克伦斯基委托的萨文科夫准确表达出来的吗？克伦斯基本人写道：“8 月 25 日，萨文科夫从大本营回来并且向我报告，临时政府指挥的部队会按照条件派过来。”政府在后方采取措施的那个法律草案在 26 日晚间便决定下来了，它应该成为骑兵军采取坚决行动的序幕。一切都已准备就绪。剩下的事情就等揿按钮了。

事件、文献、当事人的证词，最后还有克伦斯基本人的坦白都一致证明，在自己的政府部分人员事先并不知情、背着把政权交予他的苏维埃、对他本人所在的政党严守秘密的情况下，克伦斯基与军队高级将领约定借助武力彻底改变国家体制。在刑法语言中， 228
这种形式的行为有十分确定的名称，至少在事情没有获得成功的

情况下是如此。克伦斯基政策的“民主”性质与借助马刀拯救国家的计划之间的矛盾只是从表面上来看才是不可调和的。实际上调集骑兵的计划完全是妥协主义政策的产物。揭示了这一规律不仅可以在相当大的程度上抛开克伦斯基的个性，而且可以抛开国家环境的特殊性。问题所涉及的是在革命条件下妥协主义的客观逻辑。

得到德国人民授权的弗里德里希·艾伯特是一个妥协主义者和社会民主党人，他不仅背着自己的党在霍亨索伦王朝的将军们指导下行事，而且在 1918 年 12 月月初就已经显示出他是军事阴谋的直接参与者，阴谋的目的就是逮捕最高苏维埃机关成员和宣布艾伯特本人为共和国总统。因此后来克伦斯基把艾伯特宣布为国务活动家的楷模不是偶然的。

当无论克伦斯基还是萨文科夫或是科尔尼洛夫的所有图谋全都落空了的时候，不得不承担起并不轻松的消灭罪证工作的克伦斯基供称：“莫斯科国务会议之后，我十分清楚地看出接下来的攻击企图来自右边而不是左边。”克伦斯基害怕大本营，害怕资产阶级同情军事阴谋者。但是问题就在于，克伦斯基认为与大本营做斗争需要的不是骑兵军，而是以自己的名义贯彻科尔尼洛夫的纲领。政府首脑那位持骑墙态度的同谋不是简单地履行事务性的委托，要是这样只需要从冬宫向莫吉廖夫发一封密码电报就够了，——事情不是这样，他是作为中间人来调解科尔尼洛夫与克伦斯基的关系的，也就是使他们的计划协调一致，并且借此尽可能保
229 证把政变纳入合法的轨道。克伦斯基好像是在通过萨文科夫之口传话：“您尽管去办，不过要在我策划的范围之内。这样您就能避

免冒险，并且几乎会得到您想得到的一切。”萨文科夫自己的暗示则是：“不要过早超出克伦斯基计划的范围。”这就是一个含有三个未知数的奇妙方程式。只有这样才能理解克伦斯基通过萨文科夫向大本营提出的请求调派骑兵军的意义。向阴谋分子提出请求的这位身居高位的同谋十分珍视自己的合法性，并且力图让阴谋本身从属自己。

在交付给萨文科夫的委托当中，只有一条看起来像是真的反对来自右翼阴谋的措施：它牵涉到克伦斯基所在政党举行的彼得格勒代表会议要求取缔的军官协会总委员会。不过委托的措辞本身非常精彩：“尽可能地取缔军官协会。”还有更加精彩的就是萨文科夫不仅没有找到这种可能，而且压根就没有去寻找。问题简直就是举行一场很不适时的葬礼。委托本身只不过是成了为在左翼面前进行辩解而在纸面上留下的痕迹而已。“尽可能地”这个词语

745

则意味着无须执行。仿佛是为了更加清楚地强调该委托的装饰特性，它被放到了首要的位置。

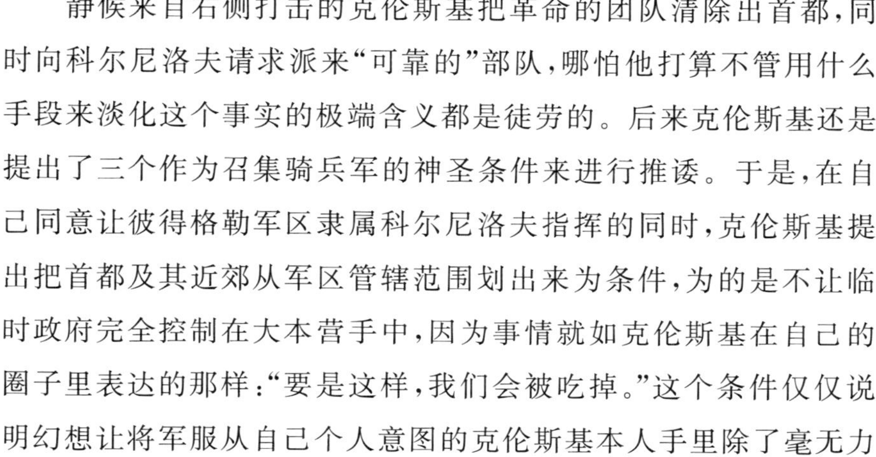

静候来自右侧打击的克伦斯基把革命的团队清除出首都，同时向科尔尼洛夫请求派来“可靠的”部队，哪怕他打算不管用什么手段来淡化这个事实的极端含义都是徒劳的。后来克伦斯基还是提出了三个作为召集骑兵军的神圣条件来进行推诿。于是，在自己同意让彼得格勒军区隶属科尔尼洛夫指挥的同时，克伦斯基提出把首都及其近郊从军区管辖范围划出来为条件，为的是不让临时政府完全控制在大本营手中，因为事情就如克伦斯基在自己的圈子里表达的那样：“要是这样，我们会被吃掉。”这个条件仅仅说 230
明幻想让将军服从自己个人意图的克伦斯基本人手里除了毫无力

量的故意拖延外，没有掌握任何别的手段。无须证据也可以相信克伦斯基不愿被人吃掉。另外两个条件情形也相同：科尔尼洛夫必须不把由高加索山民组成的所谓“野蛮”师编入这个讨伐军和不让克雷莫夫将军担任指挥官。从限制民主派利益的观点来看，这真的等于是在吞下骆驼和滤出蠓虫[①]。但是从掩饰打击革命的观点来看，克伦斯基的条件有着更加重要得多的意义。由不会讲俄语的高加索山民来反对彼得格勒的工人实在是太不慎重了，就连沙皇过去也不敢这样做！萨文科夫在大本营用共同事业的利益令人信服地说明了任命克雷莫夫（苏维埃执行委员会掌握了此举足够确切的情报）的尴尬，他说道：“在彼得格勒充满愤怒情绪的情况下，这实在是极不适当的举动，因为这种愤怒遭到过克雷莫夫将军的压制。舆论很可能会把他的名字同他并不遵循的那些动机联系起来……”最后，政府首脑把军队召到首都这个事实本身抢先提出了一个古怪的请求：不要派遣野蛮师和不要任命克雷莫夫为指挥官，这个事实本身最清楚不过地揭露出克伦斯基不仅事先了解阴谋的总体纲要，而且了解初具轮廓的讨伐行动的内容和最重要的执行者人选。

然而，不管这种次要的情况如何演变，十分明显的是科尔尼洛夫的骑兵军对于保卫“民主制度”来说，无论如何都不能说是合适
231 的。但是克伦斯基可以用不着怀疑，在所有部队中，这个军是反对革命的最可靠的工具。当然，如果彼得格勒有一支忠于超越于右派和左派之上的克伦斯基个人的部队，那将更有利一些。可是正

① 耶稣语：舍本逐末。见《马太福音》第23章24节。——译者

如时局的全部后续发展所证明的那样，这样的部队根本就不存在。对于同革命进行斗争来说，除了科尔尼洛夫分子以外再没有其他什么人了，于是克伦斯基向他们发出了请求。

军事措施不过是政治手段的补充。在从莫斯科国务会议到科尔尼洛夫叛乱不足两个星期之内，临时政府总的方针自身实际上就足以证明克伦斯基并没有准备与右派进行斗争，而是准备同他们结成反对人民的统一战线。临时政府不理睬苏维埃执行委员会对其反革命政策提出的抗议，于 8 月 26 日采取了一个迎合地主的大胆步骤：做出了一个出人意料的决定，即把面包价格提高一倍。况且，按照罗将柯的公开要求而制定的这个措施，其令人痛恨的性质使它加快了对忍饥挨饿的群众进行故意挑拨。克伦斯基显然企图用这份巨大的施舍来收买莫斯科国务会议的极右分子。“我是你们的！”他通过自己在萨文科夫动身前往大本营开展谈判当天签署的一项谄媚命令对军官协会如此说道。“我是你们的！”这是克伦斯基在动用骑兵镇压二月革命尚且幸存的残余前夕急于对地主喊出的话。

克伦斯基向侦讯委员会（这个委员会就是由他任命的）提出的证词具有很不体面的性质。作为证人发言时这位政府首脑觉得自己实际上也是一个主要罪犯，而且是被当场逮住的罪犯。对事件内幕了如指掌的那些阅历丰富的官员假装好像真的相信政府首脑的解释。但是其他的凡夫俗子也包括克伦斯基所在政党的成员公开表示莫名其妙。同一个军怎么既可以用来完成政变，也可以用 232
来反击政变呢。把本来就该是摧毁首都的部队调进首都，这位“社会主义革命党人”实在是太轻率了。过去特洛伊人确曾把敌军拉

进了自己城墙之内,但他们至少不知道木马的肚子里藏着什么东西。于是有一位古代的历史学家对荷马史诗的说法提出了异议:根据巴甫扎尼的意见,只有在认为特洛伊人是“理智丧失殆尽的蠢货”的情况下才能相信荷马的说法。这位老人假如面对克伦斯基的证词,他能说些什么呢?

第九章　科尔尼洛夫叛乱 233

还是在8月月初，科尔尼洛夫就借口为保卫里加配置后备力量，命令把“野蛮师”和第三骑兵军从西南战线运送到了涅韦尔—新索科利尼基—大卢加铁路三角区域，这里是作为向彼得格勒发动进攻的合适基地。与此同时，这个最高总司令命令把一个哥萨克师集结到了维堡和别洛奥斯特罗夫之间的地段。从别洛奥斯特罗夫到彼得格勒只有30公里，因此为在芬兰开展可能的军事行动部署的后备部队便成了高举在首都自身头上的一只拳头。就这样，为了向彼得格勒发起攻击，四个被认为最适合承担反对布尔什维克任务的骑兵师早在莫斯科国务会议召开之前便出动了。科尔尼洛夫身边的人谈起那个高加索师时是相当轻描淡写：“对于山民来说，杀什么人反正都一样。”战略计划其实很简单。从南方出发的三个师打算沿铁路转运前往皇村、加特契纳和红村，以便“根据收到的彼得格勒开始陷于混乱的情报，并且不晚于9月1日清晨”以行军队形从这里前去占领位于涅瓦河左岸的首都南部。部署在芬兰的那个师应当同时占领首都的北部。

通过军官协会，科尔尼洛夫开始同彼得格勒的爱国主义团体 234
进行联系。按照它们自己的说法，这些团体拥有装备精良的两千名成员，但是需要有经验的军官进行指挥。科尔尼洛夫答应，在休

假的伪装下从前线调来指挥人员。为了监视彼得格勒的工人和士兵的情绪和革命者的活动，成立了一个秘密的反侦察机关，担任其头目的是“野蛮师”一位上校海曼。事情在军事规章之内进行，阴谋支配着大本营的多个机构。

莫斯科国务会议只不过使科尔尼洛夫加强了他的计划。根据米留科夫本人的讲述，他的确曾提议暂缓行事，因为据说克伦斯基在外省还享有一定的声望。可是这个劝告并不能影响贪得无厌的将军：问题归根结底不在于克伦斯基，而在于苏维埃；况且米留科夫不是一个能起作用的人物，他是一个普通人，更为不妙的他是个教授。银行家、工业家和哥萨克将军在催促，总主教在祝福，传令官扎沃伊科担保能取得成功。庆贺的电报从四面八方发过来了。盟国外交官积极参与了动员反革命势力的活动。布坎南爵士手中握有许多阴谋活动的线索，盟国驻大本营的军事代表对自己的良好感觉确信无疑。邓尼金证明说：“尤其是英国外交代表在表达这种感觉时做出了令人感动的姿态。”站在大使们身后的是他们的政府。8 月 23 日，在国外的临时政府特派委员斯瓦季科夫从巴黎打电报报告说，外交部长里博在临别接见他之际，“对追随克伦斯基的人当中，谁是意志坚定和毅力坚强的人表现出非常热切的兴趣”，而总统普恩加莱“多次问到了——科尔尼洛夫”。大本营对所
235 有这一切都是一清二楚的。科尔尼洛夫看不出有拖延与等待的任何理由。20 日左右，两个骑兵师朝彼得格勒方向前进了很长一段路程。里加陷落的那一天，从军队每个团传召四名军官（总共约有 4000 名这样的军官）来到大本营，“学习操纵英国的掷弹炮”。有人旋即对其中更为可靠的人说明，这样做是为了一劳永逸地打垮

“布尔什维克的彼得格勒”。就在同一天，大本营发布命令把几大箱手榴弹交给各骑兵师，因为对于巷战来说它们是最适宜不过的武器。参谋长卢科姆斯基这样写道：“已经约定，到8月26日，一切应当准备好的东西都要准备好。”

在科尔尼洛夫的部队逼近彼得格勒时，内应组织“一定要行动起来，占领斯莫尔尼学院，力求逮捕布尔什维克的头目”。尽管布尔什维克的头目只是在开会时才到斯莫尔尼学院来，但是苏维埃执行委员会经常待在那里，它提供部长，并且仍然把克伦斯基视为自己的副主席。不过在大事上既没有可能也没有必要去注重细节差别。科尔尼洛夫在任何场合都不会这样做。他对卢科姆斯基说过：“是吊死以列宁为首的德国走狗和德国间谍的时候了，而工人和士兵代表苏维埃则要解散，要解散到它再也没有地方重新聚集。”

科尔尼洛夫坚持决定把军事行动的领导职责交给克雷莫夫，此人在自己那个圈子里享有勇敢和果断将军的名声。邓尼金评论他说：“克雷莫夫那时是一个快活和乐观的人，并且对未来充满信心。”大本营则对克雷莫夫充满信心。科尔尼洛夫谈到他时这样说道：“我确信，在需要把工人和士兵代表苏维埃全体成员都绞死的 236
时候，他会毫不犹豫做到这一点。”因此，选择这位“快活和乐观的”将军是再恰当也不过的。

在这些同德军对峙的前线多少有些不相干的工作正值紧张之际，萨文科夫来到了大本营，目的是使原先达成的协议变得更加明确，把一些次要的改动纳入其中。为了反对共同的敌人，萨文科夫说出了一个日子，即科尔尼洛夫为采取反对克伦斯基的行动而早已预定好的那个日子——革命半周年纪念日。尽管政变的计划已经分成了两股支流，双方还是在尽力利用计划的共同部分：科尔尼洛夫是为了隐蔽起来，克伦斯基则是为了维持自己的幻觉。萨文科夫向大本营提出的建议真是再合适不过的：临时政府自己主动把头伸进去了，萨文科夫动手拉紧套索。大本营的将军们轻轻地揉搓着双手，他们就像幸运的渔夫那样说了声："上钩了！"

科尔尼洛夫之所以比较轻易地做出让步，是因为它们对他毫无价值。正好在科尔尼洛夫的部队向首都进军之际，把彼得格勒卫戍部队从大本营统领之下剥离出来又有什么意义呢？在答应了另外两个条件以后，科尔尼洛夫旋即就破坏了它们，"野蛮"师被指定为先锋部队，而克雷莫夫被任命为负责整个行动的统领者。科尔尼洛夫并不认为轻重倒置是必要的。

布尔什维克对自己的战略根本问题展开了公开讨论：群众性政党不可能采取另外的行动。临时政府和大本营也不可能不知道布尔什维克阻止了起义行动而不是号召举行起义。但是正如愿望是思想的父亲一样，政治需要也就成了预测的母亲。所有的统治阶级都说暴动迫在眉睫，那是因为它们实在太需要它了。人们时而把起义的日期提前几天，时而又把它推迟几天。报纸有报道指出，在陆海军部也就是在萨文科夫那里，他们"极其严肃地"对待即
237 将发生的起义行动。《言论报》的报道称，由彼得格勒苏维埃的布尔什维克党团承担引发暴动的任务。米留科夫以政治家的身份应邀参与虚构的布尔什维克起义问题的讨论达到了如此程度，以致他认为维持这种说法是一个事关他作为历史学家的名誉问题。他写道："在后来公布的侦查机关文献中，德国人对'托洛茨基事业'

新的金钱资助正是在这个时候进行的。”训练有素的历史学家与俄国侦查机关都忘记了，为了让俄国的爱国主义者感到舒服，德国参谋部点名的托洛茨基也“正是在这个时候”——7 月 23—9 月 4 日——被关在监狱里。众所周知，地轴只是作为一条假想的线存在，这个事实并不妨碍地球进行自转。于是科尔尼洛夫的行动计划也像围绕自己的轴一样，围绕着想象中的布尔什维克起义转动。在准备阶段，这可能完全足够了。可是对于发起行动而言，还是需要某些更加实在的物质成分。

军官温贝格是军人阴谋家首领之一，他在揭露事情内幕的有趣笔记中充分证明，布尔什维克指出过阴谋家为军事挑衅做了广泛的工作。迫于事实和文献的压力，米留科夫结果也不得不承认：“极左派人士的怀疑是对的：工厂里的宣传鼓动无疑列入了军官组织应该执行的任务。”不过这也于事无补：就如这同一位历史学家所抱怨的那样，布尔什维克决定“不就范”，群众也不打算举行没有布尔什维克参加的起义行动。可是，这个障碍在计划中已经考虑到了，而且如果可以这样说的话，事先就把它排除了。正如彼得格勒的阴谋家领导机关所自称的那样，“共和中心”决心径直出面代替布尔什维克：把假冒举行革命起义的任务交给哥萨克上校杜托夫。1918 年 1 月，面对自己的政治盟友提出的问题：“1917 年 8 月 238
28 日该发生什么事情呢？”杜托夫逐字逐句地做出了下面的回答：“在 8 月 28 日—9 月 2 日之间，我要冒充布尔什维克发起暴动。”一切都事先策划好了。总参谋部的军官们为计划付出的劳动毕竟没有白费。

萨文科夫从莫吉廖夫回来以后，克伦斯基同样倾向认为，误会

已经得到了消除，大本营也完全纳入了他的计划之中。斯坦凯维奇写道："有过这样一个时候，所有的当事人都相信他们不仅在同一个方向上开展行动，而且自己想象的行动方式本身也是相同的。"这幸福的时刻并没有延续多久。一个意外情况阻碍了事态的发展，这个意外就像所有历史上发生的意外事件一样，打开了必然性的阀门。十月党人、第一届临时政府成员李沃夫[①]找到克伦斯基。这个沉不住气的人身为最神圣的东正教最高会议的总检察官，而正是他曾经报告说在他那个机构开会的都是些"白痴和恶棍"。命运让李沃夫发现，在统一的计划表象之下实际上有两个计划，其中的一个计划与另一个计划是互相对立的。

作为一个已经失业而又喜欢饶舌的政治人物，李沃夫有时在大本营有时在冬宫参加有关改组政权和拯救国家没完没了的讨论。这一次，他自荐作为调停者带来了旨在全民原则基础上改组内阁的建议。而且，他用深为不满的大本营发出的雷鸣电闪来善意地吓唬克伦斯基。被扰得心烦意乱的克伦斯基决定利用李沃夫来检验一下大本营，显然顺便还要检验一下自己的同谋萨文科夫。克伦斯基表示自己赞成建立独裁的方针，这样做并不是口是心非；他还鼓励李沃夫继续进行调停，而这当中却包藏军事方面的奸诈意图。

当已经身负克伦斯基全权委托沉重包袱的李沃夫再次来到大
239 本营时，将军们在他的使命中发现了政府投降已经定局的证据。昨天，克伦斯基还只是通过萨文科夫答应借助哥萨克军来贯彻科尔尼洛夫的纲领；而今天克伦斯基便向大本营提议一道来改组政

① 不是临时政府主席李沃夫。——译者

权。但是将军们做出了正确的决定——必须叫他屈膝投降。科尔尼洛夫对李沃夫解释说，既然即将发生的布尔什维克暴动是为了“推翻临时政府的权力，与德国缔结和约并且由布尔什维克把波罗的海舰队出卖给它”，那么“除了立即把临时政府的权力交到最高总司令手里以外”，再没有别的出路。科尔尼洛夫还补充说到了这么一点：“无论谁当这个总司令都没有什么区别。”可是他根本没有打算把这个职位让给任何一个人。他独一无二的地位因为有乔治勋章获得者、军官协会和哥萨克部队委员会的宣誓而事先就得到了加强。为了保卫克伦斯基和萨文科夫的“安全”，使他们免遭布尔什维克伤害，科尔尼洛夫坚持请他们到大本营来，处于他的个人保护之下。传令官扎沃伊科明确无误地暗示李沃夫，这种保护本身将是怎么回事。

返回莫斯科[①]以后，李沃夫以“朋友”的身份激动地劝说克伦斯基接受科尔尼洛夫提出的建议，“以挽救临时政府成员主要是他个人的生命”。克伦斯基不可能不明白，同独裁者所玩的政治游戏最终将会出现严重的变故，而且可能以非常危险的结局而收场。他决定采取行动，首先他把科尔尼洛夫叫到电话机旁，以验证李沃夫是否正确地转达了他的委托。克伦斯基不仅以自己的名义，而且以交谈时并不在场的李沃夫的名义提出问题。马丁诺夫指出：“这种对一个密探来说是适宜的类似行为，对一位政府首脑来说当然是有失体面的。”克伦斯基提到了第二天与萨文科夫一起去大本营，说
这是已经决定好了的事。总之通过电话进行的全部交谈看起来是 240

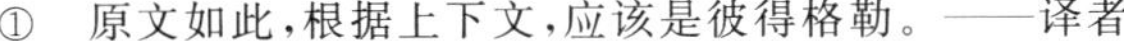

① 原文如此，根据上下文，应该是彼得格勒。——译者

不可思议的：政府的民主派首脑和“共和国”将军互相谅解，互相对政权推来让去好像事情只牵涉到卧铺车厢的一个席位似的！

当科尔尼洛夫要求把政权交给他的时候，米留科夫看出那只不过是“那些毕竟早就公开开始了的有关建立独裁和重组政权等等谈论的继续”。他完全说对了，但是，当米留科夫企图据此把事情说成这样——好像大本营的阴谋实际上并不存在时，他走得太远了。如果以前没有跟克伦斯基一同处于阴谋之中的话，科尔尼洛夫无疑不会通过李沃夫提出自己的要求。但是这并没有改变这样的事实：科尔尼洛夫用一个阴谋，一个共同的阴谋掩盖了另一个阴谋，一个自己个人的阴谋。就在克伦斯基和萨文科夫打算不惜牺牲布尔什维克还有部分牺牲苏维埃的时候，科尔尼洛夫同样准备牺牲临时政府，这乃是克伦斯基不愿意的。

26日晚，大本营的确有几个钟头时间可能在想，政府不经战斗就会投降。但是这并不等于说阴谋并不存在，而只是意味着它好像就要接近取得成功了。获得成功的阴谋总是会找到使自己合法化的方式的。“在这次交谈以后我见到了科尔尼洛夫将军，”大本营属下代表外交部的外交官特鲁别茨科伊公爵证明说，“他轻松地吸了一口长气，对我提出的问题——这是不是意味着政府在各方面都迎合您？他回答说：是的。”科尔尼洛夫错了。恰恰是从这个时候起，克伦斯基代表的临时政府不再迎合他了。

这意味着大本营另有自己的计划吗？意味着不是泛指一般的独裁，而是科尔尼洛夫的独裁吗？是不是人们仿佛在开玩笑，问他克伦斯基是不是接受司法部长这个职务？科尔尼洛夫确实漫不经
241 心地对李沃夫暗示过这一点。把自己和革命等同起来的克伦斯基

冲着财政部长涅克拉索夫大喊大叫起来："我绝不把革命出卖给他们！"大公无私的朋友李沃夫马上遭到拘押，并且从两点钟开始在冬宫站立着挨过了一个不眠之夜。他咬牙切齿地听着"对自己的事情进展顺利颇为满意和扬扬得意的克伦斯基在隔壁那个亚历山大三世的房间里如何没完没了地纵情高唱歌剧的曲调"。在这段时间里，克伦斯基显得精神百倍。

在那些日子里，彼得格勒笼罩在双倍的恐慌之中。被报界蓄意夸大的政治紧张气氛隐藏着爆炸的危险。里加陷落使战线移近了。还是在君主制度崩溃之前很久就为战争局势引出的撤离首都的问题如今再次变得尖锐起来了。富人们纷纷离开这座城市。资产阶级的逃窜是因为对新的起义感到的恐惧要比对敌人入侵的恐惧严重得多。8 月 26 日，布尔什维克党中央再次重申："看起来好像是我党的挑衅宣传，实际上是……那些不怀好意的人进行的。"彼得格勒苏维埃、工会和工厂委员会的领导机关也在同一天声明：任何一个工人组织、任何一个政党都没有号召举行任何游行示威。可是明天马上就会推翻临时政府的谣言一刻也没有停息过。有报纸报道称："政府圈子里有人指出，一致通过了一个关于任何举行暴动的企图都将遭到镇压的决定。"甚至有人决定在镇压暴动之前就采取措施来引发暴动。

在 27 日清晨出版的报纸上，不仅还没有关于大本营叛乱意图的任何报道，而且相反，对萨文科夫的访谈要世人相信，"科尔尼洛夫将军得到了临时政府的绝对信任"。总之，二月革命半周年纪念日那一天结果是非常平静度过的。工人和士兵避免一切可能导致游行示威 242
的行动。害怕混乱状态的资产阶级则待在家里。大街上显得空荡荡

的。马尔索沃校场上二月革命牺牲者的墓地好像被大家遗忘了。

在期待已久的、该是拯救国家的那一天早晨，最高总司令收到了政府主席发来的电报命令：把职务交给参谋长，他本人则必须尽快赶到彼得格勒来。事情一下子走向了根本不曾料到的反面。用将军自己的话来说，他明白“这里在玩两面游戏”。他这样说也许根据更充分一些：是他个人玩的两面游戏被揭穿了。科尔尼洛夫决心不做让步。萨文科夫通过直通电话向他提出训诫也无济于事。最高总司令向人民发出了这样一份公告：“被迫采取公开行动的我——科尔尼洛夫将军宣布，临时政府在苏维埃布尔什维克多数派的压力下的行动与德国总参谋部的计划，同时与敌军在里加湾沿岸即将开展的登陆是完全协调的，它让军队陷于绝望以及从内部动摇国家。”他科尔尼洛夫不愿把政权交给敌人，“宁愿死在名誉和战斗的阵地上”。关于这份公告的作者，后来米留科夫带着惊叹的口气写道：“一个坚决果断的、不承认任何法律细枝末节的和径直朝他既然认定是正确的目标前进的人。”为了推翻自己的政府而把军队从前线撤回来的总司令确实不可能被指责为对“法律的细微末节”着了迷。

克伦斯基独自决定撤销科尔尼洛夫的职务。到这个时候临时政府已经不复存在了：26 日晚上部长先生们已经辞去了职务，由于形势出现了难得的交集，因此辞职顺应了各方面的愿望。早在大本营跟临时政府决裂前几天，卢科姆斯基将军通过阿拉季因转告李沃夫：“假若预先告诉立宪民主党人，那将是不错的做法，这是
243 为了让他们在 8 月 27 日前全体退出临时政府，为了借此把政府置于艰难的境地，并且以此来摆脱烦恼。”立宪民主党人一定知悉了

这个建议。另一方面，克伦斯基本人向临时政府成员宣称，他认为“只有在全部权力都授予他个人的条件下”，同科尔尼洛夫叛乱做斗争才是可能的。其他部长似乎只是等待如此难得的机会来依次呈请辞职。这么一来，联合政府又一次经受了考验。米留科夫写道：“立宪民主党的部长声明他们此刻辞去职务，并且不预先判断自己未来是否加入临时政府的问题。”忠于自己传统的立宪民主党人打算在旁观中度过斗争的日子，以便依据其结局来做出决定。他们并不怀疑妥协主义者将会为他们维护其位子的神圣不可侵犯性。卸掉了自己职责的立宪民主党人后来与其他所有已去职的部长一道参加了一系列具有“私下性质”的政府会议，于是准备好打一场内战的两个阵营围绕被授予全部权力但又不是有效权力的政府首脑按照“个人”情况结成了不同的派系。

大本营收到的克伦斯基发来的电报有如下内容：“拦截所有开往彼得格勒及其邻近地区的列车，或者将它们开到原先的最终停靠站。”科尔尼洛夫在上面批注：“不执行这个命令，让部队向彼得格勒进军。”武装叛乱事件就这样无可挽回地走上了轨道。必须从字面上理解这一点：那就是3个骑兵师乘坐列车沿铁路向首都进发。

克伦斯基给彼得格勒驻军的命令说：“声称自己爱国和忠于人民的科尔尼洛夫将军……从前线抽调了许多部队并且……把它们
派往彼得格勒来了。”克伦斯基理所当然地避而不谈下面这个事 244
实，从前线抽调部队一事不仅他已经知晓，而且是直接应他的要求进行的，目的就是为了镇压他现在向它揭发科尔尼洛夫背信行为的那支卫戍部队。不用说，叛乱的最高总司令总是有自己的话来应对。他在电报中称：“……叛徒不在我们中间，而在彼得格勒那里，在当局犯罪性的纵容之下。正是在那个地方，为了得到德国的金钱，俄罗斯被出卖了，并且将继续被出卖。”对布尔什维克的诬陷就这样为自己开辟了越来越新的路径。

由退职部长组成的委员会的主席高唱歌剧咏叹调那种夜间的激昂情绪很快就消退了。同科尔尼洛夫的斗争——不管它发生什么转变——有导致最为严重后果的危险。克伦斯基写道：“就在大本营发起暴动的第一个夜晚，关于萨文科夫与科尔尼洛夫将军的举动有牵连的议论在彼得堡的苏维埃组织，在工人和士兵中间顽强地传播开了。”议论还指出克伦斯基曾毫不迟疑地跟在萨文科夫后面，这种议论并没有错。其实叫人害怕的最可怕的揭露还在后头呢。

克伦斯基讲述道：“8 月 26 日深夜，情绪激动的陆海军部主管人到办公室来找我。‘部长先生’，如列队那样挺直身子的萨文科夫对我提出请求说，‘请您马上把我作为科尔尼洛夫将军的同谋逮捕吧。假如您还信任我，那就请允许我有机会用事实向人民证明，我跟暴动没有任何干系……’”“作为对这个声明的答复，”克伦斯基继续说，“我当即任命萨文科夫为彼得格勒省的临时总督，为了保卫彼得格勒，击退科尔尼洛夫军队而授予他广泛的权力。”此外
245 应萨文科夫的要求，克伦斯基还任命菲洛年科为他的副手。暴动这件事，如同平定它那件事一样，就这样封闭在“执政内阁”的小圈子里了。

如此匆忙地任命萨文科夫为总督这件事是克伦斯基迫于政治自保而开展的斗争，假若克伦斯基把萨文科夫交给苏维埃，那么他马上就会出卖克伦斯基。相反，通过装模作样参加反对科尔尼洛

夫的行动，萨文科夫——不是没有采用敲诈手段——从克伦斯基那里获得了使自己合法的可能性，于是他势必会尽一切可能为克伦斯基洗刷干净。之所以需要这个“总督”，与其说是为了同反革命进行斗争，不如说是为把阴谋的痕迹掩盖起来。在这方面，两个同谋者互相示好的行为马上就开始了。

“8 月 28 日清晨 4 点”，萨文科夫证实说，“我应克伦斯基的召唤回到了冬宫，并且在那里见到了阿列克谢耶夫将军和捷列申柯。我们四个人全都同意，李沃夫的最后通牒不过是一场误会而已。”在这次天亮前举行的协商中扮演调停角色的是新任总督。米留科夫从幕后走了出来：一整天他都在舞台上公开表演。尽管阿列克谢耶夫把科尔尼洛夫称作羊头，他还是和他属于同一个阵营。阴谋家及其走卒最后一次试图把过去发生的所有事情都说成是“误会”，也就是共同来欺骗社会舆论，目的就在于可以使自己从共谋的计划中脱身。野蛮师、克雷莫夫将军、哥萨克专用列车、科尔尼洛夫拒绝交出职权、向首都进军——所有这一切都不过是与“误会”类似的举动！被一触即发的紧张局面吓坏了的克伦斯基连“我绝不把革命出卖给他们！”这样的话也不高声喊叫了。在同阿列克谢耶夫商量以后，他马上走进冬宫的记者招待室并且要求他们从所有报纸上撤下他宣布科尔尼洛夫为叛乱者的文告。在记者们的回答中什么都清楚了：这个任务在技术上是无法执行的。于是克伦斯基不胜感叹：“真的很遗憾。”在次日报纸版面上刊登出来的这 246
个小小的插曲无比鲜明地曝光了混乱到极点的国家最后仲裁者的形象。克伦斯基是如此充分地充当了既是民主派又是资产阶级的化身，以致现在他同时成了国家政权最高体现者和反对这个政权

的有罪的阴谋家。

到 8 月 28 日早晨，临时政府和最高总司令之间的决裂成了全国所有人面临的既成事实。交易所马上对情势进行了干预。如果说对于科尔尼洛夫在莫斯科发表的用放弃里加来进行威胁的讲话，交易所是通过使俄国证券贬值的办法来打上印记，那么对于将军公开发起暴动的消息，它是用提高所有证券的价格来予以回应。交易所以自己对二月体制蔑视性的开价无可指责地反映了毫不怀疑科尔尼洛夫会获胜的有产阶级的情绪和希望。

此前一天，克伦斯基命令参谋长卢科姆斯基暂时承担指挥职责，可后者回答说："我认为自己不可能接受科尔尼洛夫将军的职务，因为随之而来的将是在军队里面发动毁灭俄国的动乱。"除了高加索战线总司令(并非及时地)宣布自己忠于临时政府之外，其他各战线总司令以各种不同的声调对科尔尼洛夫的要求表示支持。为立宪民主党人所鼓动的军官协会总委员会给所有部队和舰队的司令部发出了如下电报："多次向我们证明自己在国务方面软弱无力的临时政府现在因挑拨行为而败坏了自己的名誉，它不可能继续充当俄国的领导……"担任军官协会名誉主席的就是那位卢科姆斯基！大本营里的人告诉被任命为第三骑兵军军长的克拉斯诺夫将军："谁也不会出来保卫克伦斯基。这次进军仅仅是一次闲游。一切都已经准备就绪。"

247 为我们早已熟知的特鲁别茨科伊公爵发给外交部长的密码电报相当清楚地说明了阴谋的领导者和鼓励者的乐观主义盘算，他写道："在冷静评价形势时，必须承认全体高级指挥人员、绝大多数军官和最精良的作战部队都跟着科尔尼洛夫。在后方，全体哥萨

克、大多数军事学校以及最精良的作战部队都站在他一边。在物质力量之外还必须加上……所有非社会主义居民阶层道义上的同情，以及下层居民中……屈从于各种鞭打的冷漠。毋庸置疑，在科尔尼洛夫取得胜利之际，大批三月社会主义者将会毫不迟疑地转到他那一边去。”特鲁别茨科伊不仅表达了大本营的愿望，而且反映了盟国使团的情绪。在出发去占领彼得格勒的科尔尼洛夫部队当中，有配备了英国炮手的英国装甲车，这想必是最可靠的部队。英国驻俄国军事使团团长诺克斯将军责备美国上校罗宾斯，说他没有支持科尔尼洛夫。这位英国将军说道：“我对克伦斯基政府不感兴趣，它太软弱了。军事独裁是必要的，哥萨克也是必不可少的。这里的人民需要鞭子！独裁——这正好是必需的。”

来自各个方面的所有这些声音传到了冬宫并且对它的居民产生了极其强烈的影响。科尔尼洛夫的成功看起来是无法避免的。涅克拉索夫部长告诉自己的友人说，事业最终失败了，剩下的事情就只有清白地去死。米留科夫证实：“有一些苏维埃的著名领导人预感到了自己在科尔尼洛夫获胜情况下将是什么样的命运，于是在急忙为自己准备出国护照。”

关于科尔尼洛夫的军队逼近消息接踵而至，而且越来越可怕。
资产阶级报刊不遗余力地传播这些消息，煽风点火，添油加醋，造 248
成一种紧张的恐慌气氛。

8月28日午间12点30分：“科尔尼洛夫将军派出的部队在卢加附近集结。”下午两点半：“搭载着科尔尼洛夫军队的九列火车已经通过奥列捷日车站。一个铁道兵营就坐在指挥车里面。”下午3点：“卢加卫戍部队向科尔尼洛夫的军队投降并且交出了全部武器。车站和卢加的所有政府建筑都被科尔尼洛夫的军队占领了。”傍晚6点：“搭载科尔尼洛夫军队的两列军车突破了纳尔瓦一线，驻扎在距加特契纳半俄里的地方。另外两列军车也开到了通往加特契纳的道路上。”8月29日凌晨两点：“在安特罗普希诺车站（距彼得格勒33公里。——托洛茨基），政府军与科尔尼洛夫军之间爆发了战斗。双方均有人员伤亡。”就在那天深夜还传来了一条消息：卡列金威胁说要切断彼得格勒和莫斯科跟盛产粮食的南俄之间的联系。

大本营、各个战线总司令、英国大使馆、军官团、军用列车、铁道兵营、哥萨克、卡列金——所有这一切词汇在冬宫孔雀石大厅里听起来就像是末日审判的号声。

克伦斯基本人用不可避免的温和语调承认了这一点，他写道：“8月28日正是最犹豫不决的时刻，是科尔尼洛夫反对者的实力最值得怀疑的时刻，也是民主派自身内部最躁动不安的时刻。”要弄清这些词句后面隐藏着什么，那并不困难，令政府首脑感到苦恼的是不仅要考虑两个阵容中究竟哪一个更强大一些，而且要考虑哪一个对他个人更加可怕。“我们既不和在右边的你们站在一起，也不和在左边的你们站在一起。”——这样的话在莫斯科剧院的舞台上看来是很有效的。把它们翻译成即将爆发的国内战争的语言，那就等于说克伦斯基小集团可能既不是右翼所需要的，也不是
249 左翼所需要的。斯坦凯维奇写道：“我们大家好像被绝望弄昏了，一场毁灭一切的戏剧落幕了。至于被弄昏的程度，可以根据下面这一点来判定，即甚至在大本营和临时政府在全体人民面前完全决裂以后，还存在着要找到某种形式和解的企图……”

“在这种形势下，关于进行调停的想法……就自然而然地产生了”，宁愿作为第三方行事的米留科夫这样说道。28 日夜，他来到冬宫，是为了“向克伦斯基提出建议，要他放弃那种法律遭到违背的形式上严格的观点”。这位懂得必须善于把胡桃核与它的外壳区分开来的自由主义领袖是这个时刻扮演公正调停人角色的最合适人选。8 月 13 日，米留科夫直接从科尔尼洛夫那里得知，后者预定于 27 日发起暴动。第二天，14 日，米留科夫在国务会议上自己的发言中要求，“立即采取最高总司令指出的措施，这不是当作猜疑、口头威胁甚至辞职的对象”。27 日之前，科尔尼洛夫应该说没有引起任何怀疑！就在这个时候，米留科夫告诉克伦斯基，称自己的支持是“自愿的和不容置辩的”。这话叫人适时想起绞索，因为绞索同样“不容置辩地”支持他。

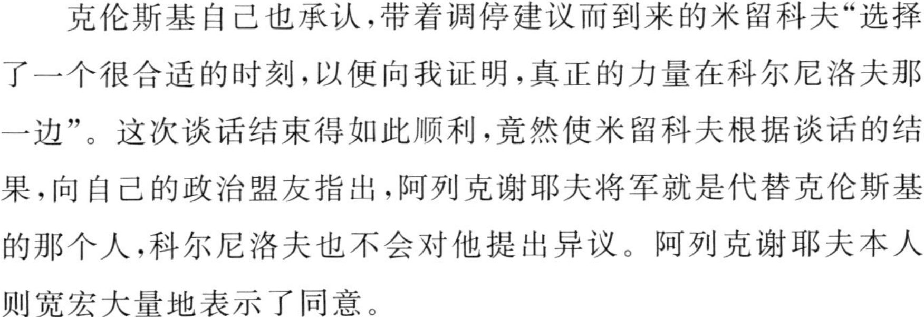

克伦斯基自己也承认，带着调停建议而到来的米留科夫“选择了一个很合适的时刻，以便向我证明，真正的力量在科尔尼洛夫那一边”。这次谈话结束得如此顺利，竟然使米留科夫根据谈话的结果，向自己的政治盟友指出，阿列克谢耶夫将军就是代替克伦斯基的那个人，科尔尼洛夫也不会对他提出异议。阿列克谢耶夫本人则宽宏大量地表示了同意。

站在米留科夫背后的那个人比他走得更远。深夜时分，英国大使布坎南把一份声明交给外交部长，其中称盟国代表一致表示，“为了实现有利人道和避免无法补救的灾难的愿望”而提供自己的 250
友好帮助。在临时政府和叛乱将军之间进行的正式调停，除了作为叛乱的支柱和保障以外，不会是任何别的东西。捷列申柯代表临时政府做出答复，对科尔尼洛夫暴动表露出“极端惊讶”。因为其纲领的大部分内容是政府已经实施了的。

深陷孤独和沮丧状态的克伦斯基除了同自己那些辞了职的部长举行一场照例是毫无结果的会议以外，再也找不到任何更好的办法。正好就是在他们大公无私地消磨时光的时候，收到了敌军列车在继续前进这样一则令人特别恐慌的消息。涅克拉索夫认为，“再过几个小时，科尔尼洛夫的军队也许就已经抵达彼得格勒了……”前部长们开始推测“在这种局势下应该怎样确立政府的权力”。建立执政内阁的思想重新笼罩了上层社会。关于加入阿列克谢耶夫将军“执政内阁”的主张无论在右翼部分还是左翼部分都获得了支持。立宪民主党人科科什金认为，阿列克谢耶夫应该出任政府首脑。有一些证据表明，把权力让给某个人物的建议是克伦斯基本人直接援引他同米留科夫的谈话时提出来的，谁也没有提出异议。阿列克谢耶夫作为候选人调和了各个方面的意见。米留科夫的计划看起来非常非常接近现实。可是就在本该是最紧张的时刻传来了一阵戏剧性的紧张敲门声：原来，同反革命斗争委员会的一个代表团在隔壁的房间里等着。它来得正是时候，因为科尔尼洛夫分子、调停者和投降派在冬宫大厅举行的可怜的、怯懦的和阴险的会议就是一个最危险的反革命集合场所。

这个新的苏维埃机关是在 27 日晚间举行的工人和士兵苏维
251 埃与农民苏维埃的两个执行委员会联席会议上成立的，它由三个苏维埃政党、两个执行委员会、工会中央委员会以及彼得格勒苏维埃专门派出的代表组成。成立特设(*ad hoc*)作战委员会一事实质上表明，苏维埃领导机关感觉到自己是已经衰老的机关，为了执行革命任务需要注入新鲜的血液。

被迫寻求群众支持其反对将军的妥协派人士急忙向前突出自己的左肩。结果，所有原则问题都应当推延到立宪会议这样的话顿时被遗忘了。孟什维克宣布，将设法要政府做到立刻宣告成立民主共和国，解散国家杜马和实行土地改革：这就是共和国的名称首次出现在政府就最高总司令叛乱发表的声明中的原因。

在政权问题上，两个苏维埃执行委员会认为有必要暂时保留政府的原有形式，用民主派人士接替已经辞职的立宪民主党人。为了最终真正解决问题，有必要召开在莫斯科国务会议期间团结在齐赫泽纲领基础之上的所有组织的代表大会。但是，夜间谈判以后，克伦斯基坚决拒绝对政府实行民主监督的态度十分明显了。他感觉到自己左右两边的立足地正在塌陷，于是竭尽全力维持“执政内阁”的形式，因为尚未僵冷的强力政权幻想还在被他延续下去。在经过了一番令人厌倦和毫无结果的新争论以后，斯莫尔尼宫决定再次请求唯一和不可或缺的克伦斯基同意执行委员会的原有条款。清早 7 点 30 分，策烈铁里回来报告说，克伦斯基不肯做出让步，他要求得到“无条件的支持”，不过他同意把“全部国家力量”用于同反革命做斗争。被不眠之夜弄得疲惫不堪的执行委员 252
会最后终于在如同蛀孔一样中空的“执政内阁”主张面前屈服了。

就如我们已经知道的那样，克伦斯基做出的关于动用“国家力量”同科尔尼洛夫做斗争的庄严承诺，并不妨碍他与米留科夫、阿列克谢耶夫以及已经辞职的部长开展向大本营和平投降的谈判，但是被夜间敲门声打断了。几天之后，身为城防委员会活动家之一的孟什维克波格丹诺夫用谨慎却又明确的语句向彼得格勒苏维埃报告了克伦斯基背信弃义的情况，“在临时政府犹豫动摇，还不

清楚用什么来结束科尔尼洛夫的冒险的时候，类似米留科夫和阿列克谢耶夫将军这样的调停人出现了……”城防委员会进行了干预，并且“用全副精力”要求进行公开的斗争。“在我们的影响下，”波格丹诺夫继续说道，“政府停止了所有的谈判，并且拒绝了科尔尼洛夫的所有建议……”

在政府的首脑，即昨天还在反对左翼阵营的阴谋家现在成了左翼的政治俘虏以后，仅仅是出于初步考虑而于26日辞职的立宪民主党部长们宣布，他们彻底退出临时政府，不愿意为克伦斯基镇压如此爱国、如此忠诚和如此救民的暴动的行为承担责任。辞了职的部长、顾问、朋友一个接着一个离开了冬宫。用克伦斯基自己的话来说，这是“大规模离开明摆着注定要遭到灭亡的岗位”。28—29日——是这样一个夜晚，那天晚上，克伦斯基“几乎是独自一人在冬宫踱步”。豪迈的咏叹调再也没有进入他的头脑。“在这些痛苦持续的日子里，真正超出人力所能承担的责任落到了我的肩上。”这主要是关系克伦斯基本人命运的责任！其他一切事情都置他于不顾而得到了实现。

第十章　资产阶级与民主派的力量较量 253

8月28日，正当恐惧的寒热症使冬宫战栗不已的时候，野蛮师师长巴格拉季昂公爵打电报报告科尔尼洛夫说："土著人正在对祖国履行职责，将遵照自己最高主人的命令……流尽最后一滴血。"随后过了几个小时，这个师就已经停止了前进。而到8月31日，正是以这位巴格拉季昂为首的一个特别代表团就向克伦斯基保证，该师完全服从临时政府的指挥。所有这些事情的发生不仅没有经过战斗，而且没有开过一枪。事情不仅没有导致流尽最后一滴血，而且一滴血也没有流。科尔尼洛夫的士兵连通过动用武器来为自己打通通向彼得格勒的道路的意愿都没有。指挥官也不敢命令他们这样做。无论哪个地方，政府军都不必动用武力来阻挡科尔尼洛夫部队的进攻。阴谋土崩瓦解了，烟消云散了，化为乌有了。

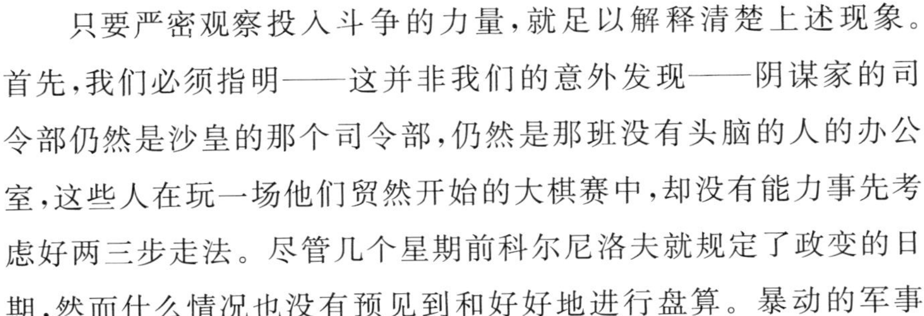

只要严密观察投入斗争的力量，就足以解释清楚上述现象。首先，我们必须指明——这并非我们的意外发现——阴谋家的司令部仍然是沙皇的那个司令部，仍然是那班没有头脑的人的办公室，这些人在玩一场他们贸然开始的大棋赛中，却没有能力事先考虑好两三步走法。尽管几个星期前科尔尼洛夫就规定了政变的日 254
期，然而什么情况也没有预见到和好好地进行盘算。暴动的军事

准备工作纯粹是笨拙、粗糙和轻率地进行的，组织内部和指挥人员中间出现的复杂变化在行动之前，乃至行动已经开始之际便发生了。本来该给革命带来第一个打击的“野蛮师”总共有 1350 名士兵，其实他们只有不到 600 支步枪、1000 支长矛和 500 把军刀。在开始战斗行动前 5 天，科尔尼洛夫发布了把这个师扩编为军的命令。这种连中小学教科书都会加以指责的措施对于用高薪来引诱军官显然被认为是必要的。马丁诺夫写道：“直到 8 月 31 日，也就是在整个事情完全失败以后，巴格拉季昂才收到关于所短缺的武器会在普斯科夫得到补充的电报。”

同样直到最后一分钟，大本营才开始从前线抽调教官派往彼得格勒。接受委托的军官补充了大量的经费和单独的车厢，但是这班爱国主义的英雄想必并不真的如此着急去挽救祖国。过了两天，大本营和首都之间的铁路联系中断了。总之，大多数指挥官还没有到达可能建立功勋的地点。

不过，在首都也有一个科尔尼洛夫分子自己的组织，其成员将近两千人。阴谋分子按照专门的任务分成不同的集团，有的负责夺取装甲车，有的负责逮捕并杀害最重要的苏维埃成员，有的负责逮捕临时政府成员，有的负责占领最重要的机关。用我们已经熟知的军人义务协会主席温贝格的话来说就是：“原先计划到克雷莫夫的军队抵达之际，革命的主要力量已经被摧毁，被消灭或者至少
255 不能继续为害，于是留给克雷莫夫的事情就是在城里确立秩序。”莫吉廖夫认为这份行动计划言过其实，因而把主要的任务委托给了克雷莫夫，不过大本营还是指望共和中心的部队提供十分重要的支援。其实彼得格勒的阴谋分子已经决定无论如何也不抛头露

面，一声不吭，一动不动，仿佛他们在世界上并不存在似的。温贝格解释这个谜团是够简单的：原来主管反间谍机关的海曼上校在郊外一所饭店度过了最紧要的时间，而由科尔尼洛夫直接委托来统一首都所有爱国主义团体行动的西多林上校和率领一支部队的杜西梅吉尔上校“消失得无影无踪，无论在哪里都找不到他们”。原定应当“伪装成布尔什维克”出动的哥萨克上校杜托夫后来抱怨说：“我到处奔跑……呼唤大家上街，可是没有一个人跟在我后面。”据温贝格上校说，预定供组织使用的经费被一些重要的参与者私占和吃喝花掉了。根据邓尼金的断定，西多林上校“随身携带组织剩余的最后一些钱，大约有 15 万卢布躲到芬兰去了”。李沃夫（他在冬宫被捕后我们一直没有提起过他）后来谈到了一个暗中的资助人，他本该把一大笔款项交给那些军官，可是当他来到指定的地点后，发现阴谋分子一个个酩酊大醉，于是决定不把钱拿出来。温贝格本人则认为，如果没有这些确实令人遗憾的“偶然性”，策划就能获得完全成功。但是还剩下一个问题：为什么聚集在爱国主义事业周围的多半是些酒鬼、盗窃公款者和变节分子？是不是因为每一次历史任务都在动员与之相适应的骨干分子呢？

至于阴谋分子的个人情况，事态一开始最上层就处于糟糕状态。用右翼立宪民主党人伊兹戈耶夫的话来说就是：“科尔尼洛夫将军是一位最有声望的将军……在和平居民心目中是这样，然而 256
在军人的心目中却不是，至少在我观察的后方部队中不是如此。”伊兹戈耶夫把涅瓦大街的居民理解为和平的居民。对于前线和后方的人民群众而言，科尔尼洛夫乃是一个异己的、敌对的和令人痛恨的人物。

被任命为第三骑兵军指挥官的克拉斯诺夫是一个保皇派人物（不久他就在威廉二世那里谋得了一个侍从的职务），令他感到惊讶的是："科尔尼洛夫有意要干一件大事，自己却留在莫吉廖夫这座由土库曼人和突击队员守护的宫殿里，仿佛他自己也不相信能取得成功。"针对法国记者克洛得·阿内向科尔尼洛夫提出的问题：在决定性时刻他本人为什么没有去彼得格勒？这位阴谋的主使回答说："我病了，我发作了严重的疟疾，我连平时的精力都没有。"

不胜枚举的偶然性简直太多了：当事情预先注定要走向毁灭的时候，它便总是这样的。为自己的情绪所左右的阴谋分子一直在自我陶醉的傲慢（表现为对什么都满不在乎）与在第一个障碍面前就表现出十足的沮丧之间摇摆。问题不在于科尔尼洛夫的疟疾，而在于沉重得多的、预后不佳的和无药可医的疾病，它使有产阶级的意志陷于瘫痪。

立宪民主党人一本正经地否认科尔尼洛夫的反革命意图，他们把它理解为罗曼诺夫王朝的复辟。好像问题就在这里！科尔尼洛夫的"共和主义"丝毫也没有妨碍保皇派人士卢科姆斯基同他配成一对，就像俄罗斯人民同盟主席罗曼斯基-科尔萨科夫同他配成一对一样。后者曾在起事当天致电科尔尼洛夫："我热切地祈求上帝帮助您拯救俄罗斯，我愿让自己完全听从您的指挥。"拥护沙皇制度的黑帮分子也没有在廉价的共和旗帜面前止步不前。他们明白，科尔尼洛夫的纲领就在他本人身上，就在他过去的经历之中，
257 就在他的哥萨克制服镶条之间，就在他的社会关系和财政来源里面，而主要是在他为割断革命的喉管而做的实实在在的准备当中。

科尔尼洛夫在文告中自称是"农民的儿子"，他把政变计划完

全寄托在哥萨克和山民身上。在向彼得格勒进军的部队中，一支步兵队伍也没有。将军那里不存在沟通庄稼汉的途径，他甚至也不打算开辟这样一条途径。在大本营属下的确是有一个某位“教授”作为土地改革人士，他准备答应分给每个士兵虚构出来数量的俄亩土地。可是，就这个主题起草的文告甚至都没有印发：对吓跑和疏远地主的理由十足的担心使得将军们阻止在土地问题上进行蛊惑煽动。

在那些日子里近距离观察过大本营周围情况的莫吉廖夫农民塔杰乌什说过，士兵中间和农村里面谁也不相信将军的文告：“他想得到政权，至于土地和结束战争的事情他一个字也没有提。”群众在革命的6个月期间无论如何也学会了怎样认清自己的切身利害问题。科尔尼洛夫给人民带来的是战争，要他们去保卫将军们的特权和地主土地所有制。他不可能给他们带来任何别的东西，他们也不指望从他那里得到任何别的东西。阴谋分子自己事先也清楚，要依靠农民组成的步兵(更不用说工人了)是不可能的，这反映出科尔尼洛夫集团已经被社会遗弃了。

大本营的外交人士特鲁别茨科伊曾经描绘出了一幅政治力量的图景。它在许多方面是正确的，但有一点是错误的，那就是“屈从各种鞭打”的冷漠情绪。它在人民中间一点影子都没有了；相反，群众看起来只是在静候鞭子的威胁，实际却表明在他们内心深处隐藏着怎样的力量源泉和自我牺牲精神。评价群众情绪方面出现的错误使其他一切盘算都化作了泡影。

从事阴谋活动团伙里的人什么也不习惯，如果没有社会下层，
没有工人的劳力，没有炮灰，没有勤务兵、仆人、文书、司机、搬运 258

工、厨娘、洗衣工、扳道工、电报员、马夫、车夫，他们什么也干不了。然而所有这些毫不起眼却又不可胜数和必不可少的人类的小螺丝钉是拥护苏维埃和反对科尔尼洛夫的。革命无处不在，它在各个地方发生，使阴谋受到蒙蔽。革命到处都有自己的眼睛、自己的耳朵和自己的双手。

军事教育的标准就是士兵背着长官也像当着他的面那样行动。然而1917年的俄国士兵和水兵当着指挥官的面也不执行正式发布的命令，怀着热切渴望的他们对革命的命令一听就心领神会，而且通常在命令传达到他们之前就出于自己的主动去执行它。人数多得数不清的革命公仆、革命的侦探、情报人员、战士既不需要督促，也不需要监视。

从表面看阴谋是在临时政府手里消灭的，苏维埃执行委员会则给予了协助。而实际上斗争是通过截然不同的渠道进行的。就在克伦斯基独自一人弯着腰用脚步度量冬宫的镶木地板时，城防委员会——同时称为军事革命委员会——开展了广泛的工作。从清早开始，电报指令就经由铁路和邮政—电报局的员工以及士兵散发出去了。情况就如达恩当天所报告的那样："部队的一切调动要按照临时政府的命令并且要有人民城防委员会的副署才能实施。"如果撇开礼貌用语不谈，那么这就等于是城防委员会在以临时政府的招牌掌管军队。同时，它开始动手端掉科尔尼洛夫在彼得格勒城里的巢穴，在军事学校和军官团体里面进行了搜查和逮捕。大家感觉到城防委员会的手无处不在。人们却很少注意到那位总督。

259 下层苏维埃组织同样没有坐等上层的命令。它们的工作主要集中在各个城区。在临时政府动摇最厉害的时刻以及苏维埃执行委员会与克伦斯基进行令人厌倦的谈判的时刻，各城区苏维埃相互紧密地团结起来并且做出了决定：宣布区际会议不间断地举行；把自己的代表派进执行委员会设立的指挥部；组建工人民警；由各区苏维埃对政府特派委员实行监督；组织巡逻队拘捕进行反革命煽动的人。总而言之，这些措施等于不仅侵犯了相当多的临时政府职权，而且侵犯了彼得格勒苏维埃的一些职权。高层苏维埃机关在形势逻辑强有力的挤压下，只得把位置让给了下层机关。彼得格勒各城区在斗争舞台上的表演很快就改变了斗争的方向和规模。苏维埃组织无穷无尽的活力在这次尝试中重新焕发出来了。在紧要关头被妥协主义上层领导置于无能为力境地的苏维埃组织，在群众的支持下从下层重新恢复起来了。

对于鼓舞各城区的布尔什维克而言，科尔尼洛夫叛乱根本不是什么意外的事件。他们事先预见到了这一点，也对此提出了警告，并且第一个走上了战斗岗位。早在 8 月 27 日举行的两个苏维埃执行委员会的联席会议上，索科利尼科夫就通报说，为了把危险告诉人民和做好城防的准备，布尔什维克党采取了它所能采取的一切措施。布尔什维克表示愿意同执行委员会各机关协调自己的战斗行动。在当夜举行的有很多部队代表参加的布尔什维克军事组织会议上，做出了下列决定：要求逮捕所有的阴谋分子，把工人武装起来，为他们从士兵中选派教官，确保从下层组织首都的防
御，同时准备建立由工人和士兵组成的革命权力机构。军事组织 260
在卫戍部队各部组织了集会。士兵们应召进入战斗状态，以便一听到警报便行动起来。

苏哈诺夫写道："尽管布尔什维克处于少数，在军事革命委员会当中领导权还是属于他们，这一点是十分清楚的。"他还解释了这种现象的原因，"如果委员会想采取重大的行动，它必定是采取革命行动"，而"只有布尔什维克才拥有切实的手段"来采取革命行动，因为群众跟他们走。紧张的斗争到处都使最积极和最勇敢的分子脱颖而出。这种自动的选择不可避免地抬高了布尔什维克的地位，增强了他们的影响，使主动权集中掌握在他们手里。甚至在那些他们居少数的组织中，实际领导权也转到了他们那里。离城区、工厂、兵营越近，布尔什维克就占有越加无可争辩和越加完全的统治地位。党的各个支部都行动起来了。在各大工厂的车间，布尔什维克都在有组织地实行连续不间断的值班。在党的区一级委员会里面，值班的则是小企业的代表。从基层的工作间通过各区直到中央委员会的联系是非常紧密的。

在布尔什维克及其领导的各个组织的直接压力下，城防委员会承认，为了保卫工人街区和工厂，把一些工人群体武装起来是恰当的。群众所需要的仅仅是对这种做法的批准。据工人报刊报道，在各个城区，"盼望参加赤卫队的人旋即排起了长队报名"。以各种枪械的使用和射击为内容的训练开始了。有经验的士兵被选派来充当教官。29 日几乎所有城区都已经成立了战斗队。赤卫队宣称自己已准备好马上派出拥有 4 万支步枪的队伍。尚未武装
261 的工人组成队伍去挖掘战壕，修建掩蔽所，安装铁丝网。接替萨文科夫担任新任总督的帕利钦斯基（克伦斯基没能使自己的助手维持 3 天以上）在一份特别声明中不得不承认，当首都城防中需要有人来做工兵工作时，"成千的工人……用自己个人的无偿劳动在

几小时之内就完成了工程量极大的工作，没有他们协助，这类工作需要好几天”。但是这并没有妨碍帕利钦斯基仿效萨文科夫封闭了布尔什维克唯一的一份报纸，而工人认为它是自己的报纸。

普梯洛夫工厂成了彼得戈夫区的抵抗中心。一系列战斗队赶紧建立起来了。该工厂不分昼夜地进行生产，为组建无产阶级炮兵营装配新式火炮。工人米尼切夫指出：“在那些日子里，每昼夜工作 16 个小时……装配了 100 门左右的火炮。”

不久前建立的维克热利(全俄铁路工会执行委员会的简称)不得不马上接受战斗洗礼。铁路员工有特殊理由担心科尔尼洛夫获胜，因为后者把在铁路部门实行战时状态列入了自己的计划。在这方面，下层群众远远超过了自己的上层。铁路工人拆毁铁路或者在上面堆满杂物，以阻止科尔尼洛夫的部队前进：战争的经验还是很有用的。他们还采取措施把阴谋的策源地莫吉廖夫与外界隔绝起来，无论进入大本营还是从大本营出来都被阻绝了。邮政电报部门的员工开始截留大本营发出的电报和命令，并且把它们或其副本发送给城防委员会。战争期间将军们已经习惯于认为，运输和通信联络——这仅仅是技术问题。现在他们信服了，这是政治问题。

极少有政治中立倾向的工会没有等待特别的邀请就占据了战
斗阵地。铁路工人的工会把自己的会员武装起来了，派他们沿铁 262
路线去查看情况，拆毁铁轨，并且在桥梁和其他地方设防。工人们以自己的热情和决心推动沾染了官僚习气和立场温和的维克热利继续往前走。金属工会让自己众多的员工置于城防委员会统领之下，并且投入大量经费供其开支。运输工会把自己的交通和技术装备交由委员会支配。印刷工会在几个小时之内就安排印出了星期一的报纸，以便让居民把握时局发展的方向，同时对报刊实行所有可能的监督中最有效的监督。叛乱将军刚一跺脚，就从地下冒出了无数支大军，不过这是敌人的大军。

在彼得格勒四周驻扎的卫戍部队，在大型车站和舰队，各项工作都在夜以继日地开展着。自己的队伍经受了考验，工人们武装起来了，担任前哨警戒的部队沿各条道路前进，与邻近地点以及斯莫尔尼宫保持着紧密联系。城防委员会需要做的与其说是呼唤与号召，不如说是登记与调整。但它的计划结果总是被超越。对将军叛乱的抵抗结果变成了对阴谋分子的围捕。

在赫尔森福斯，所有苏维埃组织共同举行的会议成立了一个革命委员会，委员会把自己的特派委员派到总督府、指挥部、反间谍机构以及其他最重要的机关。从此，没有他们的签名，任何一道命令都不能生效。电报局和电话局处于监视之下。部署在赫尔森福斯的一个哥萨克团的正式代表（主要是军官）试图宣布保持中立，这是隐蔽的科尔尼洛夫分子。可是第二天，许多普通哥萨克士兵就来到城防委员会，并且声明全团都反对科尔尼洛夫。哥萨克代表首次加入了苏维埃。在这种场合就像在其他场合一样，尖锐的阶级冲突推动着军官向右走，而普通士兵则向左走。

263 已经完全医好了七月创伤的喀琅施塔得苏维埃发来一份电报宣布："喀琅施塔得卫戍部队团结得像一个人一样，已经准备好一接到执行委员会的命令，便起来保卫革命。"在那些天，喀琅施塔得人还不知道，在多大的程度上保卫革命就等于保卫他们自己免遭彻底覆灭，他们所能做的只是猜测到这一点。

七月危机以后，临时政府很快就做出了撤销作为布尔什维克巢穴的喀琅施塔得要塞的决定。根据与科尔尼洛夫达成的协商，这一举措由官方正式用“战略原因”加以解释。猜出了其中的别有用心以后，水兵们表示坚决反对。即使在自己已经指控科尔尼洛夫背叛以后，克伦斯基仍然这样写道：“关于大本营背叛的传奇在喀琅施塔得是如此根深蒂固，以致每一次从那里运走大炮的尝试都在那里直接引起人们的狂怒。”寻找剿灭喀琅施塔得的办法的任务由临时政府委托交给了科尔尼洛夫。他找到了这样的办法：摧毁首都以后，克雷莫夫就得马上派一个旅携带大炮进驻奥拉宁鲍姆，借助海岸大炮的威胁，要求喀琅施塔得卫戍部队撤除要塞的武装，并且转移到大陆上来。到了陆地，水兵必将遭到大规模镇压。可是就在克雷莫夫执行临时政府的这一任务的时候，临时政府却不得不请求喀琅施塔得人来把它从克雷莫夫手中解救出来。

苏维埃执行委员会打电话给喀琅施塔得和维堡，要它们派出大量部队去彼得格勒。从 29 日清晨开始，这些部队开始陆续抵达。这主要是布尔什维克的部队，执行委员会的号召要产生效果，就需要布尔什维克中央委员会认可。根据克伦斯基发出的、与屈
辱请求非常类似的指示，在稍早一些时候即从 28 日中午起，“阿芙 264
乐尔号”巡洋舰（其部分水兵因参加七月示威而仍然继续关押在“十字监狱”里）的水兵承担起了保卫冬宫的任务。在不值岗的空闲时间，水兵们来到监狱同被关押的喀琅施塔得人以及托洛茨基、拉斯科尔尼科夫还有其他人见面。“还没有到逮捕政府成员的时候吗？”来访者问道。他们得到的回答是：“没有，还不是时候，你们

要把枪放到克伦斯基肩上，朝科尔尼洛夫开火。然后我们再跟克伦斯基算账。”六七月时，这些水兵不是很愿意倾听关于革命战略的论据。在这不足两个月期间，他们学会了很多东西。他们为了进行自我测试和免得后悔而急切地提出逮捕临时政府成员的问题。他们自己觉察到了时局发展不可避免的连续性。7 月上半月，他们被击溃了，遭到谴责和诽谤；到了 8 月月底，他们成了冬宫抵抗科尔尼洛夫分子最可靠的卫队。而 10 月下旬他们又将用“阿芙乐尔号”的大炮轰击冬宫。

但是，如果说他们同意把对二月体制进行总清算还要继续拖延到某个时候，那么科尔尼洛夫分子军官骑在自己头上的状况，要他们哪怕是多忍受一天也不愿意了。七月危机后临时政府强加给他们的长官几乎在任何地方都是站在阴谋分子一边。喀琅施塔得苏维埃撤掉了政府派来的指挥官，安排了自己的人。现在，妥协派人士已经不再大喊大叫喀琅施塔得共和国的分离独立了。但是，事情远非到处都限于同样的变动范围。在有些地方，发展到了流血镇压的地步。

苏哈诺夫写道：“在维堡，开始发生了处于盛怒状态又惊慌失措的水兵和士兵群体杀死将军和军官的事件。”不，这不是盛怒的群体，而且在这种场合也未必能说是惊慌失措吧。29 日清晨，波罗的海舰队中央委员会发了一封电报给维堡指挥官奥拉诺夫斯基
265 将军，要他把大本营发动叛乱的消息通知卫戍部队。这位指挥官却把电报扣留了一整天，在回答为什么会发生这样的事时，他却说他没有收到任何通知。经过水兵的搜查，电报找到了。被当场逮住的将军宣称自己是科尔尼洛夫的同谋。水兵们把这位指挥官连

同跟他在一起的两个声称自己是其同伙的军官枪决了。水兵们到波罗的海舰队的军官那里收取签署忠于革命的保证书。当时战列舰“彼得保罗号”有四个军官拒绝签字，并且宣称自己是科尔尼洛夫分子，于是根据全体水兵的决定，他们马上被枪决了。

死亡的危险也悬在士兵和水兵们的头上。不仅彼得格勒和喀琅施塔得，而且全国所有的卫戍部队都面临血腥的清洗。根据本部队重新神气起来的军官的举止，根据他们说话的口吻和他们邪恶的眼神，士兵和水兵能够准确无误地预料到在大本营获得胜利的情况下自己将要遭受的命运。在那些气氛特别炽烈的地方，他们赶紧切断敌人的道路，以水兵和士兵自己的清洗来对抗军官们拟议实行的清洗。众所周知，国内战争有它自身的法则，它们无论何时也不会被当作是人道仁慈的法则。

齐赫泽立即向维堡和赫尔森福斯发去电报，指责动用私刑是“对革命的致命打击”。克伦斯基同样致电赫尔森福斯称：“我要求马上停止极其恶劣的暴力行为。”如果要追究单个私刑（况且请不要忘记革命从整体上说就是私刑）的政治责任，那么在这种场合，责任完全要由临时政府和妥协主义分子来承担，他们在危急的时刻跑过来找革命群众，过后又重新把他们交给反革命军官。

就像在政变随时都将发生的莫斯科国务会议期间一样，现在 266
与大本营破裂以后，克伦斯基又在向布尔什维克提出请求：“动员士兵起来保卫革命。”克伦斯基召来布尔什维克水兵保卫冬宫，可还是不允许七月危机的囚徒出狱。关于此事，苏哈诺夫写道：“当阿列克谢耶夫同克伦斯基窃窃私语，而托洛茨基正在蹲监狱的时候，局势变得根本无法忍受了。”不难想象，在人满为患的监狱里弥漫着怎样的激昂情绪。海军准尉拉斯科尔尼科夫记述说:“我们充满了反对临时政府的激昂情绪,在如此紧张不安的日子里,它……还把像托洛茨基那样的革命者继续关在‘十字’监狱里……‘多么可恨的懦夫,唉,多么可恨的懦夫,’——托洛茨基同我们一道转圈散步时说道——‘他们必须马上宣布科尔尼洛夫不受法律保护,以便让任何一个忠于革命的士兵觉得自己有权去结果他。’”

科尔尼洛夫的军队一开进彼得格勒,就意味着首先要消灭被关押的布尔什维克。在下达给预定率领先遣部队开进首都的巴格拉季昂将军的命令里,克雷莫夫没有忘记特别指出:“安排好对监狱和囚室的守卫,但是至今还监禁在那里的人无论如何也不能释放。”“无论如何也不能释放”,这是自四月危机以来米留科夫所鼓励的完整计划。在那些日子里,彼得格勒举行的集会没有一场没有提出释放七月危机被捕者的要求。一个接一个的代表团来到苏维埃执行委员会,同时后者也派出自己的领导人去冬宫进行谈判。一切都是枉然!在这个问题上,克伦斯基显得越来越倔强,因为在头一个半到两个昼夜期间,他认为临时政府的处境是没有希望的,因此他要让自己扮演可怕的狱吏角色,为将军的绞架看管好布尔什维克。

267 布尔什维克领导的群众在进行反对科尔尼洛夫的斗争的同时一点也不信任克伦斯基,这并不难理解。事情的关键在他们看来不是在保卫临时政府,而是在捍卫革命。他们的斗争也越来越坚决果敢和奋不顾身。对叛乱的回击是从铁轨间、从岩石中和从空气里涌现出来的。克雷莫夫抵达卢加火车站后,铁路工人以缺乏机车为由顽强地坚持拒绝开动军用列车。哥萨克乘坐的车厢也被

两万名全副武装的卢加卫戍部队的士兵团团包围起来了。没有发生武装冲突，可是出现了一种更加危险的情况：相互接触、相互来往、相互理解。卢加苏维埃及时赶印出了关于解除科尔尼洛夫职务的政府公告，而且这个文告马上就在车厢里广泛散发，军官们劝说哥萨克不要相信宣传人员。需要劝说一事本身就是一个不祥之兆。

由于接到了科尔尼洛夫下达的继续前进的命令，克雷莫夫借助刺刀要求半小时内把机车准备好。威胁似乎起了作用，尽管又出现了一些拖延，机车还是开来了；可是仍然不能开动，因为前方铁路在整整一个昼夜间遭到了破坏，并且用杂物堆满了。为了摆脱瓦解军心的宣传，克雷莫夫于 28 日晚上把自己的军队带到了离卢加好几俄里的地方。可是宣传人员旋即深入到那里的村子：这都是些士兵、工人和铁路员工，——他们是摆脱不了的，因为他们无处不在。遭到宣传攻击的克雷莫夫诅咒自己无能为力，他只得徒劳地等候巴格拉季昂；但是铁路工人拦住了野蛮师的列车，就在那几小时内列车同样遭到了攻击。

无论妥协主义民主派自己多么优柔寡断，甚至胆怯畏缩，但是它在反对科尔尼洛夫的斗争再次要半心半意依靠的那些巨大力 268
量，在它面前揭开了取之不尽的行动源泉。社会革命党人和孟什维克认为自己的任务并不是在公开的战斗中战胜科尔尼洛夫的军队，而是把军队吸引到自己一边来。这无疑是对的。鉴于这样一种路线，布尔什维克当然也就没有反对“妥协主义政策”。相反，要知道这也是他们的基本方法。布尔什维克只不过要求武装起来的工人和士兵时刻准备做宣传人员和对敌谈判人员的后盾罢了。对

科尔尼洛夫的部队施加精神影响所需的方式和途径的选择是没有限制的，并且立即被发现了。例如，一个穆斯林代表团被派去迎接野蛮师，以英勇抗击沙皇政权入侵、保卫高加索的著名沙米尔的孙子为首，一批有威望的土著人士被马上找来加入该代表团。山民战士不允许自己的军官逮捕代表团成员，因为这与自古以来的好客的风俗习惯相悖。谈判开始了，而且很快就成了结局的开端。科尔尼洛夫的指挥官以彼得格勒开始发生了德国间谍的暴动为由来解释整个行动。可是直接从首都来的代表们不仅驳斥了发生暴动的事实，而且他们用手里紧握的文件证明克雷莫夫是叛乱分子，他带领军队去反对政府。对此，克雷莫夫手下的军官们还能有什么可反驳的呢？

在野蛮师指挥部车厢里，士兵们升起了一面红旗，上面写着：“土地和自由。”参谋长命令卷起红旗，这位中校先生给出的解释是：“仅仅是为了避免同铁路的信号弄混。”参谋部里的人对这种胆小的解释不满，并且把中校逮捕了。当大本营的人说不管拿谁开刀对于高加索山民来说反正都是一样的，他们没有搞错吗？

第二天清晨，一位上校带着科尔尼洛夫的命令来到克雷莫夫这里，要他集中整个军的兵力火速向彼得格勒进发，并且“出其不
269 意地”占领它。大本营的人显然是闭眼不看现实，还想碰碰运气。克雷莫夫回答说，本军的部队已经沿着各条铁路线分散了，有的地方还有些部队下车走了，当时仍处在他指挥之下的只有 8 个哥萨克连队；铁路遭到了破坏，上面堆满了杂物，筑起了堡垒，要继续前进只能通过徒步行军；最后，眼下在首都及其郊区工人和士兵处于战斗状态之际，根本谈不上什么出其不意地占领彼得格勒。由于

克雷莫夫本人率领军队实施“出其不意”战役的可能性已经彻底消失，事情变得越来越复杂了：这些部队猜出其中不怀好意以后，要求做出解释。结果不得不把科尔尼洛夫与克伦斯基的冲突告诉它们，也就是说正式把召开军人大会提上了议事日程。

克雷莫夫在这个时刻颁布的命令称：“今天晚上我从大本营最高总司令那里和彼得格勒收到了关于彼得格勒暴动已经开始的消息……”这种骗人说法的确完全是为对临时政府的公开征伐进行开脱。科尔尼洛夫本人 8 月 29 日发布的命令宣称：“荷兰反间谍机关报告说：一、近日内将在整个前线发起攻击，目的是迫使我们业已瓦解的军队后撤和逃跑。二、在芬兰，暴动已经准备就绪。三、准备炸毁第涅伯河和伏尔加河上的桥梁。四、组织布尔什维克在彼得格勒发起暴动。”这是萨文科夫早在 23 日就曾援引过的那个“报告”：荷兰是为了转移视线而被提及的，根据全部资料来看这个文件是由法国军事使团或者是在其参与下伪造出来的。

就在那一天，克伦斯基打电报给克雷莫夫说：“彼得格勒十分平静。没有出现任何意料之外的行动。根本不需要您的那个军。”要说有行动应该说也是由克伦斯基本人的战地法令引起的。既然不得不把政府的挑拨行为搁置起来，那么克伦斯基完全有理由认 270
为“没有出现任何意料之外的行动”。

看不到出路的克雷莫夫荒谬地试图率领自己的 8 个哥萨克连队向彼得格勒进军。这多半是做出一个免得后悔的姿态，当然从中什么也得不到。在离卢加几俄里的地方，克雷莫夫遇到了前哨警戒以后，便转身往回走，甚至连打一仗的意图都没有。关于这次唯一的却完全是虚构的“战役”，第三骑兵军军长克拉斯诺夫后来是这样写的："应当用 86 个骑兵连和哥萨克骑兵连的兵力去攻打彼得格勒，而实际上只有由 8 个战斗力不强的哥萨克连队（其中一半没有指挥官）去攻打；这不是用拳头，而是用手指去进行敲击，结果手指头痛死了，而挨打的人却没有什么感觉。"实际上连手指的敲击都没有，因此谁也不会感到疼痛。

当时，铁路工人做了自己的事情。列车秘密地开到不是原定的铁路线上去了。有些团没有来到自己所属的师，大炮运到了岔道尽头，指挥部与自己的部队失去了联络。所有重要车站都有自己的苏维埃铁路委员会和军事委员会。电报员让他们随时都能了解所有事件、一切调动和全部变化的情况。正是那些电报员截留了科尔尼洛夫的命令。对科尔尼洛夫分子不利的消息很快就被大肆宣扬，迅速传播，四处张贴，从一个人转到另一个人那里。司机、加油工、扳道员都成了宣传人员。科尔尼洛夫分子乘坐的列车就是在这种气氛中向前移动的，或者说还要糟糕，停止不前。很快就对局势感到绝望的指挥人员显然不急于前进。他们以自己的消极减轻了运输部门反对阴谋分子的工作压力。就这样，克雷莫夫的军队散乱分布在 8 条铁路线上的车站、会让站和岔道尽头。在地图上追踪科尔尼洛夫分子乘坐的列车遭遇，可以得出这样的印象，
271 阴谋分子仿佛是在铁路网上面捉迷藏。

克拉斯诺夫将军描述了在 8 月 30 日夜自己所看到的情景："我们几乎在所有地方都看到了同样的场景。在路途中，在车厢里，在向他们低首的乌黑和深栗色马匹的鞍背上，坐着或站着龙骑兵，他们当中有一个披着军大衣的狡猾的人。""狡猾的人"这个称呼很快就变得不可胜数。出发与科尔尼洛夫分子见面的大批代表

团从彼得格勒继续来到：在展开搏斗之前，大家都想进行解释。在革命军队那里抱有坚定的希望，认为无须战斗事情就会对付过去。证明这一点的是哥萨克乐意举行会晤。骑兵军的通讯联络人员占据了一台机车，并且向所有路线派出了自己的代表。他们向每一辆列车解释目前面临的形势。集会在一场接一场连续举行，参加集会的人不断高喊：我们受骗了！

还是那位克拉斯诺夫说道："别说师里的指挥官，甚至就连团里的指挥官也不能准确地知道他们的骑兵连和哥萨克连队到底在哪里……食品和饲料的匮乏自然会使人们变得更加心生怨恨。这些人……目睹了周围发生的所有这些杂乱无章的事情，并且开始逮捕军官和指挥人员。"组建了自己司令部的苏维埃代表团报告说："自始至终双方士兵都在互示友好……可以说冲突结束了，我们对此满怀信心。代表团从四面八方赶过来了。……"代替指挥官掌控部队的是委员会。该军代表苏维埃很快就建立起来了，从其成员中挑出了 40 个人组成一个代表团去见临时政府。哥萨克开始大声宣布，他们所等待的只是彼得格勒发出逮捕克雷莫夫和其他军官的命令。

8 月 30 日，斯坦凯维奇与沃伊廷斯基一道前往普斯科夫，他
描述了自己途中见到的情景。彼得格勒的人以为皇村已经被科尔 272
尼洛夫分子占领了，其实没有任何一个叛乱分子到了那里。"加特契纳什么人也没有……在快到卢加的大路上也没有见到什么人。卢加显得寂静而安宁……我们好不容易走到了应该是军司令部所在的那个村子。可是那里空荡荡的……原来哥萨克大清早就撤离了此地，朝着与彼得格勒相反的方向开拔了。"暴动滚开了，瓦解

了，遁到地底下去了。

然而冬宫对敌人仍然有点害怕。克伦斯基试图与叛乱者的指挥人员进行谈判：在他看来，这条途径要比下层民众的“无政府”主动作为更能看到希望。他派代表去见克雷莫夫，“以拯救俄罗斯的名义”请他前来彼得格勒，并且以名誉担保他的安全。不用说，四方受压和完全丧失了发言权的将军赶忙接受了邀请。哥萨克代表也紧随克雷莫夫来到了彼得格勒。

各个战线并不支持大本营，只有西南战线做出了较为严重的举动。邓尼金的司令部事先采取了预防性措施。司令部不可靠的卫兵被换上了哥萨克。27 日夜晚，夺占了印刷厂。司令部企图扮演充满自信的局势主宰者的角色，它甚至不准战线委员会使用电报机。但是，幻想并没有维持多长时间。各个部队的代表们开始来到委员会表示支持，询问要不要他们的援助。装甲车、机关枪、大炮都亮出来了，委员会旋即把司令部的活动置于自己的控制之下，只剩下作战事务的主导权还保留在司令部手里。到 28 日凌晨 3 点，西南战线的权力完全落到了委员会手里。邓尼金诉苦说：“任何时候国家都没有显得如此昏暗渺茫，我们无能为力的处境都没有显得如此令人难受和令人沮丧。”

在其他战线，事情显得没那么富有戏剧性：总司令们对周围形
273 势的认识比较清楚，对于临时政府特派委员他们怀有潮涌般的友善感情。到 29 日早晨，冬宫已经收到了不少表示忠诚的电报，它们分别是由罗马尼亚战线的谢尔巴切夫将军、西方战线的瓦卢耶夫将军和高加索战线的普尔热瓦尔斯基将军发来的。北方战线的总司令是公开的科尔尼洛夫分子克列姆博夫斯基，斯坦凯维奇在

那里任命一个名叫萨维茨基的人做自己的副手。“那时谁都不太熟悉的萨维茨基正是在发生冲突的时刻通过电报任命的，”斯坦凯维奇写道，“他能拿着任何一道命令，哪怕是涉及逮捕总司令的命令，很有把握地去找任何一个士兵群体——步兵、哥萨克、传令员，甚至士官生，而且命令绝对能得到执行……”克列姆博夫斯基毫无困难地就被邦奇-布鲁耶维奇将军取代了。后者后来通过自己的兄弟，一位著名的布尔什维克的介绍，成为最早应召为布尔什维克效力的将军之一。

在军人团伙的南方支柱——顿河部队的阿达曼卡列金那里，情况要稍好一些。彼得格勒有传言说，卡列金正在动员哥萨克部队，从前线开出的军用列车正在驶向顿河，到他那里去。然而据他的一位传记作者说，“阿达曼从远离铁路的一个村镇走到另一个村镇……与哥萨克居民心平气和地交谈。”卡列金行事的确比革命圈子里的人所猜想的要谨慎一些。他早就知道公开发起暴动的时间，但他选定这个时间去“心平气和地”巡视哥萨克村镇，以便在危急时期能置身电报和外界支配之外，同时试探一下哥萨克居民的情绪。27 日，他在巡视途中致电自己的副手博加耶夫斯基说：“必须动用全部资金和兵力支援科尔尼洛夫。”但是，他同哥萨克民众的交往恰好证明，实际上他没有什么资金和兵力。哥萨克农夫就是不愿意出来保卫科尔尼洛夫。当叛乱失败的结局开始变得清晰 274
时，所谓顿河“军政府”决定放弃表达自己的意见，直到“真实力量的对比变得明了”为止。多亏采取了这种随机应变的立场，顿河哥萨克上层才做到了及时置身事外。

在彼得格勒和莫斯科，在顿河地区和前线，在军用列车行经的

沿途,到处都有科尔尼洛夫的同伙、追随者和朋友。如果根据电文、贺词和报纸文章来判断,他们这些人的数量还是很庞大的。但是事情的奇怪之处就在于,现在正值他们抛头露面的时刻来临之际,他们却消失得无影无踪。在许多场合,事情的原因绝对不是出于个人的胆怯。科尔尼洛夫分子军官中间有不少勇敢的人,可是他们的勇气找不到着力点。自从群众行动起来以后,决定局势的因素就不在某个单独的人那里了。不仅大工业家、银行家、教授、工程师,而且大学生甚至勇于作战的军官都被推开、挤开和抛开了。他们从阳台上仔细注视他们面前不断发展着的事态。他们同邓尼金将军一道,除了咒骂自己令人难受和令人沮丧的无能为力之外,再也干不了什么。

8 月 30 日,全俄苏维埃执行委员会向各苏维埃发布了一道令人高兴的消息,内称“科尔尼洛夫的军队彻底瓦解了”。但是一时忘记了的是,科尔尼洛夫为自己的事业选择了最具爱国主义情绪的、最有战斗力的和受布尔什维克影响最为有限的部队。瓦解进程就体现在士兵在军官当中发现的是敌人,终于不再相信他们了。为革命而反对科尔尼洛夫的斗争意味着军队瓦解的加剧,这也正好是算在布尔什维克头上的罪过。

将军先生们终于有机会去检验一下革命的抵抗力量,这个革命原先在他们看来显得如此脆弱和无力,它战胜旧制度又是如此
275 偶然。自从二月革命的日子以来,粗野军人式的吹嘘以各种理由一再出现:给我一支可靠的部队,我就会给他们一个厉害看看。2 月末哈巴洛夫将军和伊万诺夫将军的经历没有让这些战略家学到任何东西,他们属于格斗过后再挥舞拳头的那类人。文人战略

家往往随声附和他们。十月党人希德洛夫斯基断言，假如 2 月首都有一支“哪怕不是特别强大的部队，但是用纪律和军人勇气凝聚起来了，那么只需几天二月革命就会被镇压下去”。鼎鼎有名的铁路界头面人物布勃利科夫写道：“要让暴动遭到彻底镇压，只需从前线调来一个纪律严明的师就足够了。”有些身为当事人的军官则要邓尼金相信：“由理解他想干什么的指挥官率领一个可靠的营就能够把整个局势翻它个底朝天。”在古契柯夫担任陆海军部长的时候，克雷莫夫将军曾经从前线来见他，并且建议“动用一个师来清洗彼得格勒——当然，这并非不流血”。这件事没有办成，仅仅是由于“古契柯夫不同意”。最后，为未来的执政内阁准备它自己的“8 月 27 日”的萨文科夫也要世人相信，彻底粉碎布尔什维克只需两个团就足够了。现在，命运为以那位“快活和乐观”的将军为代表的全部这些先生提供了充足机会去检验他们英雄主义盘算的合

791
理性。连一次攻击都没有发动过、备受羞辱和伤尽自尊的克雷莫夫低头哈腰来到了冬宫。克伦斯基没有放过机会跟他一同表演一出令人动容的戏剧，这出戏轻易就能奏效是早就有了保证的。从内阁首脑那里回到陆海军部以后，克雷莫夫拔出左轮手枪自杀了。用“并非不流血”的方式平定革命的企图就这样迅速完结了。

冬宫畅快地舒了一口气，决心平稳了结这桩可能引起大麻烦
的事情，而且尽可能快地赶紧转向新的议事日程，要继续原先被打 276
断的进程。克伦斯基自己任命自己担任最高总司令，为了维持跟旧军官团的政治联盟，的确很难找到比他更合适的人物。他选择阿列克谢耶夫出任大本营参谋长，而此前两天，此人差点当上了内阁首脑。经过一番犹豫和协商以后，这位将军接受了这一任命，但

并非没有做出令人鄙视的丑态。正如他对自己人所做出的解释那样，他之所以这样做是为了和平地消除冲突。前最高总司令尼古拉·罗曼诺夫的这位前参谋长在克伦斯基手下担任了同样的职务，这没有什么可惊讶的！“由于自己熟悉大本营和在军界上层拥有巨大的影响，因此只有阿列克谢耶夫才能顺利地执行把指挥权从科尔尼洛夫手里平稳地转移到新人手里的任务。”后来克伦斯基企图这样来解释自己的古怪任命。事情恰恰相反！任命阿列克谢耶夫这个自己人只能鼓励阴谋分子继续进行反抗，假如他们有一点点机会这样做的话。实际上阿列克谢耶夫在平定叛乱以后为克伦斯基擢升的原因是与叛乱之初萨文科夫受到征召的原因是一样的：无论如何也要必须保住通向右边的桥梁。现在新任最高总司令认为同将军们恢复友情是尤其必要的：须知震荡过后必须转而建立牢固的秩序，所以也就需要一个加倍强硬的政权。

两天前笼罩着大本营的那种乐观情绪已经荡然无存了。阴谋分子在寻找退路。发给克伦斯基的一份电报声称，科尔尼洛夫“考虑到战略形势”，如果宣布“建立强有力的政府的话”，那他愿意和平地交出指挥权。紧随在投降分子这个大的最后通牒之后的是一
277 个小小的最后通牒：他，科尔尼洛夫认为：“逮捕将军们以及军队最必需的其他人士是根本不能容许的。”无比高兴的克伦斯基马上便对对手采取措施，他通过电台宣布科尔尼洛夫将军发出的军事行动指令对于大家都是必须遵照执行的。关于这件事，科尔尼洛夫本人于同一天致信克雷莫夫说：“结果出现了世界历史上唯一的一个意外现象：被指责为背叛和出卖祖国以及因此将被送上法庭的总司令收到了继续指挥军队的命令……”克伦斯基新的收买声明

使仍然担心把他们贱卖掉的阴谋分子振作起来了。尽管几小时前发出了“在此紧急关头”不允许进行内部斗争的电报，自己的权利还没有得到完全恢复的科尔尼洛夫就派了两个人去见卡列金，要求后者“施加压力”。同时他又向克雷莫夫建议：“如果形势允许的话，您就根据我给您的指令的精神独立行动。”指令的精神就是：推翻临时政府和绞死苏维埃成员。

新任参谋长阿列克谢耶夫将军前往大本营就职。冬宫做出这一举动仍然十分慎重。其实处于科尔尼洛夫指挥之下的部队只有乔治十字勋章营、“科尔尼洛夫”步兵团、帖金人骑兵团。乔治十字勋章营一开始就站在临时政府一边。科尔尼洛夫团和帖金团被认为是忠诚可靠的；不过其中有一些部队离开了它们。炮兵完全没有处于大本营指挥之下。在这样的形势下，根本谈不上什么对抗。阿列克谢耶夫对科尔尼洛夫和卢科姆斯基进行了礼节性拜访，接着便开始行使自己的职权。在会面时，双方想必都同样使用自己的军人语言贬损新任最高总司令克伦斯基。无论如何拯救国家需要搁置一段时间，这对科尔尼洛夫来说就如对阿列克谢耶夫一样是十分清楚的。278

然而，正当大本营如此幸运地造成了既没有胜利者也没有失败者的和平态势之际，彼得格勒的气氛变得异常炽烈了。冬宫里的人也在急切地等待来自莫吉廖夫令人放心的消息，以便向他们的人民进行解释。他们以不断提出要求来打扰阿列克谢耶夫。受克伦斯基委托的巴拉诺夫斯基上校通过直通电话诉苦说：“苏维埃大发脾气，只有通过显示权力和逮捕科尔尼洛夫及其他一些人才能缓和气氛……”这与阿列克谢耶夫的意图完全不相符。将军反

驳说:“我十分遗憾地看到,现在我们终于落入了苏维埃强有力的爪子当中,我的担心正在成为无可争辩的事实。”“我们”这个过于亲昵的代词的意思指的是克伦斯基集团,为了缓解刺伤的疼痛,阿列克谢耶夫本人也有条件地加入了这个集团。巴拉诺夫斯基上校的口气跟他是一样的:“但愿我们能从我们已经落入的苏维埃强有力的爪子中挣脱出来。”群众刚刚把克伦斯基从科尔尼洛夫的爪子中解救出来,这位民主派领袖却如此急切地同阿列克谢耶夫达成反对群众的协议:“我们要从苏维埃强有力的爪子中挣脱出来。”阿列克谢耶夫毕竟不得不屈从无可挽回的趋势,履行了逮捕几个主要阴谋分子的仪式。科尔尼洛夫被软禁起来,他没有进行反抗,这事发生在他向人民宣布“与其解除我的最高总司令职务,我宁愿去死”之后 4 个昼夜。来到莫吉廖夫的特别侦讯委员会同时逮捕了交通部副部长、总参谋部的几个军官、没有公布任命的外交官阿拉季因,以及军官协会总委员会的全体现有成员。

在胜利之后的最初时刻,妥协派分子做出了强有力的姿态。就连阿夫克先季耶夫也大发雷霆。3 天之内,叛乱分子在没有任
279 何指示的情况下离开了前线!苏维埃执行委员会的成员发出了“消灭叛徒”的喊叫。阿夫克先季耶夫迎合下面这样的主张:不错,原先是应科尔尼洛夫及其同伙的要求实行了死刑,因此“要更坚决地对他们本人实施死刑”。会场里响起了暴风雨一般的经久不息的掌声。

两周前还屈服于力主恢复死刑的科尔尼洛夫的莫斯科高级神职人士会议现在却致电临时政府,请求后者基于上帝和基督对他人的爱,保全这位误入歧途的将军的性命。其他的手段也动用起

来了。不过，临时政府根本就没有想过要进行流血的镇压。当时野蛮师代表团来到冬宫面见克伦斯基，一个士兵在回应新任最高总司令的泛泛空谈时说道："叛徒指挥官必须受到无情的惩罚。"这时克伦斯基打断了他："您现在要做的事情是服从你们的长官，而一切需要做的事，我们自己会做到的。"此人肯定以为，当他一跺左脚，群众就应当出现在舞台上；而他跺右脚时，群众就应当消失！

"一切需要做的事，我们自己会做到的。"可是他们所做的一切对群众而言是不需要的，即使不是令人怀疑或可以致命的话。群众并没有错：上层完全被主张恢复那种滋生出科尔尼洛夫进军的环境的人占据了。卢科姆斯基说道："在侦讯委员会成员第一轮审问以后，他们所有人对我们抱着最高程度的善意同情的态度就变得十分清楚了。"这实质上是一些同谋犯和包庇者。军事检察官沙布洛夫斯基在如何瞒骗司法部门一事上为被告提供咨询。各个战线的组织都发来了抗议。"将军们及其同谋不是作为罪犯出现在国家和人民面前，……叛乱分子有充分的自由与外部世界进行联络。"卢科姆斯基证实："最高总司令的参谋部把我们感兴趣的所有 280
问题都告知我们。"愤怒的士兵多次企图组成自己的法庭来审讯这些将军，只是因为关押被捕者的地方贝霍夫处于反对革命的波兰师辖区而使他们免遭了镇压。

9 月 12 日，阿列克谢耶夫从大本营写信给米留科夫，信中反映出阴谋分子对大资产阶级所作所为的合情合理的愤怒。这个阶级起初怂恿他们行动，而失败以后对他们的命运听之任之。这位将军并非不怀恶意地写道："您相当清楚，我们社会的某些人士不

仅知道这一切，不仅在思想上表示同情，而且尽其所能协助过科尔尼洛夫……”阿列克谢耶夫代表军官协会要求维什涅格拉茨基、普梯洛夫召集转过身去背对着失败者的其他最大的资本家，要他们为“那些由思想和学养一致把他们与之紧密相连而又正在挨饿的家庭”立即筹集 3 万卢布……信的末尾提出了直接威胁：“如果正派的报纸不马上开始为事件进行有力的解释，……科尔尼洛夫将军就会被迫在法庭上大量抖出全部准备情况，与某些个人及团体进行过的所有谈判的情况，以及他们参与其中的情况”，等等。关于这个可怜的最后通牒的结局，邓尼金是这样说的：“直到 10 月月底，大约有 4 万卢布从莫斯科送到了科尔尼洛夫手里。”在这段时间内，米留科夫总的来说没有出现在政治舞台上。按照立宪民主党正式的说法，他到“克里木休养去了”。经历了各种惊恐之后，这位自由派领袖确实需要进行休养。

侦讯的滑稽剧一直拖延到布尔什维克革命发生之时，此后科
尔尼洛夫及其同谋不仅可以自由活动，而且可以得到大本营向克
伦斯基呈报的所有必需文件。正是这些脱逃的将军发动了国内战
争。为了达到把科尔尼洛夫与自由主义者米留科夫以及黑帮分子
281 里姆斯基—科尔萨科夫联结在一起的神圣目标，成千上万的人倒
下了，俄国的南方和东方遭到空前的洗劫和蹂躏。国家经济遭到
了彻底破坏，红色恐怖被强加给了革命。顺利挣脱了克伦斯基司
法调查的科尔尼洛夫不久就在国内战争的前线死于布尔什维克的
炮火。卡列金的命运也没有多大区别。顿河“军政府”不仅要求取
消逮捕卡列金的命令，而且要恢复他的阿达曼职务。在这种场合，
克伦斯基没有放过改变主意的机会。斯科别列夫为了向军人集团

道歉来到了诺沃切尔卡斯克。这位民主派部长受到了由卡列金亲自主使的非常厉害的嘲弄。不过，这位哥萨克人将军的胜利得意心情没有持续多久。几个月以后，被布尔什维克革命从四面八方把自己紧逼在顿河地区的卡列金拔枪自杀了。科尔尼洛夫的旗帜后来交到了邓尼金将军和高尔察克海军上将的手里，他们的名字与国内战争的主要阶段是连在一起的。不过所有这些已经是1918年及其以后年份的事情了。

282 # 第十一章　处于打击之下的群众

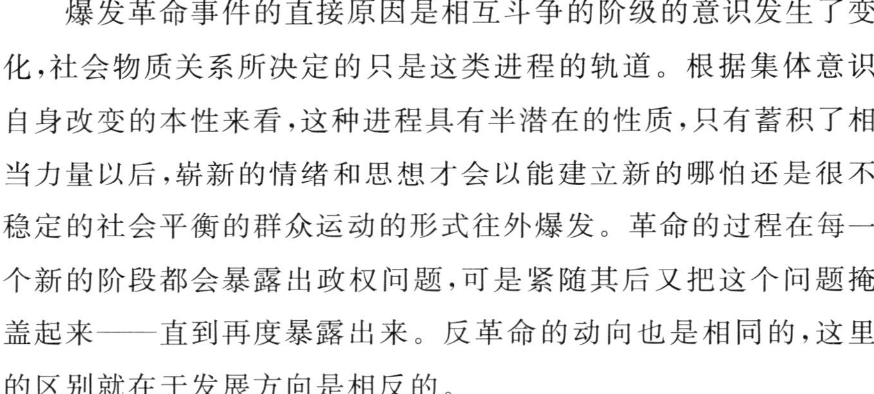

爆发革命事件的直接原因是相互斗争的阶级的意识发生了变化，社会物质关系所决定的只是这类进程的轨道。根据集体意识自身改变的本性来看，这种进程具有半潜在的性质，只有蓄积了相当力量以后，崭新的情绪和思想才会以能建立新的哪怕还是很不稳定的社会平衡的群众运动的形式往外爆发。革命的过程在每一个新的阶段都会暴露出政权问题，可是紧随其后又把这个问题掩盖起来——直到再度暴露出来。反革命的动向也是相同的，这里的区别就在于发展方向是相反的。

对于时局发展进程所起的作用而言，在政府和苏维埃高层中间发生的事情不是完全没有区别的。但是，由于只有揭示了群众意识中发生的细微而深刻的演变过程，才能搞清楚各个政党政策的真实意图以及解读出其领导人的手腕。工人和士兵在 7 月遭受了一次失败，而在 10 月他们通过不可战胜的进攻方式便掌握了政权。这四个月里，他们的头脑里到底发生了哪些变化？他们是如何经受住从上面倾泻到他们身上的打击的呢？他们是怀着什么样
283 的想法和感受来对待夺取资产阶级政权的公开企图的呢？读者必须回头去看看七月失败。为了更好地跳跃，往往不得不向后退几步，而不久就将要面临十月跳跃了。

在苏联官方的历史学著作中，形成了一种已经变成刻板公式的意见，似乎对党的七月攻击——与诬陷并用的镇压——对工人组织来说几乎没有留下什么痕迹就过去了。这完全是错误的。确实，党的队伍中颓丧情绪以及工人和士兵离开党的情况延续了一段不长的时间，大约几个星期，而复活却是如此迅速，最重要的是如此猛烈地来临了，以至对这段压抑和颓丧日子的回忆本身也磨灭了一大半：胜利向来是用另外一种光线来照耀孕育了胜利的失败的。不过，随着地方党组织记录的公布，七月的革命低落还是更加清晰得多地凸显出来了。以前出现的高潮愈是具有不间断的性质，人们在那些日子里对这次低潮的感受就愈是痛苦。

由于确定的力量对比而导致的一切失败同样使这一对比变得更不利于失败一方，因为胜利者增强了自信，而失败者则削弱了这种自信。其实，对自身力量的无论哪种评价都成为了力量客观对比的极其重要的因素。彼得格勒的工人和士兵遭到了直接的失败，一方面，他们在自己意气风发前进之际遇到了目标本身的模糊性和矛盾性；另一方面，遇到了外省和前线的落后性。因此在首都，失败的后果首先以最为尖锐的形式显现出来了。然而，在同样的官方文献中时常可以见到这样的观点：对于外省来说，七月失败似乎几乎是难以觉察到就消失了，它完全是错误的。这在理论上是不可思议的，同时也为事实和文献两方面的证据所否定了。每当涉及重大问题时，整个国家每一次都会不由自主地把头转向彼 284
得格勒方面。首都工人和士兵的失败势必恰恰给外省最先进的阶层造成了巨大的影响。惊恐、失望、冷漠向四面八方扩散到了全国不同的地方，不过无论在何处，它们都是显而易见的。

革命转入低潮首先表现为群众对敌人的反抗极大地削弱了。就在开进彼得格勒的军队为解除士兵和工人的武装而开展正式讨伐行动的时候，半志愿性质的匪徒在军队的庇护下肆无忌惮地对工人组织发起了攻击。他们捣毁了《真理报》编辑部和布尔什维克的印刷厂以后，摧毁了金属工人工会的办公场所。接下来的打击便落到了区苏维埃的头上。妥协派人士也没有得到宽恕。7 月 10 日，内政部长策烈铁里领导的那个党的一个机关遭到了攻击。为了记述开进来的军队的有关情况，达恩需要做出不小的自我牺牲：“我们现在成了革命的新胜利而不是它的毁灭的目击证人。”胜利走得如此之遥远，据孟什维克布鲁希茨基说，凡是长相像工人和有布尔什维主义嫌疑的行人在街上就有遭到一顿残酷毒打的危险。这就是整个局势剧烈变动准确无误的征兆！

布尔什维克彼得格勒委员会委员、后来“契卡”的知名活动家拉齐斯在自己的日记中记录了当时的情况：“7 月 9 日。我们在城里的所有印刷所都被捣毁了。谁也不敢印我们的报纸和传单。我们请求准备一个地下印刷厂。维堡区成了大家的避难场所。无论彼得格勒委员会还是遭到追捕的中央委员会成员都转移到了这里。在雷诺工厂的门卫室里召开了有列宁出席的委员会会议。发动总罢工的问题提出来了。在我们的委员会里面出现了意见分
285 歧，我赞成号召举行罢工。列宁阐述了目前的形势，并且据此建议放弃这个主意……7 月 12 日，反革命取得了胜利。苏维埃没有掌管政权。四处巡逻的暴怒的士官生也开始攻击孟什维克。党内部分人中间出现了动摇。人员的流入暂时停止了……但是还没有人逃离我们的队伍。”工人西斯索写道，七月事件以后，“社会革命党

的影响在彼得格勒各工厂里增强了”。布尔什维克陷于孤立自然提高了妥协主义者的声望，增强了他们的自我感觉。7 月 16 日，在全市布尔什维克代表会议上，来自瓦西里耶夫岛的一位代表报告说，除几个工厂以外，区里的情绪总体上是振奋的。“在波罗的海工厂，社会革命党人和孟什维克相对我们处于优势。”在那里，事情已经走得很远了：工厂委员会决定让布尔什维克前去给被打死的哥萨克送别，他们也就执行了……党员正式减少的现象确实发生了，但是数量不多：全区 4000 名党员中公开退党的不到 100 人。不过在初期有多得多的人成了沉默的旁观者。工人米尼切夫后来回忆说：“七月危机告诉我们，我们的队伍里有一些人担心自己的性命，他们‘嚼烂’自己的党证和极力避开党。”“但是这样的人不多……”他心情平静地补充说道。施里亚普尼柯夫写道：“七月事件，以及所有与它相关的对我们的组织实施的暴力与诬陷战役阻止了我们影响的上升，它在 7 月初显示过巨大的威力……我们党自身成了半合法的，主要是依靠工会和工厂委员会开展自卫斗争。”

对于布尔什维克为德国效劳的指控甚至在彼得格勒工人，至少在他们相当多的人中间也不会不产生影响。动摇的人急忙离开了。那些准备加入的人也动摇起来了。很多属于社会革命党和孟什维克的工人也同布尔什维克一道参加了七月示威。遭到打击以 286
后，他们首先就是回到本党的旗帜之下，现在他们好像觉得自己破坏了纪律，确实是犯了错误。广大的非党工人、党的同路人同样在官方宣告的和在司法方面精心策划的诬陷影响之下离去了。

在这种业已改变了的政治气氛中，镇压的打击产生了加倍的效果。党内年长而积极的活动家之一、彼得格勒委员会委员奥莉加·拉维奇后来在自己的报告中说道:“七月危机给组织造成了如此沉重的打击,以致在头三个星期期间无论什么样的活动都无从谈起。”在这里拉维奇主要指的是党的公开活动。党的报纸长时间不能恢复发行:因为找不到同意为布尔什维克工作的印刷厂。而且抵制并非总是来自所有者一方而造成的,有一个印刷厂的工人在印布尔什维克报纸的时候威胁要停止干活,于是厂主只得放弃了已经缔结的合同。有一段时间,在彼得格勒发行的是喀琅施塔得的报纸。

这几个星期,在公开舞台上活动的极左派是孟什维克国际主义派。工人们很乐意去听马尔托夫做报告,报告中体现的战士本能在退却阶段活跃起来了。这个时候,所必须做的不是为革命开辟新的道路,而是为保留它的残存成果进行斗争。马尔托夫的勇气是悲观主义的勇气。他在苏维埃执行委员会会议上发言时说:“看来,关于革命再没有什么要说的了……如果事情发展到了……农民和工人的声音在俄国革命中没有分量的地步,那么我们将诚心诚意地离开舞台。我们不是用沉默的放弃,而是用正当的战斗来接受这一挑战。”马尔托夫向诸如策烈铁里和达恩这样的本党同
287 志提议通过正当的战斗来退出舞台,而这些人把将军们和哥萨克对工人和士兵的胜利看作是革命对无政府状态的胜利。形势严峻的这几个星期期间,在布尔什维克遭到肆无忌惮的陷害和妥协派分子对哥萨克军裤卑躬屈膝的背景下,马尔托夫的行为极大地提高了自己在工人心目中的声望。

七月危机给彼得格勒卫戍部队造成了致命的打击。结果士兵在政治上远远地落在工人后面了。在苏维埃工人部已经在跟布尔

什维克走的时候，苏维埃中的士兵部仍然是妥协派分子的支持力量。这与士兵特别愿意挥动武器的事实一点也不矛盾。在示威活动中，他们充当了比工人更加好斗的角色，可是在遭到打击的情况下，他们很快就远远地退到后面去了。敌视布尔什维克的浪潮在彼得格勒卫戍部队中激起得很高。以前当过士兵的米特列维奇讲述说："失败以后，我没有回到自己的连队，否则在风暴猛烈的时候我在那里可能被打死。"正好是在七月事件时行进在前列并且因此遭到最凶猛打击的最为革命的团队里，党的影响消退得如此厉害，竟然 3 个月过后都不能在那里把组织重建起来。由于太过强烈的震动，这些部队似乎在精神上崩溃了。军队组织也不得不极度地缩减了活动。以前的士兵米尼切夫写道："七月失败以后用不太友好的目光看待军人委员会的不仅有我们党的上层某些同志，而且还有某些区的委员会。"

喀琅施塔得的党员人数还不到 250 名。这座布尔什维克要塞守卫部队的情绪大大低落了。反动也波及了赫尔森福斯。为了促使布尔什维克控制的军舰表示悔过，阿夫克先季耶夫、布纳科夫、律师索科洛夫来到了这里。他们取得了某些成功。通过逮捕布尔什维克领导人、利用官方的诬陷和采用威胁手段，他们甚至从布尔什维克的战列舰"彼得保罗号"那里成功地得到了表示忠诚的表 288
态。但是关于交出"主谋"的要求在任何场合都遭到了所有军舰的拒绝。

在莫斯科，情况也相差无几。皮亚特尼茨基回忆说："资产阶级报纸的恶意中伤甚至使莫斯科委员会的某些委员也惊慌起来了。"七月事件以后，党组织的人数减少了。莫斯科工人拉捷欣写道:“无论何时我都不会忘记那个极其难受的严重时刻。莫斯科河南岸区苏维埃正在举行全体会议……我注意到我们的布尔什维克同志不多……斯捷克洛夫是一位精力充沛的同志,他径直走到我面前,带着一点指责的口气问道:列宁与季诺维也夫乘坐铅印密封车厢回来,这事是真的吗?他们真的拿过德国的钱吗?……听到这些问题以后,我的心都痛得发紧了。康斯坦丁诺夫走到另一个同志跟前问道:列宁究竟在哪里?——人家说……他消失了,现在怎么办?”,等等。这生动的一幕把我们准确无误地带进了先进工人当时的心境。莫斯科炮兵达维多夫斯基写道:“阿列克辛斯基公布的文献一出现,就在我们旅引起了可怕的混乱。尽管我们这个炮兵连是布尔什维克自己的连队,在这种卑劣的谎言冲击下也动摇起来了,看来我们失去了对他人的全部信任。”

当时担任中央委员和领导大莫斯科地区工作的巴·雅科夫列娃写道:“七月危机过后,所有来自地方的报告都一致指出,不仅群众的情绪陡然低落,而且他们甚至对我们党怀有相当的敌意。发生了数量相当多的殴打我们的演讲人的事件。党员人数急剧减少了,而某些组织甚至根本就不再存在了,在南方各省尤其如此。”直到 8 月中旬,还没有发生任何明显的变化。为维持在群众中的影响的工作一直在进行,不过看不出组织有什么发展壮大。在梁赞
289 省和坦波夫省各地,新的关系还没有开始建立,布尔什维克的支部也没有出现,总之这里是社会革命党和孟什维克的世袭领地。

在无产阶级的基涅什马主持过工作的叶甫列伊诺夫回忆了七月事件后出现的多么严峻的形势,当时在扩大会议上,所有的社会团体都提出了把布尔什维克开除出苏维埃的问题。有时,退党的

潮流达到了如此之大的规模，以至只有在新的党员登记以后组织才能开始正常的生活。在图拉，由于事前对工人进行了认真挑选，组织才没有经历减员，不过它同群众的联系也削弱了。在下诺夫哥罗德，经过韦尔霍夫斯基上校和孟什维克欣楚克领导的镇压行动以后，出现了急剧的衰落：在城市杜马选举中，党只有 4 名代表成功当选。在卡卢加，布尔什维克党团在考虑退出苏维埃的可能性。在莫斯科省有些地方，布尔什维克不仅被迫离开了苏维埃，而且离开了工会。

在萨拉托夫，布尔什维克原先同妥协派人士保持着很和睦的关系，6 月月底的时候，还打算同他们提出共同的候选人名单参加城市杜马选举。而七月风暴以后，这里的士兵反对布尔什维克达到了如此地步，他们竟然闯进选举会场，用手撕碎了布尔什维克的选票，并且动手殴打宣传人员。列别杰夫写道：“我们在选举会议上发言十分困难。他们不停地对我们大喊：德国间谍，奸细！……”在萨拉托夫布尔什维克的队伍中有不少灰心畏缩者：“许多人宣布退党，另一些人则躲藏起来了。”

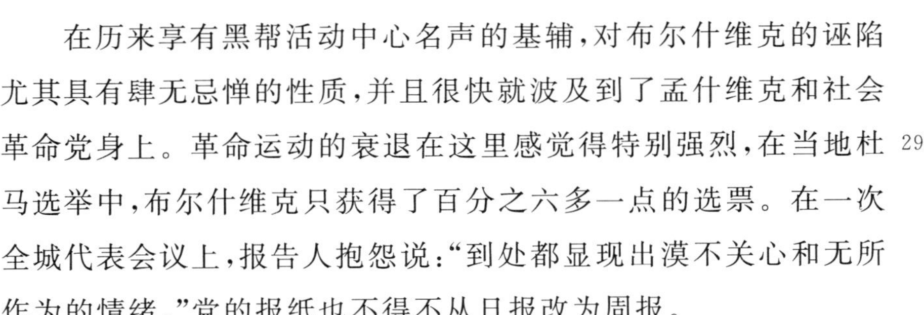

在历来享有黑帮活动中心名声的基辅，对布尔什维克的诬陷尤其具有肆无忌惮的性质，并且很快就波及到了孟什维克和社会革命党身上。革命运动的衰退在这里感觉得特别强烈，在当地杜 290
马选举中，布尔什维克只获得了百分之六多一点的选票。在一次全城代表会议上，报告人抱怨说：“到处都显现出漠不关心和无所作为的情绪。”党的报纸也不得不从日报改为周报。

解散和调走那些最革命的团队这事本身应当说不仅已经降低了卫戍部队的政治水平，而且对本地工人产生了令人沮丧的影响，因为有友善的部队站在他们身后的时候，工人们觉得自己要更坚强一些。例如，把第五十七团调离特维尔一事一举改变了当地的政治形势，无论在士兵当中还是在工人中间都是如此。甚至在工会里面，布尔什维克的影响也变得不那么重要了。这种后果表现得最为突出的还是在梯弗里斯，那里与参谋部齐心协力的孟什维克用十足平庸的团队替换了处在布尔什维克影响下的部队。

在有些地方，基于卫戍部队的成分、当地工人的水平和其他偶然夹杂的因素，政治上的反应表现得十分反常。比如在雅罗斯拉夫尔，布尔什维克 7 月几乎完全被排挤出工人代表苏维埃，可是在士兵苏维埃又保持了占优势的影响。在另外一些地方，七月事件的影响好像看不出来，党的发展壮大并没有停止下来。可以推想得到的是，这一点在下面那样的时候可以看出来，即伴随着普遍退却而至的是原先落在后面的新阶层登上了革命舞台的时候。例如 7 月在某些纺织工业区，女工组织里面运动开始呈现出相当程度的高涨。不过，退潮的总体趋势并没有中止。

对于局部失败毋庸置疑的甚至是过于夸张的紧张反应是工人尤其是士兵方面付出的代价，这是他们为此前数月间太过轻易、太
291 过迅速、太过连续地涌向布尔什维克而付出的代价。群众情绪的急剧转变促使党的干部当中出现了自动的并且是正确的淘汰选择。可以进一步依靠那些在这段日子里没有动摇的人，他们在工作间、工厂和各区构成了核心。十月革命前夕，革命的组织者反复审视自己周围的任命和委托情况，不时回想起 7 月的时候有哪些人是怎样支持自己的。

在前线各种关系更加没有遮掩，七月反动具有特别严酷的性质。大本营利用所发生的事件首先组建了对“自由祖国”履行职责的特种部队。各团都建立了自己的突击小分队。“我曾多次见到突击队员，”邓尼金讲述道，“他们总是处于精神高度集中和阴森忧郁状态。在各团，人们对待他们的态度是矜持的甚至是充满仇恨的。”士兵们把这些“履行职责的部队”视为御用近卫军的基层组织不是没有根据的。后来加入了布尔什维克的社会革命党人杰格季亚列夫谈到落后的罗马尼亚战线时说道：“反动派没有拖延时间，许多士兵被当作逃兵逮捕了。军官们抬起了头，而且开始藐视军队委员会。有些地方的军官还企图恢复敬礼制度。”临时政府的特派委员对军队进行了清洗。斯坦凯维奇写道：“差不多每个师都有自己的布尔什维克，在部队里，他们的名字比师长的名字更加为人所熟知……我们逐步采取行动，开除了一个又一个这样的知名人物。”与此同时，整个前线解除了不服从命令的部队的武装。在这类行动中，指挥官和特派委员依靠的是哥萨克和士兵痛恨的特种小分队。

就在里加陷落的那一天，北方战线特派委员和军队组织代表在举行的会议上认为采取更加有条不紊的严厉镇压措施是必不可少的。发生了士兵因为对德国人表示友好而被执行枪决的事件。许多特派委员用法国革命所出现的混乱状态来给自己打气，他们 292
力图展示铁的手腕。他们不明白，雅各宾派的特派委员依靠的是下层，对贵族和资产阶级则毫不宽容，仅仅是平民的无情权威促使他们在军队树立了严格的纪律。克伦斯基的特派委员下面没有人民的任何支撑，头上也没有任何道义上的光环。在士兵眼里，他们是资产阶级的代理人，是协约国围猎时的驱兽人——仅仅是这样。他们能够暂时唬住军队（他们在一定程度上确实做到了这一点），

但是他们无力把它恢复过来。

8 月月初，苏维埃中央执行委员会常务局在彼得格勒接到报告称：军队的性质发生了有利的变化，战斗训练也在顺利地进行；不过另一方面，目无法纪、专横、压制的现象看得出来也在滋长。有关军官的问题变得特别尖锐："他们与外界完全隔绝，建立了自己封闭的组织。"还有另外一些资料证明，从表面上看，前线显得更有秩序了，士兵们不再用琐碎和意想不到的理由来进行抗争。然而，他们对整个形势的不满却变得更加集中了。孟什维克库钦在国务会议上小心谨慎和充满外交辞令的发言从平静的语调中流露出不安的警告。"有毋庸置疑的转变，也有毋庸置疑的平静，但是，先生们，还有其他东西，还有有点儿令人失望的感觉，我们同样非常害怕这样一种感觉。……"暂时打败布尔什维克首先就是打破士兵们新的希望，打破他们对更加美好未来的信心。群众变得更加小心了，纪律似乎加强了。但是当权者和士兵之间的鸿沟加深了。明天它将会吞噬什么东西和吞噬什么人呢？

七月反动好像在二月革命和十月革命之间画出了最后的分水岭。工人、后方卫戍部队、前线士兵、甚至部分农民（就如以后将会看到的那样）都往后退了，就像躲开朝自己胸前一击那样往后跳开
293 了。实际上，这种打击对心理造成的后果要比身体严重得多，不过也没有减少对身体的打击效力。前 4 个月内，所有大规模群众运动的进程都是朝着一个方向：向左。布尔什维主义在增长，在加强，也在变得胆大起来。可是就在这里，运动遇到了阻碍。沿着二月革命的道路继续前进是无处可去了，这一点实际上已经显露出来了。许多人认为，总的来说革命在消耗自己。实际上二月革命

已经把自己消耗殆尽了。群众意识中这种内部危机与镇压和诬陷结合在一起，便导致了混乱和倒退，在某些场合是惊慌失措的倒退。敌人的胆子大起来了。因动摇和损失而导致的落后、保守和不满在群众自身中也充分暴露出来了。革命激流中出现的这种反向推进的浪潮显示出了无法遏止的力量，看来，它们是从属于社会流体力学的规律的。要阻遏这股迎面而来的浪潮是不可能的，——必须要做到的是不被它吞没，不让它把自己卷走，而要坚持下去，一旦反动浪潮把自己的能量耗尽，那么就在此刻为发动新的进攻准备出发阵地。

观察了7月3日在布尔什维克口号下上街示威而一个星期后又要求对德皇的代理人进行严厉惩罚的部分团队，有教养的怀疑派人士大概可以庆祝胜利了：你们的群众不过如此，他们的坚定性和理解能力不过如此！然而，这是一种廉价的怀疑。假如群众真的在偶然事件影响下就会改变自己的感情和想法，那么体现伟大革命发展性质的强大规律就变成无法解释的了。千百万人民卷入的程度愈深，革命的发展就愈加有序，就愈可能有信心来预言往后各个阶段的连贯性。在这种情况下只是务必不要忘记群众的政治发展不是沿着直线而是循着复杂的曲线行进的。不过，每一种物质运动过程的轨迹难道不都是这样吗？客观条件强有力地推动工 294
人、士兵和农民汇聚到布尔什维克的旗帜下。但是，群众是在与自己的过去、与自己昨天部分地还是与自己今天的观念做斗争的过程中逐渐走上这条道路的。在艰难的转折关头，在遭受失败和滋生失望的时刻，陈旧的而又尚未腐朽的偏见就会浮现出来，因此敌人自然会抓住它们，就像抓住最后的希望一样。在布尔什维克身

上模糊、生疏和神秘的一切——新鲜的思想、果敢的精神以及对所有新老权威的概不承认，——所有这一切现在马上找到了一种简单的、以自己最荒谬的形式来叫人相信的解释：德国间谍！对布尔什维克提出的控告实质上指靠的是对人民实行奴役的过去，是愚昧、野蛮和迷信的遗产——这个赌注并非毫无依据，爱国主义的弥天大谎在七八月间仍然是意义最重大的政治事实，它形成了当时面临的所有问题的伴奏。诬陷的范围随立宪民主党的报纸一起扩展到了全国各地，充斥在外省和边远地区，钻到了极其偏远的角落。到7月月底，伊万诺沃—沃兹涅辛斯克的布尔什维克组织还在要求开展更加坚决的反诬陷行动！在文明社会的政治斗争中诬陷所占比重问题还有待于自己的社会学家来解决。

在工人和士兵当中的过激和强烈反应毕竟既不深刻，也不牢固。彼得格勒的先进工厂在遭受失败的随后几天便已经在开始恢复元气，工人们对逮捕和诬陷进行抗议，他们敲开了苏维埃执行委员会的大门，重建了双方的联系。在遭到攻击和解除武装的谢斯特罗列茨克军械工厂，工人们再次迅速地把权柄掌握到自己手中。7月20日召开的全体会议决定为工人参加示威的那几天补发薪酬，目的是使这笔薪酬完全用于为前线购置书籍。据奥莉加·拉维奇证实，布尔什维克在彼得格勒的宣传工作在7月下旬开始恢
295 复。有三个人在城市各个地方举行的不超过两三百人参加的集会上发表了演说，他们是后来在克里木被白卫军杀害的斯卢茨基，在彼得格勒被社会革命党人刺杀的沃洛达尔斯基和彼得格勒的金属工人、优秀的革命演说家之一叶甫多基莫夫。8月份，党的宣传活动的范围更广了。根据拉斯科尔尼科夫的记录，7月23日被捕的

托洛茨基在监狱里给该城的形势描绘了这样一幅场景："孟什维克和社会革命党……继续对布尔什维克进行疯狂的诽谤。逮捕我们的同志的情况也在继续。但是党的组织并没有灰心丧气。相反，大家充满希望向前看，都认为镇压只不过正好提高了党的声望而已……在工人街区同样没有出现精神颓丧。"果然，彼得戈夫区 27 个企业的工人会议不久便通过了抗议不负责任的政府及其实行的反革命政策的决议。无产阶级的城区又生机勃勃了。

正当冬宫和塔夫里达宫的上层建立新的联合政府，彼此达成协议，忙得不可开交和重新和好如初之际，也就是在 7 月 21—22 日这两天内，甚至是几个小时内，彼得格勒发生了一个最重大的事件。这事官方人士未必注意到了，然而却是标志着另外一个联盟即彼得格勒的工人和作战部队的士兵更加牢固的联盟得到加强的事件，一些前线士兵的代表携带本部队反对在前线扼杀革命的抗议信开始来到首都。好几天内他们都在徒劳地敲击苏维埃执行委员会的大门。里面的人不让他们接近，不理睬他们，尽量躲开他们。这期间不断有新的代表来到，结果碰到的是同样的遭遇。吃了闭门羹的人在走廊和接待室互相碰见了，他们怨声载道，破口大骂，共同寻找出路。在这件事上，布尔什维克帮了他们的忙。代表们决定同首都的工人、士兵和水兵交流思想，是这些人张开双臂欢迎他们、收留他们并向他们提供饭食。当时召开了一次没有任何
上层人士召集的、纯粹是下层发起的协商会议，出席会议的有来自 296
前线的 29 个团队的代表，彼得格勒 90 家工厂的代表、喀琅施塔得水兵的代表以及附近卫戍部队的代表。在会议上居中心地位的是从战壕里来的代表，他们当中有几位年轻的军官。彼得格勒的工

人倾听前线来的人热切的发言，他们尽量做到一字不漏。那些人讲述了进攻及其后果是如何吞噬了革命的。根本算不上宣传人员的平凡士兵在简单的报告中描述了单调的前线生活。这些详尽的细节叫人大为震动，因为它们明显地证明了革命前的一切令人痛恨的陈旧东西是怎样爬回来的。不久前的希望与今天的现实之间的反差击中了人们的心脏，并且引起了同样的情绪。尽管前线来的代表当中大概也有社会革命党人，然而一份措辞激烈的布尔什维克决议几乎是一致通过的，只有四个人弃权。所通过的决议不会沦为一纸空文，代表们散会回去后就会讲出妥协主义的领袖是如何甩开他们的，而工人又是如何接待他们的——战壕相信自己的报告人，这些人不会骗人。

到月底，特别是举行了有前线代表参加的集会以后，彼得格勒卫戍部队自身也显现出了转折的端倪。蒙受了最沉重打击的那些团队固然还没有从冷漠中恢复过来，但是在那些较为长久地停留在爱国主义立场上和革命的头几个月过后仍维持着纪律的部队中，党的影响却在明显地增长。遭受过特别严酷摧残的军事组织开始恢复活动。失败以后，在党组织之内，人们总是用不友善的目光盯着那些领导军事工作的人，品评他们真实的和想象的错误与偏执。中央委员会把军事组织拉得更靠近自己，通过斯维尔德洛
297 夫和捷尔任斯基对它实行更直接的掌控，因而工作开始重新开展起来了，虽然比以前要慢一些，但是更可靠一些。

到 7 月月底的时候，布尔什维克在彼得格勒各工厂的地位已经得到了恢复，工人们在那同一面旗帜下团结起来了。不过这已经是另一种工人，他们更加成熟，也就是说更加谨慎，但是也更加坚

定。“我们在工厂拥有强大而无限的影响。”7 月 27 日，沃洛达尔斯基向布尔什维克代表大会报告说，“党的工作主要由工人们自己来履行……组织从基层成长起来了，因此我们完全有理由认为它并不会瓦解。”这个时候，青年联盟的成员已经达到 5 万人，而且越来越处在布尔什维克的影响之下。8 月 7 日，苏维埃工人部通过了关于取消死刑的决议。为了表示对国务会议的抗议，普梯洛夫工厂的工人扣出一天的工资赞助工人报纸。工厂委员会代表会议一致通过了一份决议，宣布莫斯科国务会议是“组织反革命势力的图谋……”

喀琅施塔得也医好了自己的伤口。7 月 20 日在船锚广场举行的集会要求把政权转交给苏维埃，把哥萨克和宪兵及警士同样派往前线，废除死刑，允许喀琅施塔得的代表到皇村去查证尼古拉二世是否受到足够严密的监管，解散敢死营，没收资产阶级的报纸等等。与此同时，新来的海军上将特尔科夫出任要塞的指挥官，他命令各军舰降下红旗，并且升起安德烈旗。军官和部分士兵带上了肩章。喀琅施塔得人提出抗议。侦讯 7 月 3—5 日事件的政府委员会被迫撤离喀琅施塔得，两手空空回彼得格勒去了，因为迎接它的是汽笛、抗议甚至是威胁。

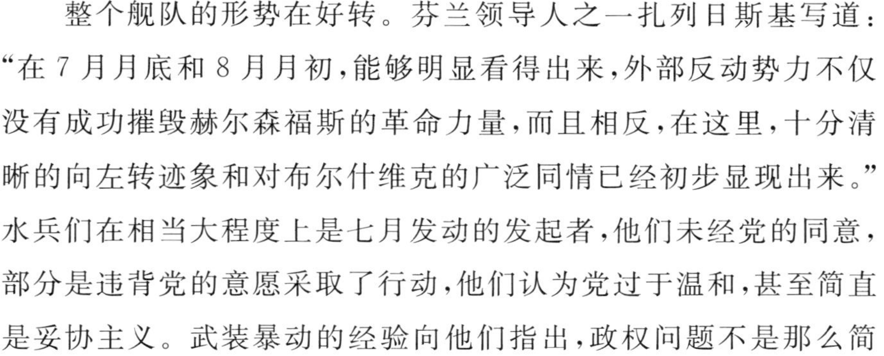

整个舰队的形势在好转。芬兰领导人之一扎列日斯基写道： 298
“在 7 月月底和 8 月月初，能够明显看得出来，外部反动势力不仅没有成功摧毁赫尔森福斯的革命力量，而且相反，在这里，十分清晰的向左转迹象和对布尔什维克的广泛同情已经初步显现出来。”水兵们在相当大程度上是七月发动的发起者，他们未经党的同意，部分是违背党的意愿采取了行动，他们认为党过于温和，甚至简直是妥协主义。武装暴动的经验向他们指出，政权问题不是那么简

单就能解决的。半无政府主义情绪让位于对党的信任。一位赫尔森福斯代表在7月月底所做的报告对这一点很感兴趣:“小型舰船处于社会革命党影响之下,然而在大型的作战舰只上,在巡洋舰和战列舰上,所有水兵——要么是布尔什维克,要么是布尔什维克的同情者。以前,只有‘彼得保罗号’和‘共和国号’的水兵情绪是这样,而7月3—5日过后,‘甘古特号’、‘塞瓦斯托波尔号’、‘留里克号’、‘安德烈·佩尔沃兹瓦内伊号’、‘狄安娜号’、‘雷霆号’、‘印度号’都转向了我们。这样一来,我们手里就有了巨大的战斗力……7月3—5日的事件教会了水兵很多东西,它向后者指明,为达到目的,光有情绪还是不够的。”

落后于彼得格勒的莫斯科走上了相同的道路。炮兵达维多夫斯基讲述说:“狂热渐渐开始消退,士兵群众开始镇静下来,于是我们重新转向全线进攻。这个骗局暂时阻止了群众向左转,直到这个潮流过后,它才加强了群众转向我们的趋势。”在遭受打击的情况下,工厂和兵营的友谊更加密切地巩固起来了。莫斯科的工人斯特列尔科夫讲述了在米赫尔松工厂和邻近的团队之间建立密切关系的情况。工人委员会和士兵委员会经常在联席会议上解决工厂和团队生活中的实际问题。工人为士兵安排文化教育晚会,为
299 他们购买布尔什维克报刊,总之向他们提供各种各样的帮助。斯特列尔科夫说:“不管叫谁出发去打仗,他们都会马上跑来对我们倾诉……在街头集会时,如果那里发生了欺负米赫尔松工人的事情,即使是一个士兵得到了确切的消息,他们就会马上成群地赶来搭救。而那些天为难的形式是很多的,用德国的黄金、背叛和妥协主义者的一切卑鄙谎言恶毒中伤。”

莫斯科工厂委员会代表会议7月月底在温和的气氛中开始，然而在随后一周间又强有力地推动自己的工作议程向左转。在会议临近结束时，通过了一份具有明显布尔什维克色彩的决议。在这期间，莫斯科代表波德别尔斯基在党的代表大会上报告说："有十个区的苏维埃掌握在我们手中……在目前陷入有组织的诽谤的情况下，只有坚定地拥护布尔什维主义的工人群众在解救我们。"8月月初，在莫斯科各工厂委员会选举中，布尔什维克就已经取代了孟什维克和社会革命党人。党的影响的增长在国务会议前夕的总罢工中有力地展现出来了。官方的莫斯科《消息报》写道："是到了最终了解布尔什维克的时候了——它不是不负责任的集团，而是一支有组织的革命民主派队伍，它的身后站着广大群众。他们也许并非总是守纪律，但都是奋不顾身地忠于革命的群众。"

无产阶级7月间地位的削弱使工业家的精神大为振奋。13个最重要的企业家组织，其中包括银行家组织召开的代表大会建立了一个保卫工业委员会，该委员会担负起了领导同盟歇业和制定向革命发动进攻的总体政策的职责。工人则以对抗予以回答。全国掀起了大规模罢工和其他形式的冲突浪潮。如果说最有经验的无产阶级队伍还显得比较谨慎，那么新生和后起的阶层则更加坚决地投入了斗争。如果说金属工人还在等待时机和还在做准备工作，那么纺织工人、橡胶工人、造纸工人和制革工人就已经
冲上了战场。最落后和最顺从的劳动者阶层也行动起来了。基辅 300
被管院子的人和看门人蓬勃兴起的罢工搅得惶恐不安。罢工者走遍各家，熄掉灯火，从上升的电梯里取下钥匙，打开临街的大门等等。每一次冲突，无论它是由什么原因引起的，都具有扩展到整个

工业领域的趋势和具有坚持原则的特征。8月份在全国工人的支持下，莫斯科的制革工人为争取由工厂委员会掌握雇用和辞退工人的权利而展开了长期而顽强的斗争。在许多地方，特别是在外省，罢工颇具戏剧性，直至罢工者扣押企业主和管理人员。政府告诫工人要自制，同时与企业主结成同盟，把哥萨克派到了顿涅茨克煤矿，把面包和军事订货的价格提高了一倍。这种令工人极其愤怒的政策并不符合企业主的心意，经营重工业的资本家之一埃尔巴赫抱怨说："斯科别列夫是猛然省悟了，可是各地的劳动委员还没有开窍。……就是该部的人……也不信任自己在各省的代理人……工人代表被召集到彼得格勒，部里的人在大理石宫劝说他们，责备他们，要他们与工业家和工程师实行和解。"但是所有这一切做法毫无效果："到这个时候，工人群众已经越来越受到更加断然行事的和肆无忌惮地巧言惑众的头目影响了。"

经济上的失败主义成了企业主反对工厂里两个政权并存的主要武器。在8月上半月的工厂委员会代表会议上详细地揭发了工业家旨在制造混乱和停工停产的破坏行径。除了在财政方面玩弄狡猾手段之外，他们还大肆采用藏匿原材料，关闭工具间和修理车
301 间等等手段。身为美国记者的约翰·里德清晰地记述了企业主的怠工行径。他有进入社会各个界别的门路，他利用了协约国外交代表的秘密情报，并且听到了俄国资产阶级政治人物毫不掩饰的供述。里德写道："立宪民主党彼得格勒分部的秘书对我说过，破坏经济是为让革命威信扫地而发动的战役的一部分。一位盟国外交官（我答应过不说出他的名字）用自己的情报证实了这一点。我得知离哈尔科夫不远的一座煤矿被矿主放火焚烧和灌水淹没了。

我也得知，莫斯科有些纺织工厂的工程师丢下自己的工作，结果使得机器再也不能开动。我还得知，有些铁路职员在毁坏机车时被工人当场逮住了。”这就是残酷的经济现实，它不符合妥协主义的幻想，不符合联合政府的政策，而符合科尔尼洛夫暴动的策划。

在前线也像在后方一样，神圣的一致同样糟糕。斯坦凯维奇抱怨说，逮捕个别的布尔什维克并没有解决问题。“空气中充满了犯罪动机，它的轮廓并不清晰，因为全体群众都被它污染了。”如果说士兵们变得比较克制，那只是因为他们学会了把自己的愤怒限制在某种程度内。但是一旦到了他们忍无可忍的时候，他们的真实感情就会更清楚地显露出来。杜宾斯基团有一个连队因为拒绝承认重新任命的连长而被勒令解散，结果它还引起另外几个连队哗变。然后波及全团，而且在团长试图用武力恢复秩序的时候，他被士兵用枪托打死了。这事就发生在 7 月 31 日。如果说在其他团事态还没有走到这一步，那么在内心敏感的指挥人员看来事态随时都有可能走到这一步。

8 月中旬，谢尔巴切夫将军向大本营报告称：“步兵部队的情绪除了敢死营以外，都非常不稳定。几日之内，有时某些步兵部队 302
的情绪猛然变得正好相反。”特派委员当中也有很多人开始明白，七月方式并没有找到出路。8 月 22 日，特派委员雅曼特报告说：“西方战线采用革命军事法庭的实践在指挥人员与大多数人之间造成了可怕的纷争，也使建立这些法庭的主意本身威信扫地……”科尔尼洛夫的拯救纲领早在大本营暴动之前就已经进行过充分的试验，结果还是把它领上了同样的绝路。

有产阶级对哥萨克出现分化感到极其害怕：因为在这种情况

下面临着最后一根支柱倒塌的危险。驻彼得格勒的哥萨克各团2月没有抵抗便出卖了君主制。不错，在诺沃切尔卡斯克，哥萨克当局企图把报告发生革命的电报隐匿在自己身边，并且于3月1日按照惯例隆重地祭奠了亚历山大二世。可是哥萨克最终还是准备习惯没有沙皇，甚至发现了自己过去的共和传统。可是他们也不想继续这样走下去，一开始哥萨克就拒绝派自己的代表进入彼得格勒苏维埃，意图是不跟工人及士兵平起平坐，于是通过他们后方上层人士建立了把所有12支哥萨克人联合在自己周围的哥萨克人部队委员会。资产阶级力图依靠哥萨克来反对工人和农民，他们这样做并非没有取得成效。

哥萨克的政治作用是由他们在国家所处的特殊地位决定的。哥萨克人向来代表享有一定特权的独特的下层等级。哥萨克不缴纳任何赋税，又占有比农民多得多的份地。在顿河流域、库班河流域、捷列克河流域这三个邻近的地区，300万哥萨克居民自己名下
303 有2300万俄亩土地，而当时同在这些地区的430万农民只有600万俄亩土地。平均每个哥萨克占有的土地超过了每个农民的五倍。当然。就是在哥萨克内部，土地的分配也极其不平等。在这里，有他们自己的地主和自己的富农，而且比北方地区更加强大，也有自己的贫农。一听到国家召唤，每个哥萨克都有义务骑着自己的马匹和带上自己的装备赶到。非常富足的哥萨克用被豁免的税款来弥补这种开支，贫穷者只得在哥萨克义务的负担下弯下腰来。这类基本资料足以说明哥萨克人的矛盾状况。这个集团的下层与农民有共同之处，而上层与地主相关联。与此同时，上层和下层又用自己的特殊性和优越性意识联合在一起了，他们不仅习惯于居高

临下地看待工人，而且也这样看待农民。这就使得中层哥萨克是如此适合充当镇压者的角色。

在年轻一代上了前线的战争年代，村镇里充当头领的是老一辈人，他们是保守传统的体现者，并且与自己的军官集团紧密地联系在一起。在复兴哥萨克民主的旗号下，哥萨克地主在革命头几个月期间召集了所谓的哥萨克军人会议，后者选出阿达曼，也就是统领，并且在他们的下面建立了“军政府”。官方的特派委员和非哥萨克居民的苏维埃在哥萨克地区不能行使权力，因为哥萨克已经更稳固、更充分和更精良地武装起来了。社会革命党企图建立农民和哥萨克代表统一的苏维埃，可是哥萨克没有接受。他们对土地革命会剥夺他们领地的担心并非没有根据，怪不得身为农业部长的切尔诺夫说出了这样一句话：“哥萨克必须挤在自己的土地上。”还有更重要的就是当地农民和步兵团的士兵越来越频繁地对哥萨克说：“我们要取得你们的土地，你们做主人已经做够了。”在后方，在哥萨克村镇，部分地在彼得格勒卫戍部队，在政治中心，事 304
情看起来就是这样。用这些就能解释清楚哥萨克各团在七月示威期间的作为。

前线的形势本质上是另外一种状况。1917 年夏季，哥萨克作战部队共有 162 个团和 171 个独立连。离开自己的村镇上前线的哥萨克人与整个军队经受了同样的战争考验。尽管要落后不少，他们还是完成了跟步兵同样的进化，他们丧失了胜利的信心，无情地反对秩序混乱状态，对长官充满牢骚，怀念村社和家庭。还有 45 个团和大约 65 个连陆续被调去在前线和后方履行警察职责！哥萨克再次成了宪兵，士兵、工人和农民对哥萨克怒气满腹，因为

在他们看来,后者像是又在从事 1905 年那时的刽子手工作。许多最初为自己在二月革命中的作为而感到自豪的哥萨克如今也心乱如麻,他们开始诅咒自己的短鞭,拒绝带上它去执勤。顿河和库班河哥萨克当中逃兵很少,他们害怕自己村镇里的长者。总而言之,哥萨克骑兵部队被长官控制的程度要比一般步兵严密得多。

哥萨克上层与长者们没有征得前线哥萨克的同意就建立了自己的政权的消息从顿河和库班河流域传到了前线。这激起了处于休眠状态的社会对立:“我们要回家,我们要给他们颜色看看。”前线的哥萨克不止一次地这样说过。顿河反革命势力领导人之一、哥萨克将军克拉斯诺夫,鲜明地描述了前线坚定的哥萨克部队是如何走向分崩离析的:“做出最野蛮决议的集会开始了。哥萨克不再刷洗战马,也不按时给它们喂草料。无论要他们做什么事情都是无法想象的。哥萨克用鲜红的领结打扮起来,身着带有红色绦带的装束,他们不想让人觉得对军官有丝毫尊敬。”不过,在最终走到这一步之前,哥萨克经历了长时间摇摆不定,他们不停地挠头苦
305 思,盘算究竟该走向哪一边。因此,在紧急关头,要事先预料到无论哪支哥萨克部队会采取怎样的行动是颇为不容易的。

8 月 8 日,为参加立宪会议选举,顿河哥萨克军人会议与立宪民主党结成了联盟,这个消息立即传到了军队。哥萨克军官亚诺夫写道:“联盟遭到了哥萨克的彻底否定。立宪民主党在军队里面没有根基。”事实上军队是痛恨立宪民主党人的,把他们与一切迫害人民群众的事情等同起来。“老人们把你们出卖给立宪民主党了。”士兵这样刺激他们说。“我们要给他们点颜色看!”哥萨克如此回应说。西南战线的哥萨克在一份特别决议中宣布立宪民主党

是“势不两立的敌人和劳动人民的奴役者”，并且要求把所有胆敢跟立宪民主党达成协议的人从哥萨克军人会议中清除出去。

本身就是哥萨克的科尔尼洛夫曾经强烈地指望得到哥萨克特别是顿河哥萨克的援助。他用哥萨克部队来充实预定用于发动政变的队伍。但是哥萨克并没有行动起来帮助这位“农民的儿子”。哥萨克村镇的居民们情愿在本地不顾一切地捍卫自己的土地，却不愿卷入外人的纷争。事实证明第三骑兵军同样是靠不住的。如果说哥萨克对与德国人在前线表示友好的行为显得极端反感，那么在彼得格勒战线，他们乐意迎合士兵和水兵。就是这种双方的友好行为使得科尔尼洛夫的计划结果未经流血就破产了。于是，以哥萨克为代表的旧俄国最后一根支柱就这样衰朽和倒塌了。

那时，在远离国家的法国领土上，即在布尔什维克所能到达的范围之外的实验室里完成了一项尤其有说服力的“复兴”俄国军队的实验。夏秋期间，部署在法国的俄国军队爆发武装叛乱的报道刊登在了俄国报刊上，但是在多事的旋涡中它们几乎是没人注意的。据军官利索夫斯基说，在法国的两个俄国旅的士兵在临近 306
1917 年 1 月时，也就是在革命之前便已经“坚持坦白说出自己的信念：他们全体都卖给了法国人，用来交换炮弹”。士兵们的确没有出多大的错。他们对盟国主子没有“任何哪怕是些微的好感”，对自己的军官也没有些微的信任。革命的消息突然传到了输出国外的那些旅，它们在政治上看起来是有所准备的，然而毕竟是出乎意料的。没有必要等待军官对革命做出解释：军官的职位愈高，慌张情绪就愈厉害。于是流亡者中间的民主派爱国主义分子来到了兵营。利索夫斯基写道：“我曾经多次见过，……有些外交官和近

卫团的军官……把座椅殷勤地移给以前的流亡者。"这些团出现了选举产生的机构,并且由一位快速崭露头角的拉脱维亚士兵当上了委员会负责人。因此,在这种场合就有了自己的"异族人"。在莫斯科组建的第一个旅的第一个团几乎全由工人、商店伙计、办事员,总之是无产阶级和半无产阶级成分构成的,一年前头一个踏上了法国的土地,冬天在香槟地区的原野上作战十分出色。然而——瓦解的病症正是头一个落到了这个团身上。自己的队伍中农民占有很大比例的第二个团则要平静得多。几乎全由西伯利亚农民组成的第二个旅看来是完全可靠的。二月革命后,第一个旅很快就已经不再服从命令了。它既不愿意在阿尔萨斯,也不愿在洛林作战。它不愿为美好的法兰西而牺牲。它想品尝在新俄国生活的滋味。这个旅被调往后方,安排在法国中央地区的拉—库尔廷兵营里。利索夫斯基讲述道:"在资产阶级的村镇当中,在庞大的兵营里面,大约一万名武装叛乱的俄国士兵开始过上了一种非同寻常的生活,他们中间没有军官,也根本不愿意服从任何人。"科
307 尔尼洛夫想象到了在无比热烈同情自己的普恩加莱和里博的协助下,这里有一个异乎寻常的机会来采取自己的整顿措施。于是最高总司令发电报命令要拉—库尔廷人"服从",并且把他们派往萨洛尼卡。但是叛乱者并没有屈服。到 9 月 1 日,一支重炮队调过来了,兵营里面贴满了带有科尔尼洛夫威胁性电报的标语。然而就在这个节骨眼上,事态的发展过程中出现了新的麻烦,法国报纸刊登了关于科尔尼洛夫本人被宣布为叛国者和反革命分子的消息。叛乱的士兵因此决定,他们没有理由到萨洛尼卡去送命,何况还是遵照一位叛乱将军的命令。用来交换炮弹的工人和农民决心

起来自卫。他们拒绝同任何不相干的人往来，再也没有任何一个士兵走出过兵营。

第二个俄国旅被调来反对第一个俄国旅。大炮安放在紧靠山坡的阵地上，步兵按照工兵技术的全部标准挖掘战壕和通向拉—库尔廷的交通壕。四周被阿尔卑斯山地步兵牢牢包围起来了，以防止任何一个法国人钻进这两个俄国旅之间的战争剧场。法国军事当局为以防万一预先用刺刀栅栏把本国领土围了起来，从而把俄国内战搬到自己的领土上来了。这是一场预演。后来，神圣的法兰西在用铁丝网把俄国封锁起来以后，在俄国本土组织了一场内战。

“对兵营有规律和有系统的射击开始了”。从兵营跑出了几百个愿意投降的士兵。接受了他们以后，大炮马上就重新开火。战斗就这样延续了 4 昼夜。又有部分拉—库尔廷人陆续投降了。到 9 月 6 日，总共还剩下大约两百个坚决不肯活着投降的人。他们的为首者是狂热的洗礼派信徒、乌克兰人格洛巴：要是在俄国就会有
人称他为布尔什维克了。在汇成一股巨响的大炮、机枪和步枪火力 308
掩护下，真正的冲锋开始了。最后，叛乱者终于被打垮了。阵亡的人数却一直不知道有多少。不管怎样，秩序得到了恢复。可是，几个星期过后，向第一个旅开火的第二个旅也染上了同样的疾病……

俄国士兵通过自己的麻布行囊、自己军大衣的折皱和自己的内心深处将可怕的传染病通过海路随身带过来了。在拉—库尔廷发生的这一幕戏剧性插曲是非常精彩的，它几乎就是在空气压缩机的喇叭口之下有意安排的完美试验，一个为了旨在考察清楚俄国军队内部发生的演进过程（它是由国家的全部过去所预备好的）而进行的试验。

309 第十二章　巨浪翻腾

诬陷这剂猛药是一把双刃剑。假如布尔什维克真的是德国间谍，那么为什么这个传闻主要是来自最仇恨人民的那些人呢？为什么恰好就是以各种各样的理由把最卑鄙的动机归咎于工人和士兵，比任何人都更大声和更坚决地指控布尔什维克的立宪民主党的报纸呢？为什么那些爆发革命时躲藏起来的反动的工程师或者工长如今突然就神气起来了，并且公开诅咒布尔什维克呢？为什么各团最反动的军官胆子大起来了？为什么他们在揭发列宁及其同伴的同时又在士兵鼻子前面挥舞拳头，恨不得把士兵当作叛国者呢？

每一个工厂都有自己的布尔什维克。“我像一个德国间谍吗？小伙子！”某个钳工或车工这样问道。他们的全部底细工人是知道的。在同反革命进攻的斗争中，妥协派分子自己往往比他们所愿意的走得更远，尽管他们不希望这样，结果却为布尔什维克开辟了道路。士兵彼雷科讲述道，普列汉诺夫的追随者、军医马尔科维奇是如何在士兵集会上拒绝指控列宁为间谍的，他这样做是为了更坚决地驳倒列宁的政治观点，说它们是如何站不住脚和极其有害的。这真是枉费精力！“既然列宁是一个聪明人，他不是间谍，也
310 不是叛徒，他想缔结和约，那我们就要跟他走。”——集会之后士兵

们这样说道。

在自己的连队暂时遇到阻力的布尔什维主义再度满怀信心地展开了自己的双翼。托洛茨基在8月中旬写道："报复没有姗姗来迟，遭到排挤、迫害和诽谤的我们党从来没有像最近这么迅速地发展壮大起来了。而且这一进程不会放慢从首都扩展到外省，从城市扩展到农村和军队的步伐……全国的劳动群众将在新的考验中学会把自己的命运与我党的命运联系在一起。"

彼得格勒一如既往地走在前面。看起来，威力无比的扫帚又在各个工厂清扫起来，把妥协主义者的影响从各个偏僻的角落干净扫除了。"护国主义的最后堡垒垮塌了……"布尔什维克的报纸报道说，"护国主义先生们不是早就在巨大的奥布霍夫工厂建立了一统天下吗？……可是如今他们不能在那里露面了。"在8月20日举行的彼得格勒城市杜马选举中，大约有55万人参加了投票，这比7月份各区杜马选举的人数少了很多，相比之下社会革命党丧失了375000多票，不过仍然获得了20万票以上或者说占到了总票数的37%。立宪民主党的比重只有1/5。苏哈诺夫写道："我们孟什维克名册上的候选人只得到了可怜的23000张选票。"出乎所有布尔什维克的意料，他们几乎也得到了20万票，约占总票数的1/3。

在8月中旬举行的联合了15万工人的乌拉尔地区工会代表会议上，就所有问题做出的决定都具有布尔什维克的性质。在8月20日的基辅工厂委员会代表会议上，布尔什维克提出的决议案以161票赞成对35票反对，13票弃权的多数获得通过。正好在科尔尼洛夫发动叛乱期间举行的伊凡诺沃—沃兹涅辛斯克的城市杜马民主选举中，布尔什维克得到了102个席位中的58个，社

311 会革命党得到 24 个，孟什维克得到 4 个。在喀琅施塔得，布尔什维克布列克曼当选为苏维埃主席，另一个布尔什维克波克罗夫斯基当选为市长。当然远不是每一个地方变化都如此明显，有些地方布尔什维主义仍处于落后地位，不过 8 月份它几乎在全国范围内都发展壮大起来了。

科尔尼洛夫叛乱使群众的激进化得到了强大的推动力。斯卢茨基由此提醒人们注意马克思说过的一句话：革命需要时间，以便让反革命来督促它一下。危险不仅激起了动力，而且激起了洞察力。集体思维在高度紧张的情况下运转起来了，得出结论所需要的材料也不缺乏。他们宣布联合政府是捍卫革命必不可少的，然而加入联合政府的盟友却是站在反革命一方的。他们还宣布莫斯科国务会议是对国民统一的检阅。只有布尔什维克中央委员会提出过警告："国务会议……不可避免地将变成反革命阴谋机构。"时局对此进行了验证。现在连克伦斯基也声称："莫斯科国务会议……这是走向 8 月 27 日的序幕……在这里展开了力量较量，……俄国日后的独裁者科尔尼洛夫在这里第一次被推荐给了俄国……"好像克伦斯基不是这次会议的倡导者、组织者和主席似的，也好像他并没有把科尔尼洛夫当作革命的"第一士兵"介绍过似的，好像不是临时政府通过对士兵实施死刑而把科尔尼洛夫武装起来似的，也好像布尔什维克的警告没有被宣布为蛊惑人心的行为似的。

此外，彼得格勒卫戍部队回想起来了，在科尔尼洛夫叛乱前两天举行的苏维埃士兵部的会议上，布尔什维克表示过这样的怀疑：把进步团队调离首都是不是怀有反革命目的？对此，孟什维克和社

会革命党的代表以粗暴的要求作为回答：不对科尔尼洛夫将军的战斗命令进行讨论。决议就是在这种气氛下通过的。“布尔什维克
大概没有信口开河吧！”无党派的工人或士兵现在一定会这样对自 312
己说。

如果按照妥协主义者自己过迟提出的指控，那些将军阴谋家不仅被控放弃了里加，而且被控导致了七月溃败，那为什么还要陷害布尔什维克和枪决士兵呢？如果军队里的挑拨者试图号召工人和士兵 8 月 27 日上街，那就能说在 7 月 4 日的冲突中他们没有起到自己的作用吗？还有，克伦斯基在这整个事件中的地位究竟是怎样的呢？他召来第三骑兵军到底是反对谁呢？为什么他任命萨文科夫当总督，而任命菲洛年科当总督的副手呢？那个进入执政内阁的候选人菲洛年科究竟是怎样一个人呢？人们意外地听到了装甲营的回答：在他们那里当过中尉的菲洛年科曾经让士兵受尽最恶毒的侮辱和嘲弄。令人怀疑的投机商人扎沃伊科又是从哪里冒出来的呢？总而言之，这伙招摇撞骗者爬上自己的最高地位又意味着什么呢？

事实是简单的，在许多人的记忆中是清楚的，也是大家都容易理解的，又是无法辩驳和令人难受的。野蛮师乘坐的列车、被拆毁的钢轨、冬宫和大本营之间的相互指责、萨文科夫和克伦斯基的证词本身就说明了一切。它们是对妥协主义者及其体制无可辩驳的指控证据！诬陷布尔什维克的意义变得一清二楚了：它作为必不可少的成分加入了发动国家政变的准备工作。

幡然省悟的工人和士兵为自己的行为充满了强烈的羞耻感。可见列宁躲藏起来不正是仅仅因为有人卑鄙地诽谤他吗？可见其

他人被关进监狱不正是为了讨好立宪民主党人、将军、银行家和协约国的外交官吗？可见布尔什维克并不去追求一官半职，而上层人士痛恨他们就是因为他们不愿加入取名为联合政府的股份公司！这就是劳动者、普通人和受压迫者的理解。而且，正是从这样
313 的情绪，以及对布尔什维克的负罪感当中产生了对党的牢不可破的忠诚和对党的领袖的信任。

直到最后几天，老兵、军队的骨干分子、炮兵、军士竭尽全力坚持下来了。他们不认为自己的战斗成果、功劳和牺牲毫无价值，难道这一切都毫无意义地消耗了吗？但是当最后一根支柱从他们脚下倒塌时，他们就急剧地——整个地朝左！——转而面向布尔什维克。现在他们带着自己的军士领章、带着老兵特有的坚毅性格，有力地咬紧牙关全身投入革命，他们在战争中站错了队，但是这一次他们要将事情一直干到底。

在各地军事和民政当局的报告中，布尔什维主义那时一般成了整个群众运动、坚定不移的要求、反抗剥削、向前推进的同义词；一句话，是革命的另一种称呼。这不就是布尔什维主义吗？罢工的工人、举行抗议的水兵、心怀不满的士兵妻子、起来反抗的农夫对自己这样说。群众似乎是在上层的逼迫下把自己的真实想法和要求跟布尔什维主义的口号等同起来的，这样一来，革命便把反对它的武器用来为自己服务了。在历史上，不仅有理性的事物会变成无理性的事物，而且在其发展过程需要的时候无理性的事物也会变成有理性的事物。

政治气氛的改变在 8 月 30 日举行的苏维埃执行委员会联席会议上很明显地体现出来了。当时喀琅施塔得的代表要求让他们

在这个高级机关里拥有席位。这怎么可能呢？在这个没有教养的喀琅施塔得人以前只会遭到斥责和驱逐的地方，从此以后将会有他们的代表来出席会议吗？可是怎么加以拒绝呢？仅仅在昨天，喀琅施塔得的水兵和士兵前来保卫彼得格勒。“阿芙乐尔号”的水兵还在承担冬宫的警卫任务。彼此交头接耳了一阵以后，领袖们提议给予喀琅施塔得人4个只有发言权的席位。这个让步被默默 314
地接受了，喀琅施塔得人并没有表示感激。

莫斯科卫戍部队的士兵契涅诺夫讲述道：“科尔尼洛夫暴动过后，所有部队都已经带上了布尔什维克的色彩……一切都令人吃惊，布尔什维克说的话……科尔洛夫将军很快就将兵临彼得格勒城下真的应验了。”装甲营的士兵米特列维奇回想起了那些在将军们叛乱以后一传十，十传百的英勇传奇故事。“只要多讲讲发扬勇气和建立功绩的故事，就会懂得，假若有这样的勇气，那么就可以同整个上流社会搏斗。布尔什维克就是在这种情况下复兴的。”

在科尔尼洛夫进军期间被释放出狱的安东诺夫-奥夫申柯旋即赶往赫尔森福斯。“群众中的巨大转变实现了”。在芬兰地区的苏维埃代表大会上，右翼社会革命党的人数是微不足道的，布尔什维克领导着一个与左翼社会革命党人结成的联盟。斯米尔加当选为芬兰地区苏维埃委员会主席，尽管他还十分年轻，但是已经当上了布尔什维克的中央委员会委员。他是一个有强烈左的倾向的人，早在四月危机期间就显示出了要撼动临时政府的志向。当选为依靠卫戍部队和俄国工人建立起来的赫尔森福斯苏维埃主席的是布尔什维克舍因曼，他是未来的苏维埃国家银行经理，是一个具有小心谨慎和官僚主义性格的人，不过当时能与其他领导人保持

步调一致。临时政府禁止芬兰人召开已经被它解散了的国会。苏维埃地区委员会则建议国会开会，并且承担起保卫它的任务。委员会拒绝执行临时政府关于从芬兰抽调各种不同部队的命令。实际上，布尔什维克在芬兰建立起了苏维埃专政。

9月初，布尔什维克的报纸写道："从一系列俄国城市传来了
315 我们党的组织在最近一个阶段有力地壮大起来的消息。但是，更为重要的是这使得我们党在最广大的民主派工人和士兵群众中的影响如此有力地增强了。"叶卡特琳诺斯拉夫的布尔什维克阿韦林写道："即使在那些起初不愿听我们的话的企业，工人们在科尔尼洛夫叛乱期间也站到我们一边来了。"萨拉托夫的布尔什维克领导人之一安东诺夫写道："当卡列金动员哥萨克向察里津和萨拉托夫进攻的传闻传来时，当这些传闻通过科尼洛夫将军的叛乱得到证实和强化时，群众在几天时间内就抛弃了从前的偏见。"

9月19日，基辅的布尔什维克报纸报道说："在军械制造厂苏维埃代表改选中，有12位同志——他们全是布尔什维克——当选了。所有的孟什维克候选人都落选了，同样的情况也出现在其他许多工厂。"从此，类似的报道每日都能在工人报刊的版面上见到；敌方的报纸企图闭口不提或者蓄意贬低布尔什维克的发展壮大是徒劳的，重新振作起来的群众好像在努力弥补因过去的动摇、迟疑和一时的退缩而耽误的时间。无法阻遏的巨浪又在普遍地顽强地掀起来了。

瓦尔瓦拉·雅科夫列娃是布尔什维克的中央委员，前面我们从她那里听到过关于七八月间整个莫斯科地区布尔什维克遭到极度削弱情况的介绍，现在她又证实发生了急剧转折。她向代

表会议报告说:“9 月下半月,地区执行局的工作人员跑遍了全地区……他们的印象是完全相同的,地区内各省都出现了群众普遍布尔什维克化的进程。同时大家也注意到,农村也在召唤布尔什维克……”在七月事件后党组织出现瓦解的那些地方,如今它们重新恢复和壮大起来了。在不允许布尔什维克开展活动的地方,布尔什维克的支部也自发地建立起来了。即使在坦波夫省和梁赞省 316
这样一些社会革命党人和孟什维克地位稳固的落后地方,亦即以前布尔什维克绕道而行的、认为毫无希望的、难得看上几眼的地方,现在也实现了真正的转折:布尔什维克的影响在逐日增强,而妥协派分子的组织正在日趋瓦解。

在科尔尼洛夫叛乱过后一个月和布尔什维克起义之前一个月时举行的莫斯科地区布尔什维克代表会议上,代表们的报告流露出了充分的信心和热情。下诺夫哥罗德的党组织在衰落两个月以后又重新恢复了全部生活。数以百计的社会革命党工人转而加入了布尔什维克的队伍。在特维尔,党的广泛工作在科尔尼洛夫叛乱刚刚过后就开展起来了。妥协主义者正在走向失败,人们不听他们的话,并且将他们驱逐。弗拉基米尔省的布尔什维克得到了如此程度的加强,以至在省里的苏维埃代表大会上总共只能找到 5 个孟什维克和 3 个社会革命党人。在俄国的曼彻斯特——伊凡诺沃—沃兹涅辛斯克,苏维埃、杜马和地方自治局的全部工作都落到了作为全权主人的布尔什维克身上。

党的组织在发展壮大,不过它的吸引力更在无比迅速地增强。布尔什维克技术方面的资源与其政治上的比重之间不相适应的情况,在党的影响巨大增长的同时而党员人数相对较少一事上反映

出来了。时局是如此迅速和有力地把群众卷进了事变的旋涡，结果根本没有时间把工人和士兵组织到政党里面来，他们甚至没有足够的时间来弄明白建立特殊的党组织的必要性。他们自己吸收布尔什维克的口号，就像呼吸空气那样自然。至于党是一个复杂的实验室，这些口号就是在那里面用集体经验制作出来的，这一点对他们来说仍然是不清楚的。苏维埃身后站着 2000 多万人。而即使在十月革命前夕，党本身的队伍人数也没有超过 24 万，它越来越有信心通过工会、工厂委员会和苏维埃带领跟在自己身后的数百万人。

317 在一个各地条件和政治水平极不相同而又根基彻底动摇的辽阔国家，不间断地进行着五花八门的选举：杜马、地方自治局、苏维埃、工厂委员会、工会、军队委员会和土地委员会。而且，一个无法改变的事实——布尔什维克发展壮大就像一根红线把所有这一切选举串联起来了。莫斯科地区杜马选举反映出了群众情绪的急剧转变，从而使全国感到特别惊讶。"庞大的"社会革命党 6 月份还有 37.5 万票，到 9 月月底只剩下 5.4 万票了。孟什维克则由 7.6 万票降到了 1.6 万票。立宪民主党还保留着 10.1 万票，总共大约减少了 8 千票。但是布尔什维克从 7.5 万票上升到了 19.8 万票。如果说社会革命党在 6 月掌握了大约 58%的票数，那么到 9 月，布尔什维克就已经把大约 52%的票数团结到了自己周围。卫戍部队把 90%的票投给了布尔什维克，在有些部队——这个比例超过了 95%。在重炮制造工厂总共 2347 张选票中，布尔什维克得到了 2286 张。颇有分量的选民抵制选举的事件主要发生在小市民那里，他们在最初的幻想迷雾中追随妥协主义者，后来迅速地复

归于零了。孟什维克渐渐消失了。社会革命党得到的选票比立宪民主党少了一半。立宪民主党又比布尔什维克少了一半。布尔什维克在 9 月所获票数是在跟其他所有政党展开的最为激烈的斗争中夺得的。这都是稳定的票数,它们是可以指靠的。中间集团受到冲刷、资产阶级阵营相对稳固以及备受仇视和迫害的无产阶级政党获得的巨大增长——所有这一切都是革命危机准确无误的征兆。“布尔什维克确实开展了尽心竭力和孜孜不倦的工作,”本人属于业已失败的孟什维克党的苏哈诺夫写道,“他们日复一日从不间断地来到群众中间,来到机床旁边……他们成了自己人,因为他们时刻都在那里,他们对工厂和兵营的全部生活实行领导,不管是
小事还是大事……群众和布尔什维克在一起生活和呼吸。他们掌 318
握在列宁和托洛茨基的党的手里了。”

前线政治版图的特征是最为斑驳陆离。那里有一些从来没有听过和没有见到过布尔什维克的团和师。当它们自己被指控为布尔什维克的时候,其中许多人真的感到无比惊异。另一方面,也会遇到这样的部队,它们把带有黑帮情调的个人无政府主义情绪当作最纯粹的布尔什维主义加以接受。前线的情绪在向同一个方向转变。但是,在战壕就是其河床的巨大政治激流中,逆流、旋涡和不少的泥沙往往搅在一起。

9 月,布尔什维克冲突破了警戒线,并且获准去前线。两个月来,他们与前线的联系一直被严格地切断了。现在禁令还没有正式取消。妥协主义的委员会采取了阻止布尔什维克渗入自己的部队所必需的一切措施。然而全部努力到头来都白费了。士兵们对自己特定的布尔什维主义听得太多了,因此大家无一例外地都在

期待看一看和听一听活生生的布尔什维克。就在布尔什维克前来的消息刚刚传到士兵们那里的时候，委员会负责人臆想出来的阻碍、拖拉和延误形式被士兵的压力清除干净了。在乌克兰做过大量工作的年长女革命家叶甫根尼娅·博什对自己勇敢地游历野蛮的士兵丛林一事留下了清晰的记忆。真诚的或虚伪的朋友提出的那些令人恐惧的警告结果每一次都被驳倒了。在一个曾被人描述为极其仇视布尔什维克的师里面，十分小心地开始自己论题的这位发言人很快就确信，听讲的人和她融为一体了。“没有吐痰，也没有咳嗽和擤鼻涕这样一些士兵听众感到厌倦的最重要的迹象，真的是鸦雀无声和秩序井然。”为了表示对勇敢的宣传的尊敬，集会在暴风雨般的鼓掌声中结束。总之，叶甫根尼娅·博什沿着前线背后的旅行可说是一次凯旋式的游行。在其他次要一些的宣传
319 员那里，情形不是如此富于英雄气派，也不是如此动人，但是实质上是相同的。

崭新的或者以新形式出现的令人信服的思想、口号、结论闯进了死水一潭的战壕生活。数以百万的士兵头脑对时局重新进行了研磨，同时对政治经验做出了总结。一位前线战士写信给报纸编辑部说：“……亲爱的工人和士兵同志们，你们不要让‘K’这个恶毒的字母胡作非为，是它把血腥的战争带给了全世界。这首先就是杀人凶手科利卡（Колька，指尼古拉二世。——托洛茨基）、克伦斯基（Керенский）、科尔尼洛夫（Корнилов）、卡列金（Каледин）、立宪民主党人（кадеты），所有人第一个字母都是K。哥萨克（казаки）对于我们也是危险的人……西多尔·尼古拉耶夫。”没有必要在这里寻找什么迷信成分，这不过是政治记忆术的手法而已。

大本营策动的暴动不可能不令每一个士兵气得浑身发抖。表面纪律——为恢复它付出了多少力气和牺牲——很快再度崩溃了。西方战线特派军事委员日丹诺夫报告说:“总的来说,情绪是暴躁不安的……对军官疑心重重的,也是观望不前的,不执行命令的情况可以这样来解释:下达给他们的科尔尼洛夫式的命令本来就是无须执行的。”接替菲洛年科担任最高特派委员职务的斯坦凯维奇以同样的心情写道:“士兵群众……觉得自己被四周的背叛包围起来了。……谁要是说服他们不要这样想,谁就会被他们看作是叛徒。”

对于骨干军官而言,科尔尼洛夫冒险的破产就等于最后一线希望的破灭。不过在那之前,指挥官们的自我感觉也谈不上意气风发。8月月底的时候,我们注意到彼得格勒的军人阴谋家还是醉意朦胧、大话连篇和意志颓丧的。现在军官们终于感到自己是遭人蔑视和注定要失败的。他们当中有个人这样写道:“这样的仇恨,这样的迫害,无所事事与长时间等待逮捕和可耻的死亡让军官们沉溺在这种醉后狂态之中。”与此相对照,士兵和水兵们处于比以往任何时候都更加清醒冷静的状态,他们充满着全新的希望。 320

据斯坦凯维奇说,布尔什维克“昂起了头,并且觉得自己在军队里面是绝对的主人……基层委员会开始演变为布尔什维克的支部。军队的各种选举让布尔什维克的得票有了令人惊叹的增加。在这种情况下,我不能不指出,不仅是北方战线而且可能是所有战线最优秀和军容最严整的第五集团军成了第一个选出布尔什维克的军队委员会的集团军”。

舰队的布尔什维克化更为明显、清晰和鲜明。9月8日,波罗的海舰队的水兵在所有舰船上升起了战斗旗帜，作为自己为争取把政权转到无产阶级和农民手里而斗争的表示。舰队要求立即在各个战线实行停战，把土地交由农民委员会支配以及由工人对生产进行监督。3天以后，比较落后和温和的黑海舰队中央委员会表示支持波罗的海人，提出了把政权交给苏维埃的口号。9月中旬，第十二集团军的23个西伯利亚步兵团和拉脱维亚步兵团起来表示自己赞成上述口号。所有新编的部队都追随他们行动。从此以后，建立苏维埃政权的要求再也没有从军队和舰队撤出过。

斯坦凯维奇讲道："水兵会议的参加人员十分之九是由布尔什维克单独组成的。"这位大本营属下新任特派委员有机会在雷瓦尔当着水兵的面为临时政府进行辩护。他一开口就感觉到自己的尝试完全是徒劳的。当他提到"政府"这个单词时，大厅就不友好地关闭了。"愤怒、痛恨和不信任的浪潮马上席卷了整个人群。这是鲜明的、有力的、可怕的和不可战胜的，并且汇成了全体一致的吼声：'滚出去！'"不能不为这位讲述者说句公道话，他并没有忘记记录下对他怀有刻骨仇恨的群众的坚毅之美。

321　两个月来被赶入地下的和平问题现在带着十倍的威力冒到地面上来了。从前线回来的军官杜巴索夫在彼得格勒苏维埃会议上宣称："无论你们在这里说什么，士兵再也不会去作战了。"旋即听到响起了一片呼喊："连布尔什维克也没有这样说！……"可是这位不是布尔什维克的军官反驳说："我要转告的是我所了解的，是士兵们委托我向你们转告的。"另一个从前线来的人，一个身披浸透了战壕污秽和臭气的军大衣的脸色阴沉的士兵，也是在9月的那些日子里对彼得格勒苏维埃宣布，士兵们需要他们多么盼望的

和平，哪怕是无论多么“可耻的和平。”这些酸涩的士兵语言使苏维埃感到惊慌失措起来。可见，事情居然走到了这种地步！前线的士兵不是小孩子。他们十分清楚，在现有“战争版图”的情况下，和平只可能是强制的。为了说明自己对这一点的理解，这位来自战壕的代表故意选用了最粗野的语言来全力表达他对霍亨索伦王朝和平的极端厌恶。然而，这位士兵正是用这种不加修饰的评价坚定地迫使自己的听众明白了，别的途径是没有的，战争耗尽了军队的精神，无论如何和平都是马上必须实现的。资产阶级幸灾乐祸地抓住这位战壕发言人的话，并且把它们说成是布尔什维克的语言。从此，关于可耻和平的说法便成了人民野蛮和堕落的极端反映，再也没有离开过议事日程！

* * *

根据一般规则，妥协主义者都像一知半解的政治瘾君子斯坦凯维奇一样，绝对不会欣赏要把他们从革命舞台上冲走的危险巨浪展现出来的壮阔场景。他们每日都非常吃惊和惶恐万状地确信，他们并不拥有任何对抗的力量。实质上从革命一开始，群众信任妥协主义者就掩盖着一种误解，这是历史上不可避免的然而又是历时不久的误解；化解它总共花费了几个月的时间。妥协主义 322
者被迫与工人和士兵对话，而且使用的语言与在苏维埃执行委员会特别是在冬宫使用的语言根本不同。肩负重大责任的社会革命党和孟什维克的领袖们一个星期比一个星期越来越不敢走进开放的广场。二三流的宣传人员借助模棱两可的说法适应了人民的社会激进主义情绪，要不根本就是沾染上工厂、矿井和兵营的情绪，用它们的语言来讲话，并且脱离了自己所在的政党。

水兵霍夫林在自己的回忆录中讲述了自认为属于社会革命党的水兵实际上是怎样为实现布尔什维克的行动纲领而展开斗争的。这种现象可以说随处可见。人民知道自己想要的是什么，但是不知道该怎样称呼它。二月革命内在固有的“误解”具有大规模的和全民的性质，特别是在农村，比在城市延续的时间更长。仅凭经验只会导致秩序陷入混乱。大大小小的事件反复不断地对群众性政党进行审查，使它们的成员总数与它们的政策而不是与它们的招牌相适应。

有一个妥协派分子与群众误解(*qui pro quo*)的典型范例，那就是7月初2000名顿涅茨克矿工当着5000名同情者的面脱帽下跪立下的誓言：“我们当着自己的孩子、上帝、苍天和大地，以及所有神圣事物的面来发誓，为了我们生活在世上，我们无论何时都不能失掉1917年2月28日用鲜血换来的自由；我们宣誓相信社会革命党和孟什维克，任何时候都不听列宁分子的话，因为他们——布尔什维克—列宁分子用自己的宣传把俄国引向毁灭，而结成联盟的社会革命党和孟什维克一致表明，土地属于人民，土地不要赎金，战争结束以后资本主义制度势必崩溃，而代替资本主义应该是社会主义制度——我们宣誓跟随这两个政党前进，即使面临死亡
323 也不停下脚步。”矿工们反对布尔什维克的宣誓实际上直接导致了布尔什维克革命。二月外壳和十月内核在这个朴素而激昂的宪章中反映得如此明显，从而使不断革命的问题本身得到彻底解决。

到9月时，既没有背弃自己，也没有背弃自己誓言的顿涅茨克矿工已经与妥协派分子分道扬镳了。最落后的乌拉尔矿工队伍也

做出了同样的事情。苏维埃执行委员会委员、社会革命党人奥若戈夫是来自乌拉尔的代表，8月月初他探访了自己所在的伊热夫斯克工厂。他在自己一份令人伤心的报告中写道："我被我不在时所发生的急剧转变猛烈地击垮了，社会革命党在那个工厂的组织，其开展的活动就像它拥有的人数（8000人。——托洛茨基）一样曾经闻名于整个乌拉尔地区……现在它多亏了那些不负责任的宣传人员已经趋于瓦解，减少到了500人。"

奥若戈夫的报告没有使苏维埃执行委员会感到任何意外，同样的情形在彼得格勒也可以见到。如果说七月失败以后，工厂里的社会革命党人暂时神气起来了，在有些地方甚至扩大了自己的影响，那么他们日后的衰落也是越来越不可阻挡的。社会革命党人弗·津济诺夫后来写道："不错，克伦斯基政府当时是取得了胜利，布尔什维克示威人群被驱散了，布尔什维克的头目也被逮捕了，然而这只不过是皮洛士的胜利。"说得完全正确：像这位伊庇鲁斯的君主一样，妥协主义的胜利是以牺牲自己的军队作为代价的。彼得格勒工人斯科林柯写道："如果说一方面直到7月3—5日的时候，社会革命党人和孟什维克还能到某些地方来见工人，也不要冒遭到嘘声起哄的风险，那么现在他们就得不到这样的保证了……"总而言之，他们的保证已经不存在了。

社会革命党不仅丧失了自己的影响，而且改变了自己的社会成分。革命的工人要么已经转到布尔什维克那边去了，要么待在旁边经历着内心的危机。相反，战争时期躲避在工厂里的店主、富 324
农和官吏的子弟现在确信，他们的位置正好就在社会革命党内。但是到9月，他们已经再也没有决心自称为社会革命党人了，至少

在彼得格勒是如此。工人和士兵，在某些省还有农民也已经在离开这个党，留在党内的是保守的小官吏和小市民阶层。

当为大变革所唤醒的群众把自己的信任赋予社会革命党和孟什维克的时候，这两个政党不厌其烦地赞扬人民的高度觉悟。当同是这些群众经历了时局的教训以后，开始急剧地转向布尔什维克的时候，妥协派人士便把自己走向崩溃的责任归咎于人民的愚昧无知。可是群众不同意他们变得更愚昧了的说法，相反他们觉得，现在他们弄清了以前没有弄清的东西。

逐渐褪色和日趋衰落的社会革命党就这样被沿着社会成分的接合处劈开了，它的党员也被抛进了互相敌对的阵营。在各团和农村总是有与布尔什维克一致行动而且通常是在其领导下行动的社会革命党人，他们起来自卫，击退执政的社会革命党人的攻击。两翼之间斗争的尖锐化激活了中间集团。在切尔诺夫领导下，中间集团企图挽救打击者和被打击者之间的团结统一，结果是一片混乱，陷入了无法解决的，通常是令人哭笑不得的矛盾之中，并且进一步损害了党的名誉。为了让自己有可能在群众听众面前发表意见，社会革命党演讲者不得不坚持自称是“左派”，是与“三月社会革命党”集团毫无共同之处的国际主义者。七月事件以后，左翼社会革命党人变成了公开反对派，尽管表面上还没有跟党决裂，然而他们仿效布尔什维克的观点和口号，只不过稍晚了一些。9 月 21 日，并非不带别的教训用意的托洛茨基在彼得格勒苏维埃会议
325 上声明，对于布尔什维克来说，“与左翼社会革命党人达成协议变得越来越容易了”。最后，他们分裂出来形成了独立的政党，从而将其最奇异的一页写进了革命著作。这是独立存在的知识分子激

进主义的回光返照，十月革命过后几个星期，它就只剩下一堆不大的灰烬了。

分化同样深刻地发生在孟什维克身上。彼得格勒孟什维克组织采取了激烈反对中央委员会的立场。策烈铁里领导的基本核心没有如社会革命党那样拥有农民后备力量，因此最终更为迅速地走向消亡。没有加入两个主要阵营的社会民主工党中间集团仍然企图把布尔什维克跟孟什维克联合起来。他们还在死抱着三月幻想，3 月时就连斯大林也认为跟策烈铁里的联合是适当的，而且他希望“我们在党内消除微小的分歧”。8 月下旬实现了孟什维克与联合派本身的联合。右翼分子在联合代表大会上占有相当大的比重，因此策烈铁里提出的关于战争以及同资产阶级建立联合政府的决议能以 117 票赞成、79 票反对而获得通过。策烈铁里在党内的胜利加速了党在工人阶级当中的失败。人数极少的彼得格勒工人孟什维克组织在跟马尔托夫走，同时又推动他前进，但是终因他的犹豫不决而生气，并且准备转向布尔什维克。到 9 月中旬时，瓦西里耶夫岛的孟什维克组织差点整体加入了布尔什维克党。这就加速其他城区和外省发生骚动。在联席会议上，孟什维克各派领袖互相猛烈地指责对方要为党的瓦解负责。属于孟什维克左翼的高尔基报纸 9 月月底报道说，就在不久前还有大约一万成员的彼得格勒党组织“事实上不再存在了……最近一次全城代表会议由 326
于法定人数不够而无法召开”。

普列汉诺夫从右边对孟什维克发起了攻击：“策烈铁里及其朋友在为列宁开辟道路，不过他们自己并不希望出现这种结局，也没有意识到这一点。”在九月巨浪的那些日子里，策烈铁里本人的政

治心态在立宪民主党人纳博科夫的回忆录里面得到了鲜明的表现："他当时情绪最鲜明的特点就是面对布尔什维主义日益增强的势力而产生恐惧。我还记得，他在与我面对面讨论时说过布尔什维克有可能执掌政权。他说：'当然，他们维持的时间不会超过两三个星期，然而只须您试想一下这将会造成怎样的破坏……无论如何都必须避免出现这样的情况。'他的话语当中流露出了实实在在的惊慌失措的忧虑。……"十月革命前，策烈铁里心怀的正是纳博科夫在二月革命时就已经熟知的那种情绪。

*　　*　　*

苏维埃是布尔什维克同社会革命党人和孟什维克非常贴近开展活动的舞台，尽管是在同他们不断进行的斗争中开展的。苏维埃各政党力量对比的改变自然不是立即就在苏维埃人员组成及其公共职能方面得到自己的反映的，而是伴随着不可避免的落后现象和人为的拖延耽搁实现的。

到七月事件前夕，许多外省苏维埃，如伊万诺沃-沃兹涅辛斯克、卢甘斯克、察里津、赫尔松、托木斯克、符拉迪沃斯托克的苏维埃就已经是政权机关了，即使不是形式上的，那也是事实上的，即使不是持续的，那也是短暂的。克拉斯诺亚尔斯克苏维埃完全独自做主建立了个人日用品凭证供应制度。萨拉托夫的妥协主义苏维埃也被迫对经济冲突进行干预，采取了逮捕企业主的行动，没收了比利时人的电车，实行了工人监督，以及组织被弃置的工厂开展生产。在自 1905 年以来布尔什维主义的政治影响就一直占有优
327 势的乌拉尔，苏维埃经常独自对公民进行审讯和判决；在一些工厂建立了自己的民警队伍，并且由工厂出纳室为其支付费用；苏维埃

组织实行了工人监督，这种监督为工厂储备原料和燃料，监视工厂主的销售情况并且编制工资表。在乌拉尔有些地方，苏维埃还剥夺地主的土地用于公共耕作。苏维埃为锡姆斯克矿山工厂组建了一个区工厂管理处，它把全部管理人员、出纳室、会计室和接受订货的事务置于自己管辖之下。这一举动是对锡姆斯克矿区实行初步的国有化。埃里钦(我们从他那里借用了上述资料)写道：“早在7月份，乌拉尔的工厂里所有一切不仅都已掌握在布尔什维克手中，而且布尔什维克已经为解决政治、土地和经济问题提出了限期完成的任务。”这些任务是粗略的，还未成体系，也没有从理论上得到阐明，可是它们在许多方面预先决定了未来的道路。

七月骤变给予苏维埃的打击要比党或者工会更直接得多，因为在那些天的斗争中，事情首先就是牵涉到苏维埃生死存亡的。党和工会既在“和平”阶段也在严重反动的时期保持了自己的重要性：任务和方法改变了，但是基本职能没有变。可是苏维埃只是由于存在着革命的形势才得以维持，并且将连同这种形势的消失而走向消亡。联合了工人阶级大多数的苏维埃使这个多数面临着这样的任务，它超出各种个人的、集团的和行业的需要之上，也总是超出工资问题、修正和改良的纲领之上，也就是说，面临着夺取政权的任务。但是，“全部政权归苏维埃”的口号似乎与工人和士兵的七月示威一起被粉碎了。这次失败削弱了布尔什维克在苏维埃当中的地位，更是无可比拟地削弱了苏维埃在国家当中的地位。“拯救革命的政府”意味着官僚制度将恢复独立地位。苏维埃拒绝 328
掌握政权也意味着它们在特派委员面前卑躬屈膝，意味着逐渐衰落和萎靡不振。

苏维埃中央执行委员会重要性的式微在自己的外表方面明显体现出来了：临时政府要妥协派分子搬出塔夫里达宫，因为立宪会议的需要要对它进行整修。7月下半月，斯莫尔尼学院的建筑拨给了苏维埃，而到那时为止，学院一直是贵族女子接受教育的地方。现在资产阶级报刊用与谈论当初布尔什维克占据克舍辛斯卡娅宫几乎完全相同的语调来谈论苏维埃搬进了“白鸽子”家里。各种革命机关，其中包括占用了已被征用了的大楼的工会在住宅问题上遭到了同时发出的攻击。这件事情无非是要把工人革命从它已经占用的资产阶级上流社会过于宽敞的宅第里排挤出去。立宪民主党的报刊不知道这种因人民野蛮侵犯个人和国家所有权而产生的愤怒（固然为时已晚）的限度。可是一个出人意料的事实在7月月底的时候被印刷工人揭露出来了：聚集在国家杜马委员会周围的那些声名远扬的政党原来出于自己的需要早已占据了最气派的国家印刷厂及其发行处，以及它邮寄书籍文件的权利。立宪民主党的宣传小册子不仅免费印刷出来了，而且成吨成吨地免费与优先寄送到全国各地。身负必须对这种指控进行责任查验的苏维埃执行委员会结果不得不确认了这一指控。立宪民主党也的确找到了发泄愤恨的新借口，难道真的可以把怀着破坏目的占据国家建筑（哪怕是片刻的占据）跟出于捍卫最崇高的价值的目的享用
329 国家财产混为一谈吗？一句话，即使这些先生们稍微偷窃一点国家财产，那也是在国家自身利益范围之内。这个理由根本没有说服力。建筑工人坚持认为，他们比立宪民主党更有权利让自己的工会拥有这座房子——国家印刷厂。争执不是偶然的，要知道正是它引发了第二次革命。无论如何，立宪民主党也不得不咬住自

己的舌头不说话了。

8月下半月，一位苏维埃执行委员会的指导员遍访了俄国南方各地的苏维埃，在那些地方，布尔什维克的势力要比北方薄弱得多，但他报告了自己见到的不能让人感到心安的情况："政治情绪显然发生了变化……在民众的上层，因为临时政府政策的变动而引发的革命情绪增强了……而在普通群众中间，能感觉到对革命产生的厌倦和冷漠。对苏维埃极其冷淡的态度也可以看得出来……苏维埃的职能一点一点地缩小了……"至于群众因民主派这个居间者的动摇而感到疲惫不堪，这完全是无可争辩的。然而，他们所冷淡的不是革命，而是社会革命党和孟什维克。在政权集中在妥协主义苏维埃手里的那些地方，不管是什么纲领，形势变得尤其不能令人容忍；受制于执行委员会向官僚制度彻底投降的局面，它们不敢进一步运用自己的权力，结果只会损害苏维埃在群众心目中的形象。此外，大量平凡的日常工作脱离了苏维埃，也转归民主选举产生的市政当局处理，更多的日常工作则转归工会和工厂委员会去完成。苏维埃还能存在下去吗？以及明天等待它们的将是什么？这些问题变得越来越不明确了。

在自己存在的头几个月内，远远超出其他所有组织的苏维埃承担起了创建工会、工厂委员会、俱乐部并且领导它们开展工作的任务。可是，这些工人组织一旦开始自主行动，便越来越处于布尔什维克的领导之下。托洛茨基在8月间写道："工厂委员会并不是 330
在一刹那间建立起来的。被群众推举进入工厂委员会的是在当地，在工厂的日常生活中证明了自己的坚韧不拔、认真办事和忠于工人利益的人。终究这些工厂委员会……绝大多数是由布尔什维

克构成的。”再也谈不上妥协主义苏维埃对工厂委员会和工会实现监管的话题了，相反，在这里开辟了残酷斗争的战场。在触及群众切身利益的那些问题上，苏维埃显得越来越没有能力来与工会和工厂委员会抗衡。譬如莫斯科工会就发动了反对苏维埃决定的总罢工。各地也以不那么明显的形式发生了类似冲突，而且冲突的结果，苏维埃通常都不是胜利者。

被自己的方针赶进死胡同的妥协主义者到头来不得不为苏维埃“想出”一些次要任务，把它们领上从事文化工作的道路，实际上是帮它们排遣烦闷。一切都是徒劳的：因为苏维埃是为了争取政权而成立的，对于其他任务而言，有其他更加合适的组织。萨拉托夫的布尔什维克安东诺夫写道：“通过孟什维克—社会革命党渠道开展的全部工作丧失了意义……在执行委员会的会议上，我们由于无聊而极不雅观地打起了哈欠，到了不体面的地步。社会革命党—孟什维克的空谈馆是浅薄和空洞的。”

日渐凋萎的苏维埃越来越难以作为特定的彼得格勒中心支柱的作用。斯莫尔尼宫和各个地方之间的信函往来大幅度减少了：没有什么可写的，也没有什么建议可提，不论前景还是任务都没有留下来。脱离群众结果造成了极易感受得到的财政危机形式。各地的妥协主义苏维埃一直处于缺乏经费的境地，也不能对自己在斯莫尔尼宫的司令部给予支持，而左派苏维埃示威性地拒绝向执
331 行委员会提供财政帮助，后者因亲自参与反革命活动而被玷污了。

不过苏维埃凋萎的过程与另一些不同的，在某种程度上是相反的过程交叉在一起。偏远的地区、落后的县份和荒僻的角落都苏醒过来了，而且建立了苏维埃。这些苏维埃最初显示出了革命

的清新气质，暂时还没有陷入中心的腐蚀性影响和政府的压制之下。苏维埃的总数在迅速增长。到 8 月月底，执行委员会办公厅统计出有近 600 个苏维埃，拥护他们的选民有 2300 万人。官方的苏维埃体系高居在茫茫人海之上，这个人海在有力地翻腾激荡，并且使自己的潮流向左方涌去。

苏维埃的政治复兴是伴随着它们的布尔什维克化从下层开始的。在彼得格勒，各城区首先坚决果断地道出了自己的主张。7 月 21 日，各区苏维埃联席会议代表团向执行委员会提出了要求清单：解散国家杜马，用政府法令的形式确认各种军队组织的不可侵犯性，恢复左翼报刊，暂停解除工人武装，停止大规模逮捕，控制右翼报刊以及暂停在前线解散团队和实施死刑。与七月示威相比，降低政治要求是十分明显的，不过这仅仅是恢复元气的第一步。在缩减口号的同时，各区在努力扩大自己的基础。苏维埃执行委员会的领导人用外交辞令对各区苏维埃的“敏感”表示赞成，但是又把话题转为所有的灾祸都是七月暴动造成的。双方就这样客气而都又冷漠地分手了。

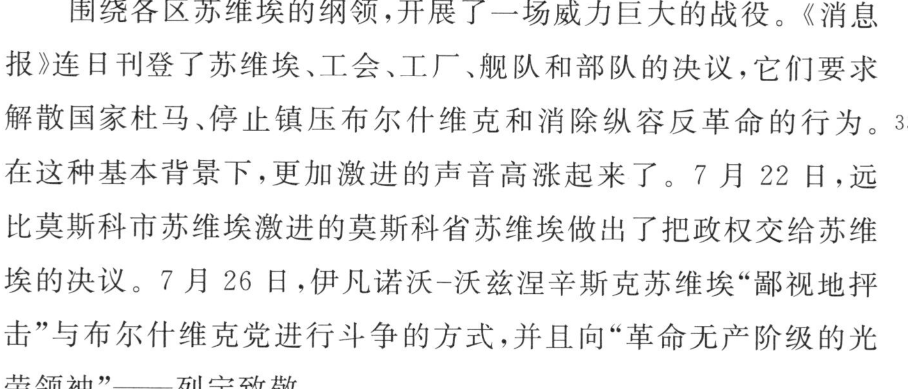

围绕各区苏维埃的纲领，开展了一场威力巨大的战役。《消息报》连日刊登了苏维埃、工会、工厂、舰队和部队的决议，它们要求
解散国家杜马、停止镇压布尔什维克和消除纵容反革命的行为。332
在这种基本背景下，更加激进的声音高涨起来了。7 月 22 日，远比莫斯科市苏维埃激进的莫斯科省苏维埃做出了把政权交给苏维埃的决议。7 月 26 日，伊凡诺沃-沃兹涅辛斯克苏维埃“鄙视地抨击”与布尔什维克党进行斗争的方式，并且向“革命无产阶级的光荣领袖”——列宁致敬。

7月月底和8月上半月在全国许多地方举行的改选，总的来说导致了各苏维埃中的布尔什维克党团的加强。在遭受过沉重打击以及恶名传遍全俄国的喀琅施塔得，新产生的苏维埃计有100名布尔什维克，75名左翼社会革命党人，12名孟什维克国际主义者，7名无政府主义者，超过90名的无党派代表，他们当中没有一个人敢于公开承认自己对妥协主义者有好感。8月18日召开了乌拉尔地区苏维埃代表大会，出席大会的布尔什维克有86人，社会革命党40人，孟什维克23人。在成为资产阶级报纸特别仇恨的对象的察里津，不仅苏维埃成了布尔什维克的，而且本地的布尔什维克领袖米宁当选为市长。察里津被顿河阿达曼卡列金视为眼中钉，而克伦斯基在没有任何经得起推敲的借口下，派出讨伐队去进攻察里津，其唯一的目的就是摧毁这个革命的巢穴。在彼得格勒、莫斯科和所有工业地区，一次比一次有越来越多的人支持布尔什维克的提议。

8月月底使各苏维埃经受了一次考验。在处于危险的情况下，内部的分化改组非常迅速、全面，也发生了不那么严重的摩擦。在外省就像在彼得格勒一样，官方苏维埃体系的弃儿布尔什维克也被推到了最重要的位置上。可是在妥协主义政党的成员中，“三
333 月”社会主义者、进出部长和官吏接待室的政客暂时被经过地下工作锻炼的、更富于战斗精神的分子挤到后面去了。对于重新积聚力量而言，需要新的组织形式。无论何处革命自卫的领导权，都不曾集中在各级苏维埃执行委员会手里。在暴动向它们发动突然袭击时，它们很少能在战斗行动中派上用场。如今到处都建立了防御特别委员会、革命委员会和司令部，它们依靠的是各级苏维埃，

向后者报告工作，但是它们是由新挑选出来的人员组成的，是与具有革命性质的任务相适应的新的行动方式。

莫斯科苏维埃正是在国务会议召开期间设立了六人战斗小组。它单独拥有指挥武装力量和实行逮捕的权力。8月月底召开的基辅地区代表大会向本地苏维埃建议不要止步于罢免那些毫无指望的政府代表，无论他们是军人还是文职人员，还要采取措施立即逮捕反革命分子，并且把工人武装起来。维亚特卡的苏维埃委员会授予自己特别全权，直至指挥武装力量。在察里津，全部权力都转交给了苏维埃司令部。下诺夫哥罗德的革命委员会在邮政局和电报局布置了自己的卫兵。克拉斯诺亚尔斯克苏维埃把民政和军事权力都集中到了自己手里。

这幅场景几乎在各个地方重现出来了，尽管带着这样或那样的偏差，有时是本质上的偏差。不过这绝对不是对彼得格勒的简单模仿。苏维埃的群众性给它们的内部进化赋予了特别的规律。对于重大事件，它们从各自方面发出相同的反应。在国内战争的战线从联合政府的两个部分之间穿过去的时候，苏维埃切实把国家的全部有生力量召集到了自己的周围。将军们的进攻撞上了这堵墙以后便烟消云散了。不能要求它提供更多的有普遍意义的教训。布尔什维克的一份声明就此问题表示：“尽管执政当局在竭力 334
排挤和削弱苏维埃，苏维埃还是在整体上显示出了它坚不可摧的性质……以及在镇压科尔尼洛夫叛乱期间人民群众的强大力量和主动精神。在经历了这种新的感受（再也没有任何东西能把这种感受从工人、士兵和农民的意识里清除出去）以后，我们党在革命开始时发出的呼唤——‘全部政权归苏维埃’——成了整个革命国

家的声音。”

曾经试图同苏维埃一较高低的城市杜马在危急时刻就显得相形见绌和黯然失色了。彼得格勒杜马谦恭地派了一个代表团去苏维埃，“旨在弄清总的形势和建立联系”。似乎由部分城市居民选举产生的苏维埃比由全体居民选举出来的杜马拥有的影响和实力本该要少一些，可是革命进程的辩证法表明，在一定的历史条件下，部分不可比拟地要胜过全体。就像在政府里面一样，妥协派分子在杜马里面同立宪民主党结成同盟反对布尔什维克，而且这个同盟就像使政府陷入了瘫痪一样，也使杜马也陷入了瘫痪。相反，苏维埃才是妥协派人士与布尔什维克一道开展防御合作反击资产阶级进攻的天然形式。

科尔尼洛夫叛乱过后，新的篇章为苏维埃揭开了。尽管还有不少衰败的市镇特别是在卫戍部队里有不少人仍然站在妥协主义者那边，可是彼得格勒苏维埃已经呈现出如此强烈的布尔什维克倾向，以致使两个阵营无论左翼还是右翼都感到惊讶不已。8 月 31 日深夜，还是由那位齐赫泽担任主席的苏维埃投票赞成建立工人和农民的政权。妥协主义党团的普通成员几乎全部支持布尔什维克的决议。策烈铁里提出的竞争性提议只获得 15 票支持。妥协主义的主席团简直不相信自己的眼睛。右翼人士要求举行具名表决，投票一直拖到凌晨三点钟才结束。为了避免公开投票反对
335 自己的党，许多代表离场了。尽管动用了全部高压手段，布尔什维克的决议在最后的投票中终究还是以 279 票赞成，115 票反对获得通过。这是一个十分重要的事实。这是终点的开端。大为震惊的主席团宣布要放弃职权。

9月2日，在芬兰的俄国苏维埃机关举行联席会议，会议以700票赞成，13票反对，36票弃权通过了争取苏维埃政权的决议。5日，莫斯科苏维埃也走上了彼得格勒苏维埃的道路，它不仅以355票赞成，254票反对，反映了对作为反革命工具的临时政府的不信任，而且谴责了苏维埃中央执行委员会的联合政策。以欣楚克为首的主席团宣布辞职。于9月5日在克拉斯诺亚尔斯克开幕的中西伯利亚苏维埃代表大会上，全体代表都走到了布尔什维克的旗帜之下。8日，布尔什维克的决议在基辅工人代表苏维埃以130票对66票获得通过，尽管正式的布尔什维克党团只有95人。在10日召开的芬兰苏维埃代表大会上，代表15万水兵、士兵和俄国工人的是69名布尔什维克，48名左翼的社会革命党人和一些无党派人员。彼得格勒省的农民代表苏维埃选举布尔什维克谢尔盖耶夫为出席全俄民主会议的代表。再次出现了这样的情况，在党通过工人和士兵与农村成功地建立起直接联系的地方，农民也愿意站到党的旗帜下。

布尔什维克在彼得格勒苏维埃的统治地位在9月9日的历史性会议上戏剧性地得到了巩固。各个党团都在努力召集自己的成员："事情关系到苏维埃的命运。"大约1000名工人和士兵代表出席了会议。9月1日的投票到底是由与会人员的偶然构成导致的简单插曲呢，还是它标志着苏维埃政策的根本转变？——问题就是这样提出来的。布尔什维克党团担心不能征集到多数来反对主 336
席团，因为所有妥协主义领袖——齐赫泽、策烈铁里、切尔诺夫、郭茨、达恩、斯科别列夫都是其成员，于是党团建议在按照比例制的基础上选举出主席团。这个建议在某种程度上模糊了冲突在原则

上的尖锐性质，以及因此引起了来自列宁方面的猛烈抨击，但建议拥有策略上的优势，即可以确保得到动摇分子的支持。可是策烈铁里拒绝妥协。主席团想知道，苏维埃是否真的改变了方向："我们不可能实行布尔什维克的策略。"右翼建议的决议条款内称，9 月 1 日投票的结果不符合苏维埃的政治路线，苏维埃一如既往信任自己的主席团。布尔什维克除了接受这个挑战以外，没有留下任何别的选择，他们也做好了这方面的充分准备。出狱后第一次出现在苏维埃的托洛茨基受到了会议大多数代表热烈欢迎。双方都在内心里估量这掌声：是不是多数发出的呢？他在举行投票之前要求解释清楚一个问题：克伦斯基是否像以前一样进入主席团？实在是因过错而处境难堪的主席团经过短暂的犹豫做出了肯定的答复，结果是它亲手把沉重的铅球拴到了自己的脚上。反对者需要的正是这个。托洛茨基声明："我们本来深信……克伦斯基不可能成为主席团的成员。可是我们错了。现在，克伦斯基的幽灵就坐在达恩和齐赫泽之间的座位上……当有人向你们建议赞同主席团的政治路线时，你们不要忘记，其实也是向你们建议赞同克伦斯基的政策。"会议是在极其紧张的气氛中举行的。由于大家和每一个人都希望不要走到爆炸的地步，秩序才得以维持。所有的人都想更快地统计出朋友和敌人的票数。大家明白政权、战争和
337 革命的命运问题都正处在解决的过程中。退出会场的投票方式决定下来了。要求凡认为主席团应该辞职的人出去，因为少数人比多数人出去要容易一些。人们在大厅的各个角落进行热情洋溢的鼓动，不过都压低了嗓子。是保持老的主席团呢，还是选一个新的？是建立联合政府呢，还是建立苏维埃政权？许多人向大门走

过去，在主席团看来，人数实在是太多了。布尔什维克领袖这边估算，他们距取得多数要差大约 100 票。“那也是很好的”，他们在提前安慰自己。工人和士兵一批接一批地向各个门口走过去。人群发出的嘈杂声还是颇为节制的，也爆发了短暂的争论。一边有人喊叫：“科尔尼洛夫分子！”另一边则说：“七月英雄。”投票过程大约持续了一个小时，看不见的天平盘晃动起来了。勉强抑制住焦躁不安的主席团自始至终都待在主席台上。结果终于统计公布出来了：支持主席团和联合政府的 414 票，反对 519 票，弃权 67 票，新的多数派响起了暴风雨般的、极其热烈的和发狂似的掌声。它有这个权利，胜利的确来之不易。后面还有整整一段路程呢。

被罢黜的领袖还没来得及从遭受的打击中恢复过来，就拉长着脸走下了主席台。策烈铁里不可能放弃做出一个可怕的预言。他转过半个身子对着门口，大声喊道：“我们在从这个讲台上走下来，内心里觉得半年来是我们高高地和令人起敬地举着革命的旗帜。现在这面旗帜交到了你们手中。我们只能表达一个意愿，那就是你们同是那样地举着它，哪怕是上述一半的时间！”策烈铁里在时间期限方面犯了严重的错误，就像他在其他一切方面所犯的错误一样。

作为所有其他苏维埃始祖的彼得格勒苏维埃从此就处于布尔什维克的领导之下了，而他们昨天还是“一小撮微不足道的煽动者”。托洛茨基在讲台上提醒主席团，布尔什维克还没有洗清为德国参谋部效劳的指控。“让米留科夫和古契柯夫逐日讲出自己的 338
生活吧。他们做不到这一点，而我们每天都愿意报告自己的行为，我们没有什么要对俄国人民隐瞒的……”彼得格勒苏维埃在一项特别决议中说到,“十分鄙视地斥责谣言的始作俑者、传播者和同谋者”。

布尔什维克行使了继承权。它既是规模宏大的,又是极端贫乏的。中央执行委员会预先就取消了它创办的两份彼得格勒苏维埃报纸,撤销了所有的管理机构,撤走了所有的资金,拿走了全部技术用具,包括打字机和墨水瓶在内。自二月革命以来就归苏维埃支配的大量汽车一辆不剩地转给了妥协主义的奥林匹亚山支配。新领导人没有钱柜,没有报纸,没有办公机构,没有交通工具,连自来水笔和铅笔都没有。除了裸露的墙壁以外什么都没有。当然,他们有工人和士兵非常热烈的信任。其实有这一条就完全足够了。

苏维埃的政策发生根本转折以后,妥协派分子的队伍开始更加迅速地消瘦下去了。9 月 11 日,当达恩在彼得格勒苏维埃面前为联合政府进行辩护时,托洛茨基则出面赞成拥护苏维埃政权,结果联合政府遭到了全体代表的抛弃,只有 10 票支持,另有 7 票弃权!就在这一天,莫斯科苏维埃一致谴责对布尔什维克的镇压,妥协派分子很快就发现自己被抛到了右边一块狭小的地方,与革命初期布尔什维克在左边所处的地方相当。可是界线是如此明显!布尔什维克在群众当中总是比在苏维埃当中更有势力。相反,妥协派分子在苏维埃当中比在群众当中仍然保持着更为重要的地位。布尔什维克在其弱小期间还拥有未来。妥协派分子那里则只剩下过去,他们没有理由以它感到自豪。

随着方针的改变,彼得格勒苏维埃也改变了自己的外貌。妥
339 协主义的领袖躲进了中央执行委员会,从而从人们的视野中完全

消失了，在苏维埃里面接替他们的是一些二三流的明星。与策烈铁里、切尔诺夫、阿夫克先季耶夫、斯科别列夫一起不再露面还有民主派部长的朋友和崇拜者，激进的军官和太太、半社会主义的作家、有教养和有名望的人。苏维埃变得更同质、更平凡、更灰暗，也更严肃了。

340

第十三章　布尔什维克和苏维埃

通过进一步的调查便可发现，布尔什维克的宣传手段和工具原来不仅与布尔什维主义的政治影响根本不相称，而且其无足轻重的程度简直令人吃惊。直到七月危机前，把周刊和月刊都算在内，党共有41份机关报刊，总发行量为33万份。七月失败以后，发行量缩小了一倍。8月月底，党的中央机关报印量为5万份。在党掌握彼得格勒和莫斯科的苏维埃的时候，中央委员会的钱柜里的现金约为3万纸卢布。

知识分子几乎根本没有意愿要入党。投身1905年革命的大学生出身的所谓“老布尔什维克”当中很多人现在变成了事业有成的工程师、医生和官吏，他们毫不客气地向党展示自己充满敌意的背影。即使在彼得格勒，记者、演讲人和宣传人员往往也是很缺乏的，外省根本就顾不上了。没有领导人和政治上在行的人物能向人民讲清布尔什维克到底追求什么！各个偏僻的角落尤其是前线都发出了这样的呼唤。在农村，布尔什维克支部几乎完全不存在。
341 通信联络也处在一片混乱之中，听凭其独立行事的地方组织有时不无理由地指责中央，说它只领导彼得格勒。

在机关如此薄弱和报刊发行量如此微小的情况下，布尔什维主义的思想和口号究竟怎样才能掌握人民呢？谜底很简单，适应阶级和时代强烈要求的口号给自己开辟了无数条渠道。火热的革命环境的突出之处就在于它是思想的优良传导体。人们高声诵读布尔什维克的报纸，直到把纸都读破了；最重要的文章读得滚瓜烂熟，还被不断复述，不断传抄，而有些地方尽可能地把它们翻印出来。彼雷科讲述说："司令部的印刷所曾经给予革命事业巨大帮助，我们在印刷所尽可能多地印刷从《真理报》选取的某些文章以及很贴近士兵口味并且他们容易理解的小册子！而且所有这些借助于速递邮件、自行车和摩托车骑手火速送到了前线……"与此同时，免费运送到前线的数百万份资产阶级报纸却找不到读者。大批沉重的包裹一直没有拆开过。抵制"爱国主义"报刊往往带有示威的形式。第十八西伯利亚师的代表通过决议要求资产阶级政党停止寄送书报，因为它们"没什么用处，只能煮开小锅里的茶水"。布尔什维克的报纸得到的是完全不同的对待。因此，它们的正面效果或者负面效果（如果可以这样说的话）都是高得无法比拟的。

对布尔什维主义成功的惯常解释被归结为口号"简单"，它们迎合了群众的愿望。这里是有部分的真理。布尔什维克政策的完整性取决的因素正好与"民主派"政党相反，它摆脱了不说出来的或者半吞半吐的禁忌，这禁忌归根结底就是保护私有财产。但是，这一区别并没有消除问题，如果说布尔什维克右边站着"民主派"，
那么竭力把他们从左边挤出来的时而是无政府主义者，时而是最 342
高纲领主义者，时而又是左翼社会革命党人。然而，所有这些团体毕竟都没有摆脱无能为力的状态。布尔什维主义的功绩就在于其主观目的是捍卫人民群众的利益，它服从作为受到客观制约的进程的革命的法则。科学地揭示这些法则，首先是驾驭人民群众运

动的法则构成了布尔什维克战略的基础。劳动人民在自己的斗争中不仅依据自己的需要，而且也依据自己的生活经验行事。布尔什维主义绝对不会贵族式地蔑视群众的独立经验。相反，布尔什维克以这经验为出发点和根据。他们的巨大优势之一就在这里。

革命总是需要多多讲话，布尔什维克也摆脱不了这一规则。可是正当孟什维克和社会革命党的宣传显现出漫不经心、自相矛盾，更多是含糊其词的性质时，布尔什维克的宣传则显示出考虑缜密和聚精会神的特点。妥协主义者总是绕开困难，布尔什维克则迎难而上。对形势进行不间断的分析，审视前线的口号，认真对付哪怕是不那么可怕的敌人，这些赋予了布尔什维克宣传特殊的鼓动力和说服力。

党的报刊没有夸大成绩，没有歪曲力量对比，也不打算以大喊大叫来取胜。列宁的学校是革命现实主义的学校。从时代文献和历史批评的角度来看，1917 年布尔什维克报刊的资料结果要比所有其他报刊的资料真实得多。真实性源自布尔什维克的革命力量，但是同时也加强了他们的力量。背弃这一传统的行为后来成了歪曲篡改行为最恶劣的特征之一。

343 列宁刚回来时就说过："我们不是江湖骗子。我们只能根据群众的觉悟程度办事。即使因此而不得不处于少数地位，也只好如此。……不要害怕处于少数。""我们就要进行批评，使群众不再受骗。""一切被压迫者就会接近我们……他们没有别的出路。……我们的路线将被证明是正确的。"(《列宁全集》中文第二版第 29 卷，第 104—105、107、106 页)出现在我们面前的是一目了然的布尔什维克政策，它与花言巧语和冒险主义截然相反！

列宁正处在地下状态。他紧张地注视着各种报纸，像往常一样去读出字里行间的含意，在为数不多的个人交谈中捕捉没有考虑成熟的意见和没有说明白的意图。群众中出现了退潮。为布尔什维克遭到诬陷而进行辩护的马尔托夫同时又悲伤地讽刺该党，说它“竟然”自找失败。列宁猜想到，——这方面毫无掩饰的传言很快就传到了他那里——有些布尔什维克不是没有发出过悔过的腔调，敏感的卢那察尔斯基并不孤单。列宁写到了小资产者的啜泣，也写到了对啜泣反应过敏的那些布尔什维克的“背叛行为”。各区和外省的布尔什维克赞许地响应这些严厉的评价。他们越来越坚定地相信：这个“老人”没有惊慌失措，没有陷入绝望，也没有被偶然的情绪所左右。

有一位布尔什维克中央委员（不记得是不是斯维尔德洛夫？）给外省写信时说：“我们暂时还没有报纸……组织也没有被破坏……代表大会也没有延期。”列宁全神贯注地（他无奈处于的隔绝状态允许他能做到这一点）关注筹备中的代表大会，并且为它拟定了主要的决定，提到了继续进攻的计划。代表大会事先就被称为联合的代表大会，因为代表大会需要面对某些独立的革命团体加入党的议题，这当中首先就是彼得格勒的区联派组织。属于该组织的有托洛茨基、越飞、乌里茨基、梁赞诺夫、卢那察尔斯基、波克罗夫斯基、曼努伊尔斯基、卡拉汉、尤列涅夫，以及另外几位过去就已知名或者还只是行将知名的革命者。

7 月 2 日，也就是示威前一天，代表着大约 4000 名工人的区 344
联派成员在这天举行代表会议。作为听众出席会议的苏哈诺夫写道：“大多数人是我不认识的工人和士兵……会议工作极其迅速地开展起来了，而且它的成就大家都觉察得到。有一点不清楚：你们跟布尔什维克的区别是什么？为什么不同他们在一起？”该组织的个别领导人企图拖延合并，托洛茨基为了加速合并，在《真理报》上发表了一份声明：“据我看来，现在在区联派与布尔什维克之间不存在任何原则上或者策略上的分歧。可见没有能证明这些组织继续分别存在的理由。”

7月26日，实际上是作为布尔什维克党的第六次代表大会的联合代表大会开幕了，大会是在半合法的状态下召开的，它轮流隐蔽在两个工人城区举行。出席大会的有175名代表，其中157名代表有表决权，他们代表拥有176750名成员的112个组织。在彼得格勒共计有41000人，36000人属于布尔什维克组织，4000人属于区联派，军事组织大约有1000人；在以莫斯科为中心的中央工业区，党拥有42000名成员；乌拉尔有25000人，顿涅茨克矿区有大约15000名党员。在高加索，规模较大的布尔什维克组织存在于巴库、格罗兹尼和梯弗利斯：前两个地方的党员几乎是清一色的工人；在梯弗利斯，大多数党员是士兵。

代表大会的个人面貌体现的是革命前即过去的党。171名填写了履历表的代表中有110人加起来共蹲过245年监狱，10人共服过41年苦役，24人被流放移居过73年，总共有55人判处流刑共达127年，27人加起来在国外侨居过89年时光；150人遭到过549次逮捕。

345 共产国际现任书记之一的皮亚特尼茨基后来回忆说：“无论列宁，还是托洛茨基、季诺维也夫和加米涅夫都没有出席这次代表大会……尽管有关党的纲领问题从议事日程中撤销了，代表大会还是在党的领袖缺席的情况下认真而良好地举行了……”大会的工作是在列宁的提纲基础上开展的，斯大林和布哈林以报告人的身份讲了话。斯大林的报告颇为不错地测量了报告人自己与党的全体干部自列宁回国4个月来一起走过的路程。理论上不自信然而政治上很坚定的斯大林力求列举出决定着“社会主义工人革命的性质”的那些特征。与四月代表会议相比不同，大会的一致性一眼就能看出来。

关于选举中央委员会的情况，会议记录写道：“宣读得票最多的四名中央委员的名字：列宁得到134票中的133票，季诺维也夫得到132票，加米涅夫131票，托洛茨基131票。除了他们之外，当选为中央委员的还有：诺根、柯伦泰、斯大林、斯维尔德洛夫、李可夫、布哈林、阿尔乔姆、越飞、乌里茨基、米留京、洛莫夫。”必须记住中央委员会的这种组成，十月革命就是在它的领导下发生的。

马尔托夫给代表大会发来了贺信，在信中他再次表达了“对诬陷行为深切的无比愤慨”，可是在一些根本问题上他在行动的门外停了下来。他写道：“不应该允许用在同革命民主派多数进行斗争和反对这个多数的斗争中来夺取政权的任务来偷换由这个多数来夺取政权的任务……”所谓革命民主派多数，马尔托夫像以往那样理解为官方苏维埃代表制度，而它现在已经失去了根基。也正是那个时候，托洛茨基写道：“把马尔托夫与社会爱国主义联系在一
起的不是空泛的派别传统，而是对待社会革命的顽固的机会主义 346
态度，他把它当作不能确定处理现今任务的遥远目标。正是这一点把他同我们区分开来了。”

只有以拉林为首的少数左翼孟什维克在这个时候最终靠拢了

布尔什维克。未来苏维埃政府的外交官尤列涅夫作为代表大会国际主义者联合问题报告人得出结论说，必须同“孟什维克少数派中的少数联合起来……”以前的孟什维克加入布尔什维克党的高潮直到十月革命以后才开始出现。孟什维克没有参加无产阶级起义，而是参加起义产生的政权，与此同时他们也暴露了机会主义的根本性质：崇拜现存的权势。列宁十分敏锐地看待党员的成分问题，他不久便提出开除百分之九十九的十月革命以后入党的孟什维克的要求，但他远没能做到这一点。后来大门对孟什维克和社会革命党人敞开了，于是从前的妥协主义者成了斯大林党的体制支柱之一。不过这一切都已经是后来的事情了。

代表大会的实际组织者斯维尔德洛夫在报告中说道：“托洛茨基在代表大会召开之前就已经进入了我们机关报的编辑部，但是被关进监狱一事妨碍了他事实上参与工作。”一直到七月代表大会上，托洛茨基才正式加入了布尔什维克党，多年的意见分歧和派别斗争有了一个结果。托洛茨基像走向一位导师那样走向了列宁，他比许多人要迟一些，可是对列宁的力量和作用的了解或许比他们更充分一些。从托洛茨基自加拿大回国时起，拉斯科尔尼科夫就与他亲密来往，后来又同他一起在监狱里关了好几个星期。拉斯科尔尼科夫在自己的回忆录中写道：“托洛茨基十分敬重弗拉基米尔·伊里奇（列宁）。他把他[①]置于他曾经在俄国和国外遇到的
347 所有同代人之上。在托洛茨基谈论列宁的口气中，可以感受到学生般的忠诚：到那时为止，列宁本人算起来已经为无产阶级服务

① 指列宁。——译者

30 年了,而托洛茨基也有 20 年。战前时期有过的分歧,现在已经完全消失了。在列宁和托洛茨基之间,不存在策略路线方面的分歧。这种早在战争期间就已经基本形成的相互接近从列夫·达维多维奇(托洛茨基)返回俄国的那一刻起就十分清楚地确定下来了。听了他的最初一些演讲以后,我们所有的老列宁主义者都觉得他就是我们的人。"把托洛茨基选进中央委员会所得的票数就已经证明,在他入党的那个时刻布尔什维克中间没有任何一个人把他当作外人看待。

列宁无形之中出席了会议,他把负责和勇敢的精神带进了大会的工作之中。这位党的创建者和教导者不能容忍在理论方面的粗糙,就如不能容忍在政治方面的粗糙一样。他明白,不正确的经济公式或是疏忽大意的政治观点,在开展行动的时刻都将会残酷地为自己进行报复。列宁坚持以吹毛求疵似的细心态度对待每一段党的文字,哪怕是次要文字也罢。他不止一次地说过:"这不是小事情,需要精确:我们的宣传人员要牢记这一点,不要迷失方向。……""我们有一个很好的党,"——他补充说。他指的恰恰是普通的宣传人员都能以这种严肃而苛刻的态度来对待该说什么和怎样说的问题。

布尔什维克大胆的口号不止一次地造成了纯系幻想的印象。列宁的四月提纲就遇到过这种情况。实际上在革命时代,舍本求末的行为比任何行为都更虚幻;相反,现实主义若没有长远目标的政策是难以想象的。说布尔什维主义没有什么幻想,这还不够:列宁的党是在革命过程中奉行政治现实主义的唯一政党。

6 月份和 7 月月初,工人布尔什维克多次说过,在对待群众方

348 面，他们不得不经常起着消防水龙带的作用，而且并非总是能取得成功。7月，伴随着失败也提供了代价高昂的教训。群众开始更加用心地看待党的警告，同时体会其策略方面的意图。党的七月代表大会重申："无产阶级不应该上资产阶级挑拨的当，此刻资产阶级特别希望把无产阶级引向时机尚未成熟的战斗。"整个8月，特别是下半月，党对工人和士兵不断发出警告：不要上街。布尔什维克的领袖们经常拿自己的警告与旧德国社会民主党的政治主旨相类似这一点开玩笑，因为德国社会民主党一成不变地以挑拨的危险和积蓄力量的必要性为借口阻止群众不开展任何严正的斗争。实际上这种相似是虚构出来的。布尔什维克非常清楚地懂得，要在斗争中，而不是在逃避斗争的情况下积蓄力量。对列宁而言，研究现实仅仅是作为有利于行动的理论探索。在评价形势的时候，他总是认为处在形势正中央的党是积极的力量。他带着特殊的敌意，说得更确切一些是带着极其厌恶的情绪来看待奥地利马克思主义（奥托·鲍威尔、希法亭等人），因为对后者来说，理论分析仅仅是消极的学术注释。小心谨慎——是刹车，而不是发动机。无论谁都不能靠刹车来完成旅行，如同无论谁都不能靠小心谨慎来建立不管什么样的伟大功绩一样。不过布尔什维克同时也十分清楚地知道，斗争要求考虑力量；需要小心谨慎，为的是享有大胆行事的权利。

第六次代表大会对过早发生的冲突提出了警告，同时也指出：
"当全国性危机和群众运动全面高涨为城乡贫困居民转到工人一
349 边创造了有利条件的时候"，就必须战斗。至于革命的速度，那不
是以数十年和数年，而是以几个月来计算。

代表大会把向群众解释准备发动武装起义的必要性提上了议

事日程，同时撤销了此前一个阶段提出的把政权交给苏维埃的中心口号。这两件事是联系在一起的。列宁通过文章、信件和私下交谈准备好了代替的口号。

政权交给苏维埃就意味着把政权直接交给妥协主义者。这一点能够通过直接解除资产阶级政府职权的途径和平地实现，因为该政府本来就是依靠妥协主义者的良好意愿和群众对它的残存信任而得以维持的。从 2 月 27 日起，工人和士兵的专政就已经成了事实。但是工人和士兵并没有必然认识清楚这个事实。他们相信妥协主义者的政权，而正是后者亲手把政权交给了资产阶级。布尔什维克关于革命和平发展的考虑并不是建立在资产阶级自愿把政权交给工人和士兵的基础之上的，而是建立在工人和士兵适时阻止妥协主义者把政权转让给资产阶级基础之上的。

在苏维埃民主体制下，政权集中到苏维埃就为布尔什维克成为苏维埃的多数提供了充分的可能性，从而最终再依据自己的纲领建立政府。因此也不需要为达到这个目的而举行武装起义。执政党的轮换是能够通过和平途径实现的。4—7 月，党的全部努力都是朝一个方向，通过苏维埃来确保革命的和平发展。“耐心地进行解释”——这就是布尔什维克政策的关键。

七月危机彻底改变了整个形势，政权从各级苏维埃转到了军人集团手里，该集团跟立宪民主党和协约国大使馆沆瀣一气，并且仅仅是把克伦斯基当作民主派的招牌容忍至今。假如苏维埃执行
委员会现在忽然想要做出把政权转移到它手中的决定，那么所得 350
到的完全不是 3 天前那样的结果：大概某个哥萨克团与士官生一起开进塔夫里达宫，并且会尝试毫不客气地逮捕“僭位者”。“政权

归苏维埃”的口号从现在起必须要以反对临时政府以及站在它背后的军人集团的武装起义为前提。然而，以苏维埃政权（苏维埃不想要这个政权）的名义发动起义是明显的荒谬行为。

另一方面，从现在起还有疑问的，有些人甚至认为是极不可靠的就是，布尔什维克能够通过和平改选的方式在这些毫无权力的苏维埃里面占到多数吗？本身跟七月镇压工人和农民的行动有牵连的孟什维克和社会革命党人不用说会继续掩盖对布尔什维克的暴力压制。仍然作为妥协主义机关的苏维埃在反革命政权下面将变成有气无力的反对派，从而将很快完全结束自己的存在。

在这样的条件下，根本不可能继续谈论政权和平地转移到无产阶级手里的问题。这对布尔什维克党来说意味着必须准备武装起义。在什么样的口号下举行呢？在无产阶级和贫苦农民夺取政权的公开口号下。革命任务必须用完全公开的形式提出来。必须从模棱两可的苏维埃形式下抽出阶级实质。这不是拒绝苏维埃本身。掌握了政权的无产阶级应当按照苏维埃形式来组织国家。不过，这将是另外一种苏维埃，它从事的是与妥协主义苏维埃的保守功能截然相反的历史性工作。

在刚开始受到诬告和陷害时，列宁写道：“政权归苏维埃的口号现在听起来好像是唐·吉诃德精神，或者是一种嘲笑。这个口号在客观上会欺骗人民，会使人民产生一种错觉，似乎现在也是只
351 要苏维埃愿意取得政权或做出这种决定，它就可以取得政权，似乎在苏维埃内还有一些政党并没有因帮助刽子手而玷污了自己，似乎可以把已经发生的事情只当作没有发生。”（《列宁全集》中文第二版第 32 卷，第 8 页）

要拒绝把政权转给苏维埃的要求吗？最初，这个想法让党大为吃惊，说得更准确些是让党的宣传骨干大吃一惊，因为他们在此前三个月时间内，对这个流行的口号熟悉到了如此程度，以至几乎把它跟革命的全部内容等同起来了。党内展开了辩论。如曼努伊尔斯基、尤列涅夫等多位党的著名工作者就指出，取消“政权转归苏维埃”的口号会导致无产阶级脱离农民的危险。这种说法是用机关代替了阶级。对组织形式的盲目崇拜（这乍看起来不论多么古怪）所代表的正是革命队伍中非常流行的病症。托洛茨基写道：“在我们还留在这些苏维埃当中期间，……我们将竭尽努力，让反映昨日革命的苏维埃能够上升到能承担明日任务的高度。可是，苏维埃的作用和命运问题无论多么重要，对于我们来说，它完全要服从城市无产阶级和半无产阶级群众，以及军队和农村的为夺取政权和为建立革命的专政而斗争的问题。”

应该由什么样的群众组织为党领导起义效力的问题，不允许采取主观臆断的，尤其不允许绝对断然的解决办法。能充当起义辅助机关的是已经处于布尔什维克领导之下的工厂委员会和工会，以及在某些场合还有苏维埃，如果它们摆脱了妥协派分子的羁绊的话。例如，列宁就对奥尔忠尼启则说过：“我们必须把重心转移到工厂委员会上来。工厂委员会应当是起义的机关。”

7月群众开始是与消极的对手，然后是与积极的敌人苏维埃 352
发生冲突以后，转变口号一事在他们的意识中找到了充分准备好了的土壤。列宁时刻关注的事情就是这一点：以最简单的形式表述出一方面是客观条件产生的，另一方面是群众的主观经验造成的形势。现在，不必把政权奉献给策烈铁里的苏维埃——先进的工人和士兵就是这样认为的——我们自己必须把它拿到手中！

反对国务会议的莫斯科罢工示威的发生不仅违背了苏维埃的意愿，而且没有提出苏维埃政权的要求。群众有效地吸收了时局提供出来的和经列宁解释清楚的教训。就在反革命试图击溃妥协主义苏维埃的危险刚刚露头的时候，莫斯科的布尔什维克对采取战斗立场一刻都没有动摇过。布尔什维克的政策总是把革命的坚定性与高度的灵活性结合起来，而且也正是从这种结合中汲取自己的力量。

从国际主义的角度来看，战争舞台上发生的事变使党的政策受到了严峻的考验。自从里加陷落以后，彼得格勒的命运问题触到了工人和士兵内心的痛处。在斯莫尔尼宫举行的工厂委员会会议上，不久前指挥过解除彼得格勒工人武装的行动的军官、孟什维克马祖连科做了一个关于威胁彼得格勒的危险的报告，并且提出了进行实际防御的问题。一位布尔什维克发言人情绪激动地大声说道："您能跟我们说什么呀……我们的领袖还被关在监狱里，而您却请我们来讨论什么与首都防御相关的问题。"作为产业工人和资产阶级共和国公民的维堡区无产阶级根本不打算破坏革命首都的防务。可是作为布尔什维克，作为党的成员的他们一刻也不愿
353 在俄国人民和其他各国人民面前与当权者分担战争责任。列宁担心护国主义情绪会变成护国主义政策，他写道："只有政权转归无产阶级以后，……我们才能成为护国派。无论是占领里加，或是占领彼得格勒，都不能使我们成为护国派。在这以前，我们主张无产阶级革命，我们反对战争，我们不是护国派。"（《列宁全集》中文第二版第 32 卷，第 115 页）托洛茨基写道："里加的失陷是一个沉重的打击。彼得格勒的失陷也将是不幸的事件。但是俄国无产阶级

国际主义政策的失陷将是灭亡。”这是狂热信徒恪守理论教条吗？然而正是在布尔什维克步兵和水兵牺牲在里加城下的这些日子里，临时政府为了击溃布尔什维克撤走了军队，而最高总司令则准备跟政府开战。布尔什维克不敢也不愿为这一政策（在前线和在后方都一样），为防御（就像为进攻一样）承担丝毫责任。如果他们采取另外的行事方式，那么他们就不是布尔什维克了。

克伦斯基和科尔尼洛夫等于是同样一种危险的两种不同变体，不过这一慢一急的两个变体到 8 月月底的时候处于互相敌对的状态。必须首先消除急性的危险，以便随后来战胜慢性的危险。布尔什维克不仅加入了城防委员会，尽管在里面注定要处于极少数的地位，而且宣布要在跟科尔尼洛夫的斗争中准备哪怕是同执政内阁结成“军事—技术联盟”。关于这一点，苏哈诺夫写道：“布尔什维克表现出了非同寻常的分寸和政治智慧……在走向不合他们本性的妥协的同时，他们的确在追求他们的盟友不曾料到的某种特殊目的。但是在这件事情上，他们的智慧尤其了不得。”在这个政策中，没有任何“不合布尔什维克主义本性”的东西；相反，该政策再好不过地符合了党的总体性质。布尔什维克是事业上而不是姿态上的，是实质上而不是形式上的革命者。他们的政策是由各种力量的实际组合而不是由各种好感和反感决定的。正在遭受 354
社会革命党人和孟什维克诬陷的列宁写道：“如果以为革命的无产阶级会因为社会革命党人和孟什维克支持过残杀布尔什维克、支持过在前线进行枪杀和解除过工人的武装而要实行所谓‘报复’，‘拒绝’支持他们去反对反革命势力，那是极端错误的。”（《列宁全集》中文第二版第 32 卷，第 8—9 页）

这种支持是技术上的,而不是政治上的。在自己给中央委员会的一封信当中,列宁对政治支持提出了坚决的警告:“就是现在我们也不应该支持克伦斯基政府。支持这个政府就是无原则性。有人问:难道不打科尔尼洛夫了吗?当然要打!但这不是一回事;这里有一个界限;有些布尔什维克越出了这个界限,因而陷入了‘妥协’的泥坑,卷入了事变的急流而不能自拔。”(《列宁全集》中文第二版第 32 卷,第 116 页)

列宁很善于从远处捕捉到政治情绪的细微差异。在 8 月 29 日的基辅城市杜马会议上,一位当地布尔什维克领导人格·皮亚塔科夫宣称:“在这严酷时刻,我们应当忘记一切旧的恩怨……同与反革命展开坚决斗争的所有革命政党联合起来。我呼吁实现统一。”等等。这就是列宁对之提出过警告的那种不正确的政治腔调。“忘记旧的恩怨”就意味着向行将破产的人发放新的贷款。列宁写道:“我们……要同而且正在同科尔尼洛夫作战,但是我们不支持克伦斯基,而要揭露他的软弱性。这是差别。”“应该无情地反对所谓……支持临时政府等等空话,对空话就是应当如此。”(《列宁全集》中文第二版第 32 卷,第 116、117 页)

工人对自己与冬宫的“联盟”性质没有抱任何幻想。“无产阶级跟科尔尼洛夫进行斗争,并不是为克伦斯基的独裁而是为革命的全部成果而进行斗争。”在彼得格勒、在莫斯科、在外省,一个又一个的工厂都是这么说的。无须对妥协主义做任何最小的政治让
355 步,无须让任何组织,任何旗帜陷入混乱状态,布尔什维克像往常一样准备使自己的行动与对手和敌人协调一致起来,如果这样做有可能给当时另一个更危险的敌人打击的话。

在同科尔尼洛夫的斗争中，布尔什维克追求的是自己的“特殊目的”。苏哈诺夫的话是在暗示，这时他们已经给自己提出了把城防委员会变成无产阶级革命工具的任务。科尔尼洛夫叛乱期间成立的革命委员会在一定程度上成了日后领导无产阶级起义的机关未来的样板，这是无可争辩的。但是，在苏哈诺夫以为布尔什维克事先预见到了这种组织因素的时候，他毕竟是把超过实际的远见送给了布尔什维克。布尔什维克的“特殊目的”就在于粉碎反革命；如果可能的话，使妥协主义者离开立宪民主党；把尽可能多的群众团结起来，置于自己的领导之下，把尽可能多的革命工人武装起来。布尔什维克没有用自己这些目的制造任何秘密。一个受迫害的党挽救了镇压和诬陷它的政府；但是它把这个政府从军事溃败中挽救过来，目的是为了在政治上更有把握地击垮它。

8 月的最后几天再次发生了力量对比的急剧变动。不过这次是从右边往左边移动，响应号召起来斗争的群众毫不费力地就恢复了苏维埃在七月危机以前面临的那种形势。从此，苏维埃的命运重新掌握在他们手中了。政权有可能无须经过战斗就转归苏维埃。为此，妥协派分子只需使实际上已经稳定下来的形势巩固起来就行了。全部问题就在于他们愿意这样做吗？……凭一时冲动，妥协派分子宣布，跟立宪民主党的联合以后是不可思议的。如果是这样，那么联合向来就是不可思议的。不过，放弃联合除非是把政权转给妥协主义者之外，不可能意味着任何别的结果。

列宁马上就掌握了新形势的实质，从而从中得出了必要的结
论。9 月 3 日，他写了一篇题为《论妥协》的精彩文章。他断定苏 356
维埃的作用再次发生了变化，7 月月初，苏维埃是跟无产阶级做斗

争的机关，而到 8 月月底，它们成了跟资产阶级做斗争的机关。苏维埃重新获得了自己对军队的指挥权，历史再次显露了些许革命和平发展的可能性。这是极其罕见和有价值的可能性。必须力求使之得以实现。列宁顺便捎带嘲笑了那些唱高调的人，这些人认为无论什么样的妥协都是不能容忍的。他指出任务就在于“通过各种妥协（如果妥协不可避免）”来实现自己的目标和任务。他说：“从我们方面来说，妥协就是回到 7 月前的要求：全部政权归苏维埃，成立一个对苏维埃负责的由社会革命党人和孟什维克组成的政府。现在，只是在现在，也许只有在几天或一两个星期的时间内，这样的政府可以完全和平地成立并得到巩固。”（《列宁全集》中文第二版第 32 卷，第 131—132 页）应该说，这段简短的文字想必描述出了整个形势的紧迫性，妥协派分子剩下的日子屈指可数了，他们要在资产阶级和无产阶级之间做出选择。

妥协派分子急忙避开了列宁的建议，如同避开诡谲的陷阱一样。实际上这个建议并没有狡黠的用意，列宁相信自己的党负有领导人民的使命，在削弱敌人对必然命运的反抗以后，他试图公开让斗争缓和下来。

列宁往往依据形势本身的变化，依据自己始终保持的战略意图的一致性做出大胆的转变，这转变构成了无比宝贵的革命战略大学校。妥协的建议首先对于布尔什维克党自身有着具体教训的意义。同时它表明，对于妥协主义者而言，尽管有跟科尔尼洛夫那段经历，也再没有转而走上革命道路。从此以后，布尔什维克党最终觉得自己才是唯一的革命政党。

357 妥协主义者拒绝发挥他们在 3 月份起到的把政权从无产阶级

手中转到资产阶级手中那样的传动装置作用，把政权从资产阶级手中转到无产阶级手中。但是，“政权归苏维埃”的口号正是被这种情况再次搁置起来的。不过，这种情形没有延续多久。几天之内，布尔什维克已经在彼得格勒，后来又在另外一系列城市的苏维埃获得了多数。因此，“政权归苏维埃”的口号没有第二次从议事日程上撤下来，而是获得了一个新的含义：全部政权归布尔什维克的苏维埃。在这种特定背景下，该口号到最后不再是和平发展的口号了。党开始走上了通过苏维埃和为了苏维埃而发动武装起义的道路。

为了理解后续的发展过程，有必要在此提出下面的问题：9 月初妥协主义的苏维埃是怎样把它们在 7 月丧失的政权收回给自己的呢？似乎是由于七月事件的结果，两个政权并存的局面结束了，代替它的是资产阶级专政，这一论点像用一根丝线贯穿着第六次代表大会的决议。最近的苏联历史学家连篇累牍地重复这个意见，甚至不打算从随后发生的事件的角度来重新对它进行评价。因此他们完全不对自己提出这样一个问题：如果 7 月时政权完全转到了军人集团手里，那么同一个军人集团为什么在 8 月又发起了暴动呢？开始走上阴谋冒险道路的不是拥有政权的人，而是想攫取它的人。

第六次代表大会的公式至少是不准确的。如果我们把那种体制——在该体制下，正式政府手里实质上是虚幻的政权，而真实力量却在苏维埃手里——称作两个政权并存，那么没有任何根据能够证明，部分现实政权从苏维埃转给资产阶级那个时刻起，两个政权并存本身也就结束了。从当时的战斗任务的观点来看，可以也

应该重新评价政权集中到了反革命手中的问题。政治——不是数
358 学。实际上贬低既有变化的意义的做法，要比夸大其意义的做法不知要危险多少。不过，历史学分析并不需要用作宣传的夸大。

斯大林把列宁的主张简单化了，他在代表大会上说："关于政治形势。现在已经没有人谈论两个政权的并存了。从前苏维埃是实际的力量，可是现在它仅仅是个没有丝毫权力的团结群众的机关。"(《斯大林全集》第 3 卷，到 171 页)有些代表反驳了这种说法，称反动在 7 月占了上风，可是反革命并没有取得胜利。斯大林用出人意料的箴言来回应这个问题："在革命的时候，反动是不存在的。"实际上，革命只能通过一系列轮番出现的反动走向胜利，它总是在前进两步以后又后退一步。反动与反革命的关系就如同改良与革命的关系一样。可以把在制度中发生的使其向反革命阶级的要求靠近，但是还没有改变政权执掌者的变化称之为反动的胜利。政权没有转到另一个阶级手里，反革命的胜利就是不可想象的。7 月并没有发生这种决定性政权转移。

"如果七月起义是一场半起义，那么反革命的胜利在一定程度上也就是一场半胜利。"几个月过后，布哈林这样写道。他说得对，但是不善于用自己的话做出必要的结论。然而半个胜利不能使资产阶级取得政权。两个政权改组了，变形了，但是没有消失。在工厂里还是像以前一样，违背工人的意愿，什么事情也做不成；农民掌握权力到了可以不让地主享用财产权利的地步。指挥官在士兵面前感到自己是不受信任的。可是，如果没有支配武装力量和财产的物质条件，那样的政权又算是什么呢？8 月 13 日，托洛茨基
359 就已经出现的情况写道："问题不仅仅在于履行一连串政府职能的

苏维埃同政府站在一起……其实质在于在苏维埃和政府背后分别站着两种依靠不同阶级的不同制度。……由上面强加的资产阶级共和国制度和由下面形成的工人民主制度互相使对方失去活动能力。”

苏维埃中央执行委员会丧失了自己极大的一份作用，这是毋庸置辩的，但是如果就此认为资产阶级得到了妥协主义上层失去的一切，那也是错误的想法。这个上层不仅失之于右边，而且失之于左边；不仅有利于军人集团，而且也有利于工厂委员会和各团军人委员会。政权分散了，化成了微尘，部分藏到地底下去了，就像七月失败以后工人藏起的武器一样。两个政权不再是“和平共处的”、互相联系的和可以调节的。它变得更加隐匿和分散，也更加对立和更具爆炸性。到 8 月月底，隐秘的两个政权并存局面重新变得起作用了。我们将会看到这个事实到 10 月将会具有怎样的意义。

360 # 第十四章　最后一届联合政府

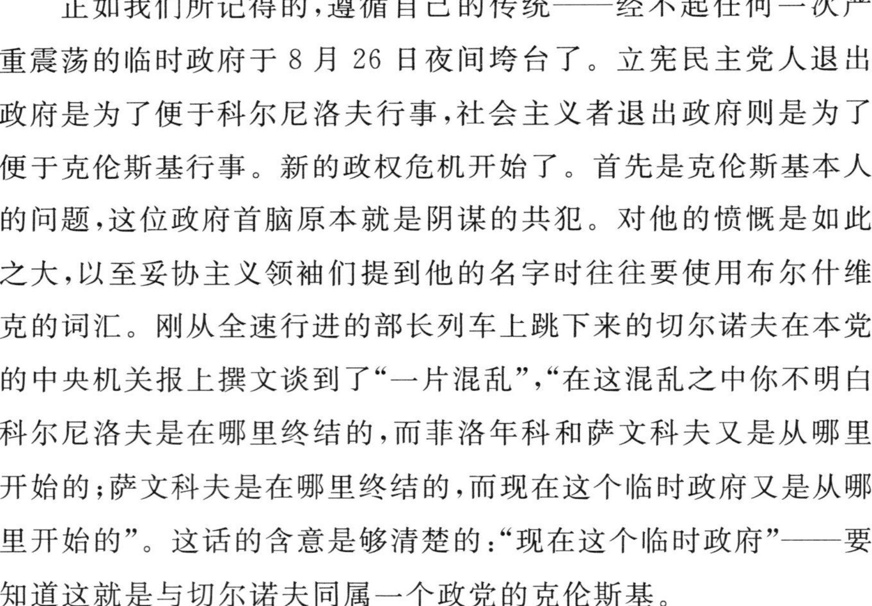

正如我们所记得的，遵循自己的传统——经不起任何一次严重震荡的临时政府于8月26日夜间垮台了。立宪民主党人退出政府是为了便于科尔尼洛夫行事，社会主义者退出政府则是为了便于克伦斯基行事。新的政权危机开始了。首先是克伦斯基本人的问题，这位政府首脑原本就是阴谋的共犯。对他的愤慨是如此之大，以至妥协主义领袖们提到他的名字时往往要使用布尔什维克的词汇。刚从全速行进的部长列车上跳下来的切尔诺夫在本党的中央机关报上撰文谈到了“一片混乱”，“在这混乱之中你不明白科尔尼洛夫是在哪里终结的，而菲洛年科和萨文科夫又是从哪里开始的；萨文科夫是在哪里终结的，而现在这个临时政府又是从哪里开始的”。这话的含意是够清楚的：“现在这个临时政府”——要知道这就是与切尔诺夫同属一个政党的克伦斯基。

但是，妥协派分子在体味上述强硬话语中的精神的同时，认定没有克伦斯基他们就无法应付下去。如果说他们阻碍克伦斯基特赦科尔尼洛夫，那么他们自己却赶紧特赦了克伦斯基。作为补偿，克伦斯基同意在统治俄国的形式问题上做出让步。昨天人们还认
361 为只有立宪会议才能解决这个问题。现在，法律上的障碍很快就被规避了。在政府的声明中，免掉科尔尼洛夫的职务被说成是“挽

救祖国，挽救自由与共和”所必不可少的。给左翼纯粹口头上的同时又是来得太迟的小恩小惠，当然一点也没有提高当局的威信，何况科尔尼洛夫已经宣布自己也是共和派人士。

8 月 30 日，克伦斯基不得不解除了萨文科夫的职务，几天后人们甚至把他开除出了无所不包的社会革命党。然而，政治上跟萨文科夫半斤八两的帕利钦斯基马上被任命担任总督之职，而此人一开始就封闭了布尔什维克的报纸。两个苏维埃执行委员会提出了抗议。《消息报》把此举称为“愚蠢的挑衅行为”。只过了 3 天，就不得不撤掉了帕利钦斯基。31 日，克伦斯基组成了一个有立宪民主党人参加的新政府。这个事实表明，他在改变自己的政治方针方面做得多么地少。就连社会革命党人也不能容忍这一点，他们威胁要召回自己的代表。医治当局的新药方被策烈铁里找到了：“维护联合的观念，清除所有给政府造成沉重负担的人物。”斯科别列夫随声附和说：“联合的观念加强了，但是在政府班子中不可能有与科尔尼洛夫阴谋有牵连的那个党的席位。”克伦斯基不同意设置这样的限制，从他本人的立场来看这是对的。

同资产阶级联合，却又要排除为首的资产阶级政党，这是明显不可理喻的举动。加米涅夫指出了这一点，在苏维埃执行委员会联席会议上，他以他特有的教训人的口吻从最新事态中得出如下结论：“你们想把我们抛到同不负责任的集团进行联合的更加危险的道路上去。但是你们忘记了过去那些日子由可怕事件所创建和巩固的联合，——忘记了革命的无产阶级、农民与革命军队之间的联合。”这位布尔什维克发言人还提醒大家想起 5 月 26 日托洛茨 362
基为遭到策烈铁里指控的喀琅施塔得人辩护时所说过的话：“当一

个反革命将军试图用绞索套上革命的脖子的时候，立宪民主党人就会给绳子涂上肥皂，而喀琅施塔得水兵将会挺身而出，同我们一道战斗和牺牲。”这一提醒非常中肯。对于“民主派的统一”和“诚心诚意的联合”的高谈阔论，加米涅夫回应说：“民主派的统一取决于你们去还是不去跟维堡区实行联合。任何其他的联合都不是诚心诚意的。”苏哈诺夫用下面这句话记录了加米涅夫的发言所造成的毋庸置疑的印象：“加米涅夫说得很有道理，也很有分寸。”可是，后来的事情不在于印象如何。双方的道路预先就已经决定好了。

妥协派分子跟立宪民主党人断绝关系实际上从一开始就带有纯粹做样子的性质。自由派的科尔尼洛夫分子自己也明白，最近他们最好还是站在暗处为好，按照与立宪民主党达成的公开妥协，暗地里做出了建立政府的决定。这个政府凌驾于国家全部现实力量之上达到了如此地步，以至没有人会怀疑其临时的性质。除了克伦斯基之外，五人执政内阁还包括外交部长捷列申柯，由于他同协约国外交部门的关系，此人已经成了不可替代的人物；也包括为此目的匆匆忙忙由上校提升为将军的莫斯科军区司令韦尔霍夫斯基；还有为此目的急忙从监狱里释放出来的孟什维克韦尔杰列夫斯基；最后，还有有问题的孟什维克尼基京，他所在的党很快就认为把它从党的队伍开除出去的条件是够成熟的。

借助于他人之手战胜科尔尼洛夫以后，克伦斯基看来只关心如何实施他的计划。科尔尼洛夫想把最高总司令的权力与政府首
363 脑的权力合在一起，克伦斯基做到了这一点。科尔尼洛夫打算用五人执政内阁掩盖个人独裁。克伦斯基完成了这一任务。资产阶级要求解除切尔诺夫的职务，克伦斯基便把他赶出了冬宫。他任

命立宪民主党的英雄和该党的总理候选人阿列克谢耶夫将军为大本营参谋长，也就是军队事实上的首脑。在下达给部队和舰队的命令中，克伦斯基要求停止军队里的政治斗争，也就是要恢复原先的局面。走出地下状态的列宁以其特有的极其简单明了的风格描述了上层的情况，说克伦斯基“是偶然同科尔尼洛夫闹翻、现在还继续同别的科尔尼洛夫分子结成极亲密同盟的一个科尔尼洛夫分子”。(《列宁全集》中文第二版第 32 卷，第 244 页)对反革命取得的胜利要比克伦斯基实现个人计划所需要的要深刻得多，真是一个灾祸。

执政内阁急忙把被认为是阴谋教唆者之一的前陆海军部长古契柯夫从狱中放出来。法律向来没有朝立宪民主党的教唆者举起过自己的手。在这种环境下，把布尔什维克继续关在牢房里，就变得更加困难了。临时政府找到了出路：在不撤销指控的情况下，让取保布尔什维克出狱的彼得格勒工会委员会担当起了“为革命无产阶级敬爱的领袖缴纳保证金的光荣任务”。9 月 4 日，缴纳了区区 3000 卢布保证金(实际上还是虚构的)以后，托洛茨基出狱了。在自己所著的《俄国内乱史》一书中，邓尼金将军颇为动人地写道：“9 月 1 日，科尔尼洛夫将军遭到逮捕，而 9 月 4 日勃朗施坦-托洛茨基被同一个临时政府释放了。这两个日子应当值得俄国纪念。”随后几天，通过担保释放布尔什维克的事情还在继续。出狱的人并没有白白地损失时间，他们是群众期待和呼唤的人，也是党所需要的人。

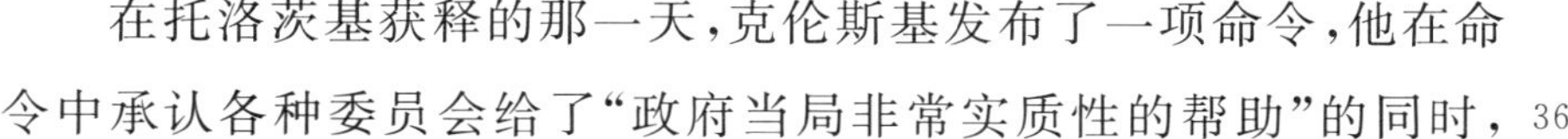

在托洛茨基获释的那一天，克伦斯基发布了一项命令，他在命令中承认各种委员会给了“政府当局非常实质性的帮助”的同时， 364

又责成这些委员会停止继续活动。就连《消息报》也认为，命令让发布者暴露出了对形势“理解十分差劲”。彼得格勒各区苏维埃联合会议做出这样的决定：“在同反革命的斗争中不能解散革命组织。”来自底层的抗争是如此强烈，竟然使得妥协主义的军事革命委员会也决定不承认克伦斯基的指挥权，并且向自己的地方机构发出号召：“鉴于持续紧张的形势，要像以前一样精力充沛和沉着镇静地开展工作。”克伦斯基沉默不语：因为没有给他留下任何别的选择。

执政内阁的全能首脑每走一步都不得不确信，形势在发生变化，反抗在加强，必须做出某些改变，至少在口头上是如此。9 月 7 日，韦尔霍夫斯基对报界宣布，科尔尼洛夫叛乱之前制定的整顿军队的计划现在应当放弃，因为“在军队现有心理状态下”，计划只会导致它走向进一步瓦解。在新时代到来的标志下，这位陆海军部长向苏维埃执行委员会发表了讲话。他叫大家不要担心，阿列克谢耶夫将军将要离开，凡是与科尔尼洛夫暴动有牵连的人都将和他一起离开。要使军队具备健全的基础，“不是靠机枪和皮鞭，而是要通过用权利、正义和严格纪律的观念来进行劝导”。这里完全能感受到革命春天的气息。但是 9 月就在门口，秋天已经降临了。过了几天之后，阿列克谢耶夫果然被撤职了，接替他的是杜鹤宁将军。这位将军的优势就在于人们不熟悉他。

为了对上述让步进行补偿，陆军部和海军部的部长们要求苏维埃执行委员会立即予以协助。军官们正处在达摩克利斯剑之下，波罗的海舰队的情况尤其糟糕，有必要让水兵安静下来。像往常一样，经过长时间争论以后做出了决定，派一个代表团到舰队去，

而且妥协派分子坚持要布尔什维克，首先是托洛茨基加入代表团。365
只有满足了这个条件，代表团才有成功的希望。托洛茨基反驳说："我们坚决拒绝策烈铁里为之辩护的那种同政府进行合作的形式……政府在根本上实行的是反对人民和不受监督的错误政策；当这个政策走进了死胡同，或者说导致了灾难的时候，消除无法避免的后果这种费力不讨好的工作就交给了革命组织……正如你们所说的，该代表团的任务之一就是调查卫戍部队人员中的'不良分子'，也就是调查奸细和间谍……难道你们忘记了，我本人不就是根据第 108 条受到追究的吗？……在同私刑的斗争中，我们将按自己的方式行事……我们不会与检察长和反间谍机关联手行动，而是像一个革命政党那样去进行说服、组织和教育。"

召开全俄民主会议的决定是在科尔尼洛夫暴动期间做出的。它应该再次向民主派展示力量，应该引起左右两边的反对者对它表示尊重。而且，还有一个并非最高的任务——制止贪得无厌的克伦斯基。妥协主义者是真的打算让政府服从临时安排的某种代表制，直至立宪会议召开。资产阶级事先就对民主会议抱敌对的态度，把它视为民主派巩固因战胜科尔尼洛夫而得以恢复的自己阵地的图谋。米留科夫在《历史》一书中写道："策烈铁里的把戏实质上是彻底向列宁和托洛茨基的计划投降。"恰恰相反，策烈铁里的把戏旨在使布尔什维克为争取苏维埃政权的斗争陷于瘫痪。民主会议是跟苏维埃代表大会完全对立的。妥协主义者为自己建立了新的基地，并企图人为地把各种组织结合起来勒死苏维埃。民主派人士擅自做主分配席位，他们只关心一件事：确保自己无可争 366
议的多数地位。上层组织的代表要比下层组织多得不成比例。那

些自治机构，其中包括不是经民主选举产生的地方自治局对苏维埃取得了巨大的优势。合作社工作人员结果扮演了命运主宰者的角色。

以前在政治生活中不占任何地位的合作社工作人员在莫斯科国务会议期间第一次走上了政治舞台，并且从此刻起，他们不外是开始代表自己的两千万成员，或者说得更简单些，代表“半数俄国居民”出现了。合作社通过农村的上层把自己的根基植入了农村，这个上层赞成“公正地”剥夺贵族，但条件是不仅要保护他们通常面积很大的私有土地，而且还要有所增加。合作社的领导人是由自由派民粹主义知识分子，部分是由自由派马克思主义知识分子组成的。他们在立宪民主党人与妥协派分子之间搭起了天然的桥梁。合作社工作人员以与富农对待不肯低头的雇农同样的仇视态度对待布尔什维克。妥协派分子贪婪地抓住抛弃了中立伪装的合作社工作人员，以加强自己反对布尔什维克的力量。列宁无情地抨击了烹制民主派饭菜的厨师。他写道：“十个觉悟了的士兵或者落后工厂十个觉悟了的工人，要比……所伪造的各代表团的一百个代表重要一千倍。”(《列宁全集》中文第二版第32卷，第248页)托洛茨基在彼得格勒苏维埃证明说，合作社官员反映农民的政治意愿，就像医生反映自己病人的政治意愿一样少，或者像邮局的官员反映发信人和收信人的观点一样少。“合作社工作人员应当是优秀的组织者、买卖人和会计师，但是农民将像工人那样，把捍卫阶级权利的任务交给自己的苏维埃。”这并没有妨碍合作社工作人员得到150个席位，也没有妨碍他们与经过改组的地方自治机关
367 以及各种所有其他被拉来投票的组织一起完全歪曲群众代表制度

的性质。

彼得格勒苏维埃把列宁和季诺维也夫列入了自己出席民主会议的代表团名单。临时政府下令在剧院大厦入口处逮捕上述二人，但不在会议大厅内逮捕他们，显然妥协派分子与克伦斯基之间就是这样达成协议的。不过这事仅限于苏维埃的政治示威，因为无论列宁还是季诺维也夫都不打算出席会议。列宁认为布尔什维克在那里本来就没有什么事情可做。

民主会议于 9 月 14 日，也就是国务会议过后整整一个月在亚历山大剧院观众厅开幕。获准出席的人数达到了 1775 人，大约 1200 人出席了开幕式。布尔什维克当然是处于少数。不过，尽管要尽了选举制度的花招，他们还是代表着一个很大的集团，在某些问题上这个集团把超过代表总数三分之一的人聚集到了自己周围。

一个强有力的政府面向一个像是“民间的”会议发表讲话合适吗？这个问题成了冬宫出现的剧烈震荡和亚历山大剧院反映出来的激动情绪的主题。到最后，政府首脑下决心与民主派见面。施里亚普尼柯夫描述了克伦斯基出现在大厅时的情况：“受到掌声欢迎的他朝主席团走去，与坐在桌子后面的人一一握手。按次序轮到了互相坐得相隔不远的我们(布尔什维克。——托洛茨基)。我们相互使了眼色，迅速约定好不跟他握手。一个矫揉造作的姿势抹过了桌子，我避开了向我伸出的那只手，于是伸出了手的克伦斯基也就没有接触我们的手，他随后就走过去了。”政府首脑在对面那一侧，即科尔尼洛夫分子那里也遇到了这种对待。然而，除了布尔什维克和科尔尼洛夫分子之外，已经没有剩下什么真正的现实力量了。

为整个形势所迫，克伦斯基对自己在阴谋中所起的作用做了
368 解释，但这一次他过于指靠自己的临场应变能力了。结果他说漏了嘴：“我知道他们想要什么，因为他们在找科尔尼洛夫之前来找过我，并且建议我实行这种路线。”左边有人喊叫起来：“谁找过您？……谁提的建议？”被对自己的话所产生的反应吓坏了的克伦斯基于是缄口不语。可是，阴谋的政治内幕以最不明智方式吐露出来了。乌克兰的妥协主义者波尔什回来后向基辅拉达报告说：“克伦斯基没能有效证明自己与科尔尼洛夫暴动没有牵连。”可是，政府首脑在自己的讲话中给自己造成了另一个至少同样沉重的打击。“到了危急时刻，所有人都会来进行解释。”在回答诸如此类令人厌烦的问话时，有人冲他大喊：“还有死刑呢？”演讲人失去了自制，完全出乎大家意料之外（大概也出乎他本人意料之外）大声说道：“请等一等，如果一份死刑判决书由作为最高总司令的我签署了，那就允许你们诅咒我。”一个士兵走近讲台，直截了当地喊叫起来：“您是祖国的灾星。”这到底是怎么回事！他，克伦斯基本来打算忘记他所占据的那个高位，作为一个普通人来向会议进行解释。“然而，这里所有的人都不理解人。”因此他要用当权者的语言来说话：“每一个胆大妄为的人……”可惜，这话已经在莫斯科国务会议上听过了，科尔尼洛夫还不照样敢胆大妄为吗？

“既然死刑是必要的，”托洛茨基在自己的发言中问道，“那么他，克伦斯基怎么又敢于说不会使用它呢？而如果他认为可以在民主派面前答应不采用死刑，那么……他把恢复死刑当作了超越惩治犯罪的轻率行为。”整个大厅的人都同意这种说法，有些人不作声，另一些人则狂怒起来。“克伦斯基的自白既使自己，也使临

时政府在当时完全威信扫地了。”他的同事、崇拜者和司法部副部长杰米扬诺夫这样说。

任何一位部长都不能讲清楚临时政府除了解决自身的生存问 369
题以外实际上还做了些什么。经济措施？一项也说不出来。和平政策？最直言不讳的前司法部长扎鲁德内伊说：“我不知道临时政府在这方面做了什么没有。我没有看到这一点。”扎鲁德内伊不无迟疑地抱怨说：“全部权力都掌握在一个人手里。”部长们的去留要按照这个人的暗示而定。策烈铁里不甚经意地附和说：“就让民主派自己责备自己吧，既然它那位身居高位的代表头脑发昏的话。”然而正是策烈铁里比谁都更充分地体现了导致波拿巴政权倾向的那些民主派特征。“为什么克伦斯基占据了他现在所占据的那个位子？”托洛茨基提出了异议，“克伦斯基所补空缺是由民主派的软弱和踌躇腾出来的——在这里，我还没有听到任何一个发言人承担起了为执政内阁或者为它的主席进行辩护不那么令人羡慕的荣誉。……”在抗议风暴过后，发言人继续讲下去：“我很遗憾，此刻在大厅里如此激动地表达出来的那个观点，在这个讲台上没有清楚地表达出来。没有一个发言人走到这里来告诉我们：你们为什么为过去的联合政府进行辩论？为什么又在关心未来的联合政府？我们有克伦斯基，这就足够了……”不过，布尔什维克提出问题时几乎是很自然地把策烈铁里和扎鲁德内伊，以及把他们二人和克伦斯基捆在一起的。米留科夫十分中肯地写到了这一点：扎鲁德内伊能够埋怨克伦斯基的擅权，策烈铁里只能暗示政府首脑头脑发昏——“这是些空话”。当托洛茨基在民主会议上指出没有任何人出面公开为克伦斯基辩护时，“会议马上就感觉到这是一个

共同的敌人所说的话。”

代表政权的人谈论政权不外是把它当作负担和不幸来谈论。370 为政权而斗争？部长佩舍霍诺夫告诫说：“现在政权代表的是大家唯恐避之不及的东西。”是这样吗？科尔尼洛夫就没有回避。不过，还是十分新鲜的教训已经被忘记了一半。策烈铁里对自己不去掌握政权而催促苏维埃去掌握政权的布尔什维克愤恨不已。其他人附和策烈铁里的意见。是的，布尔什维克是应该取得政权！这话从主席团桌子后面说出来了。阿夫克先季耶夫对坐在离他很近的施里亚普尼柯夫说：“你们去夺取政权吧，群众是跟着你们的。”在回答邻座这种强调时，施里亚普尼柯夫建议首先还是把政权问题摆到主席团桌面上来。通过讲台上的发言和会场外的交谈表现出来的对布尔什维克半讽刺性的挑衅行为部分是嘲弄，部分是试探。这些身处彼得格勒、莫斯科和多个外省苏维埃领导地位的人下一步到底想干什么？难道他们真的也敢去夺取政权吗？我们不相信这一点。就在策烈铁里发表挑衅演说之前两天，《言论报》写道，长时期摆脱布尔什维主义的最好方法就是把国家的命运交付给它的领袖；不过“这些可悲的时代主角本身绝对不会竭力追求夺取全部政权，……事实上无论从哪个观点来看，他们的态度都不会为人所重视”。这个自负的结论至少下得太匆忙了一点。

布尔什维克的巨大优势——迄今为止也许还没有恰当估计到——就在于他们充分了解自己的对手，可以说看透了后者。在这方面，帮助他们的既有唯物主义的方法，也有在明确和简便方面进行的列宁式训练，还有决心坚持到底的人的敏锐警惕性。与之相反，自由主义者和妥协主义者是依据时局的需要，自己来想象布

尔什维克。他们不能不这样，因为事态的发展没有为之留下出路的政党任何时候都不会显示出面对现实的能力，就如一个毫无希 371 望的病人不能面对自己的病情一样。

可是，在不相信布尔什维克会举行起义的同时，妥协主义者又害怕这个起义。克伦斯基最好不过地表达了这种心理。他在自己的演讲中突然喊叫起来："你们不要弄错了，不要以为一旦布尔什维克诽谤我，就没有民主派力量支持我了，不要以为我悬挂在半空。要记住，如果你们要做出什么举动，那么道路就会中断，紧急电报也发不出去……"大厅的一部分鼓起了掌，一部分困窘不安地保持着沉默，而布尔什维克所在的那一部分则发出了公开的嘲笑。被迫证明自己不是悬在半空的独裁专制真是差劲极了！

布尔什维克在自己的一份声明中对讽刺性挑衅行为、有关胆怯的指责和毫无道理的威胁进行了回应："我们党为了实现自己的纲领而开展夺取政权的斗争，但任何时候无论过去还是将来都不打算违背全国大多数劳动群众有组织的意志去设法掌握政权。"这就等于说：我们将会作为苏维埃多数党去取得政权。"劳动群众有组织的意志"这个词语与即将召开的苏维埃代表大会有关。声明说："这次民主会议只有那些得到全俄苏维埃代表大会承认的决定和建议才能够为自己找到实现的途径……"

托洛茨基在宣读布尔什维克的声明时谈到了有必要马上把工人武装起来，这话引起多数席位发出强硬的呼喊："为什么？为什么？"这是完全一致的惊恐和挑衅的声调。为什么？"为了建立构筑反对反革命的真正堡垒。"发言人回答说。然而又不仅仅是为了这一点。"我代表我们党以及跟我们党走的无产阶级群众告诉你

们,武装起来的工人……将以俄国历史还未曾有过的英雄气概保
卫革命的祖国,使她免遭帝国主义军队的侵犯……”策烈铁里把这
372 个使大厅出现尖锐分歧的承诺说成是空洞的大话。后来的红军历
史有力地驳斥了他。

妥协派的头头拒绝与立宪民主党人结盟成立联合政府的那个紧张时刻已经过去了;没有立宪民主党人的联合政府是不可能的。实际上也不是他们自己掌握政权！斯科别列夫自作聪明地说:“我们早在 2 月 27 日就可以掌握政权,但是……我们运用自己的全部影响力使资产阶级分子摆脱窘境……并且让他们取得了政权。”为什么正是这些先生又阻止摆脱了窘境的科尔尼洛夫分子取得政权呢？策烈铁里解释说,纯粹的资产阶级政权仍然是不可能的,这会引发内战。必须打垮科尔尼洛夫,为的是不让他自己的冒险行为妨碍资产阶级经过几个阶段以后来取得政权。“现在革命民主派成了胜利者,因此对于建立联合政府而言是特别有利的时刻。”

合作社领导人别尔根盖姆是这样表达合作社政治哲学的:“我们到底是想还是不想让资产阶级成为政权将属于它的那样一个阶级呢。”年迈的革命民粹主义者米诺尔恳求民主会议做出有利于建立联合政府的一致决定。要不然,“就别自欺欺人了”,我们将动手切除了。“切除谁呢?”左边的座位上有人喊了起来。“我们会互相切除。”米诺尔在一片不祥的沉默中结束了自己的发言。然而要知道,按照立宪民主党的见解,之所以需要政府层次的联盟,是为了开展反对布尔什维克“无政府主义无赖行为”的斗争。“联合思想的实质正是包含在这里。”米留科夫做了毫无隐晦的说明。就在米诺尔希望通过联合政府避免互相切除的时候,米留科夫却与之相

反，他坚持认为，联合政府为动员全部力量来切除布尔什维克提供了可能。

就在围绕联合政府一事进行争论之际，梁赞诺夫宣读了8月29日《言论报》的一篇社论，不过它被米留科夫在最后一刻撤下来了，因而在报纸上留下了一个天窗。"是的，我们并不害怕说科尔
尼洛夫将军追求的目标与我们是相同的，即我们认为这目标是为 373
了拯救祖国而必不可少的。"这引文产生了震动。"噢，他们要拯救祖国！"在会场的左半部传来了嘘声。但是立宪民主党人有自己的辩护理由：社论毕竟没有印出来！况且并非所有的立宪民主党人都拥护科尔尼洛夫，必须善于把违背教规者与遵守教规者区分开来。

"有人说，不能指控整个立宪民主党都参与了科尔尼洛夫叛乱。"托洛茨基回应说，"兹纳明斯基在这里已经不是头一次对我们布尔什维克说，当我们要你们整个党对7月3—5日运动负责的时候，你们提出了抗议，因此请你们不要再重复那样的错误了，不要让全体立宪民主党人为科尔尼洛夫叛乱负责了。可是，在我看来，这种比较中有一个小小的欠缺，当你们指控布尔什维克发动了7月3—5日的运动的时候，问题就在于不是邀请他们进内阁，而是请他们进了'十字'监狱。我希望司法部长扎鲁德内伊也不会否认这个区别。我们也会说：如果你们愿意因为参与科尔尼洛夫运动而把立宪民主党人拖进监狱，那么请不要笼统地这样做，而要从各方面单独审查每一个立宪民主党人。（笑声喝彩声：'好！'）可是如果事情牵涉到立宪民主党要进入内阁，那么最主要的就不是哪一个立宪民主党人暗中同科尔尼洛夫达成协议的事了；——就不

是萨文科夫在跟科尔尼洛夫进行谈判时，马克拉科夫守在电话机旁边的事了，也不是罗季切夫前往顿河并且与卡列金举行政治会谈的事了。事情的实质不在这里。事情实质在于所有的资产阶级报刊要么公开拥护科尔尼洛夫，要么小心地保持沉默，静候科尔尼洛夫的胜利……这就是我说你们缺少为成立联合政府所需要的立约人的缘故！”

第二天，赫尔森福斯和斯维亚堡的代表、水兵希什金就同一个
374 话题说得更加直截了当和更有震撼力量：“联合内阁在波罗的海水兵和芬兰卫戍部队那里得不到半点信任，也得不到任何支持……水兵们举起了反对建立联合内阁的战斗旗帜。”出自理智的论据没有作用了。水兵希什金提出了出自海军大炮的论据。在会议大厅门口站岗的其他水兵完全赞成他的意见。布哈林后来讲到：“克伦斯基为了防备布尔什维克干扰民主会议而安排担任警卫的水兵转向了托洛茨基，他们一边摇晃着刺刀一边问道：——这玩意儿马上就可以派得上用场吗？”这只不过是重复了“阿芙乐尔”号巡洋舰水兵在“十字”监狱会见时所提出的问题罢了。但是现在期限已经临近了。

如果撇开细微的差别不谈，那么在民主会议上很容易就能看出形成了三个派别：范围很广可是又极不稳定的中间派，这个不敢夺取政权的中间派赞成联合政府，但是又不想要立宪民主党人；力量薄弱的右翼支持克伦斯基，赞成与资产阶级实行没有任何限制的联合；力量要多一倍的左翼，它支持苏维埃掌握政权，或者说支持社会主义政府。在出席民主会议的苏维埃代表举行的会议上，托洛茨基赞成把政权转交给苏维埃，马尔托夫则支持清一色的社

会主义政府。第一个方案获得了86票，第二个方案获得了97票，这个时候表面上只有大约一半的工人和士兵苏维埃是受布尔什维克领导的，另外一半在布尔什维克与妥协派分子之间动摇不定。但是布尔什维克是代表全国最发达的工业和文化中心的强大苏维埃讲话的，他们在苏维埃里面比在民主会议上要强大得不知多少；而在无产阶级和军队中间，他们又比在苏维埃不知强大多少。落后地区的苏维埃也在不断地向先进地区的苏维埃看齐。

会议以766名代表赞成，688名反对，38名弃权的情况下通过了建立联合政府的决议。两个阵容几乎势均力敌！把立宪民主党 375
人排除出联合政府的修正案也获得了多数票595票赞成，另有493票反对，72票弃权。但是排除立宪民主党人使联合政府变得漫无目标了。因此决议整体上又遭到813票的多数否决，也就是遭到了两个极端派别，即联合政府的坚定支持者和毫不妥协的反对者反对中间派的联盟的否决，中间派只剩下183票，另有80票弃权。这是所有投票当中最齐心的一次；但是它就像它所拒绝的没有立宪民主党人参加的联合政府的主张一样空洞。米留科夫不失公正地写道："在根本问题上，会议就这样仍然处在没有见解和没有定准的状态中。"

领袖们还能做什么呢？践踏排斥他们个人意愿的"民主派"意愿。为了重复解决全体会议已经解决了的问题，主席团与各党派、团体的代表又坐在一起开会。结果是50票赞成联合，60票反对。现在看来一切都清楚了吧？临时政府对民主会议常设机构负责的问题被同一个扩大了的主席团一致认可了。由资产阶级代表来补充这个机构的提议有56票赞成，48票反对，10票弃权。克伦斯基

出现了，他宣布：他拒绝参加清一色的社会主义政府。从此以后，任务转化为把倒霉的民主会议打发回家，取代民主会议的是无条件联合的拥护者在其中将占大多数的这样一个机构。为了取得必要的结果，只需懂得算术法则就行了。策烈铁里代表主席团向会议提交了一个决议，其精神就是该代表机构的使命是“协助建立政权”和政府应该“批准成立这个机构”：控制克伦斯基的愿望就这样束之高阁了。资产阶级代表按规定比例补充未来的共和国临时议
376 会或者叫预备国会，这将把批准与立宪民主党联合成立政府作为自己的任务。策烈铁里的决议等于跟民主会议想要达到的目的以及主席团刚刚做出的决定是直接对立的。但是混乱、分裂与沮丧是如此之严重，以致会议竟以 829 票赞成、106 票反对和 69 票弃权的结果，接受了向它提出的略加掩饰的投降建议。“这样一来，你们暂时取得了胜利，妥协派分子和立宪民主党的先生们。”布尔什维克的报纸写道，“玩你们的游戏吧。你们着手新的试验吧。不过这将是最后的一次试验——我们向你们保证这一点。”

斯坦凯维奇说道：“民主会议在思想方面的极端混乱，就连它的倡导者也感到震惊。”在妥协主义政党内部——“意见完全不一”。在右方的资产阶级内部，“私下里怨声载道，诬蔑诽谤满天飞，政权最后残存的威信慢慢消失……只有左派内部出现了力量的团结和情绪的一致。”说这话的是一个对手，证明这一点是一个敌人，他后来在十月革命期间朝布尔什维克开过枪。对妥协主义者来说，此次彼得格勒民主力量的检阅，等于克伦斯基在莫斯科那次对举国一致的检阅：都是破产的公开自白和政治虚弱的检阅。如果说国务会议为科尔尼洛夫暴动提供了推动力，那么民主会议

最终为布尔什维克发动起义扫清了道路。

在散会之前，民主会议自己指派了一个常设机构，它是由与会的每个团体派出15%的成员组成的，总共大概有350名代表。此外，有产阶级的机构应该得到120个席位。政府自行增加了20个席位给哥萨克。全部人员合在一起便组成了共和国临时议会，或者叫预备国会，在立宪会议召开之前由它代表全民。

对于布尔什维克而言，对待共和国临时议会的态度马上就成了迫切的策略任务：到底加入还是不加入？驱使无政府主义者和 377
半无政府主义者抵制议会制机构的动机是：不让自己的衰弱无力受到群众方面的检验，并且以此来维持自己消极的高傲权利，而这高傲既不使敌人觉得寒冷，也不使朋友觉得温暖。一个革命政党只有在把推翻现存制度作为自己的直接目的的场合，才能转过身去背朝着议会。在两次革命之间的年代，列宁极其深刻地揭示了革命的议会制度问题。

选举资格最受限制的议会在历史上也可能不止一次地反映了真实的阶级关系。例如，1905—1907年革命失败后的国家杜马就是如此。抵制这样的议会就等于抵制真实的力量对比，而不是使它变得对革命有利。可是，策烈铁里—克伦斯基的预备国会与力量对比没有丝毫相符之处。它是上层的无能和狡黠、对机关的神秘信仰、对形式的盲目崇拜，以及使无比强大的敌人服从这种崇拜并且以此来约束这个敌人的期望的产物。

为了迫使革命低头弯腰，在预备国会的重轭之下乖乖地恭顺地行进，就需要预先做到哪怕是不能击溃革命，至少也要让它遭受重创。实际上3个星期之前，资产阶级的先锋队就遭受过一次这样的重创。相反,革命则经历了力量的高涨,它不是把资产阶级共和国,而是把工农共和国作为自己的目标。当革命在苏维埃范围内更加广泛地开展起来的时候,它就用不着在预备国会的重轭之下爬行。

9月20日,布尔什维克党中央委员会召开了由民主会议的布尔什维克代表、中央委员会委员和彼得格勒委员会委员参加的党
378 的会议。作为中央委员会的报告人,托洛茨基提出了抵制预备国会的口号。建议遭到了一些人(加米涅夫、李可夫、梁赞诺夫)的坚决反对,也得到了另一些人(斯维尔德洛夫、越飞、斯大林)的支持。在这个有争议的问题上平分成两半的中央委员会认为自己是被迫违背党的章程和传统,把问题提交给这种会议来解决。一共提出了两个报告:分别由作为相互对立的观点的代表托洛茨基和李可夫来做。有可能认为激烈的争论只具有纯粹策略的性质,大多数人也是这样认为的。实际上,争论复活了四月的分歧,并且为十月的分歧做了准备。问题在于党是使自己的任务适应资产阶级共和国的发展呢,还是切实为自己树立夺取政权的目标?结果这次党的会议以77票对60票的多数否决了抵制的口号。9月22日,梁赞诺夫有机会以党的名义向民主会议宣布,布尔什维克将派出自己的代表出席预备国会,目的是为了"在这个妥协主义的新堡垒里面揭露同资产阶级实行新的联合的全部企图"。这听起来很激进。但是这样做实质上意味着用站在反对派立场的揭露政策偷换了采取革命行动的政策。

列宁的四月提纲表面上被全党接受了,但是在每一个重大问题上,三月情绪都会从它的下面浮现出来。这种情绪在党的上层

仍然是非常强大有力的，在国内许多地方，该上层直到此刻才与孟什维克划清界限。列宁也只在事情过后才能干预争论。9 月 23 日，他写道：“应当抵制预备议会。应当到工兵农代表苏维埃中去，到工会中去，总之应当到群众中去。应当号召他们进行斗争。应当给他们提出正确、鲜明的口号：驱逐克伦斯基的波拿巴主义匪帮和解散他伪造的预备议会，……孟什维克和社会革命党人，甚至在 379
科尔尼洛夫叛乱之后，还不肯接受我们提出的……妥协办法，……同他们进行无情的斗争！毫不留情地把他们从一切革命组织中赶出去！”“托洛茨基是主张抵制的。好极了，托洛茨基同志！在参加民主会议的布尔什维克党团中，抵制的主张失败了。抵制万岁！”（《列宁全集》中文第二版第 32 卷，第 256 页）

问题渗进党内越深，力量对比就越从根本上变得对抵制有利。几乎在所有的地方组织中都形成了自己的多数派和少数派。例如在基辅委员会，以叶甫根尼娅·博什为首的拥护抵制的人组成了弱小的少数派。但是几天之后，在全城代表会议上，关于抵制预备国会的决定就以压倒多数票获得通过：“不能把时间浪费在讲废话和散播幻想上。”党赶紧纠正了自己上层的错误。

正当那个时候，在顶回民主派有气无力的要求的同时，克伦斯基竭尽全力向立宪民主党展示自己的强硬手段。9 月 18 日，他发布了一道解散海军舰队中央委员会的出人意料的命令。水兵们回应说：“解散海军中央委员会的命令是非法的，我们认为是无效的，要求立即取消它。”苏维埃执行委员会干涉了此事，并且向克伦斯基提出了形式上的理由，要他 3 天后撤销自己的决定。在塔什干，社会革命党人占多数的苏维埃把政权夺到了自己手中，而且罢免了旧官吏。克伦斯基给为了平定塔什干局势而任命的一位将军发去了如下电报:“不能跟叛乱分子进行任何谈判……最坚决的措施是必不可少的。”赶来的军队占领了城市,逮捕了苏维埃政权的代表。可是马上就爆发了有40个工会组织参加的总罢工,一个星期内没有出版报纸,卫戍部队也发生了骚动。就这样,在追求秩序这个怪影的过程中,政府播下了官僚主义无政府状态的种子。

380 就在民主会议做出反对同立宪民主党进行联合的决定那一天,立宪民主党中央委员会提议科诺瓦洛夫和基什金接受克伦斯基要他们参加内阁的建议。就如人们传闻的那样,号令是由布坎南发出的。也许不必过于从字面上来理解这一点。如果不是布坎南本人,那么也是他的影子在进行指挥的:必须建立一个为盟国可以接受的政府。莫斯科的工业家和股票经纪人顽固不化,一个劲儿抬高自己的身价,还发出了最后通牒。民主会议就是在无休止的投票表决中进行的,它以为投票有现实意义。实际上,问题是在冬宫,在政府的残余人员与参加联合的各党代表的联席会议上解决的。立宪民主党派出自己最露骨的科尔尼洛夫分子去开会。大家互相说服对方相信团结一致的必要性。有说不完废话的策烈铁里明白表示,达成协议的主要障碍“就在于迄今为止的互不信任……这种不信任应当予以消除”。外交部长捷列申柯算了一下,在革命政府存在的197天当中,有56天处于危机状态。至于其余的日子处于什么状态,他没有说明。

还是在民主会议违背自己的意愿咽下策烈铁里提出的决议之前,英国和美国的记者就发电报报道与立宪民主党建立的联合政府已经确定了,并且蛮有把握地说出了新部长的名字。同时,仍然

由那位罗将柯任主席的莫斯科社会活动家委员会向自己应邀参加政府的成员特列季亚科夫表示了祝贺。8 月 9 日，这些先生就曾打电报给科尔尼洛夫说：“在这严重考验的严酷时刻，整个深思的俄罗斯都满怀希望和信心注视着您。”

克伦斯基宽宏大量地同意预备国会存在，条件是“承认组织政 381
权和增补政府成员的权利只属于临时政府”。立宪民主党人迫使他人接受了这一有损尊严的条件。当然，资产阶级不会不明白，与预备国会的构成相比，立宪会议的构成对他们更加不利得多。用米留科夫的话来说就是：“立宪会议的选举一定会出现最意外的，也可能是极其有害的结果。”可是，如果说立宪民主党不久前还曾力图使政府服从沙皇的杜马，断然拒绝了预备国会的立法权，那么现在仅仅是因为它丧失了阻挠立宪会议召开的希望。

“要么是科尔尼洛夫，要么是列宁。”米留科夫就是这样断定二者必居其一。列宁本人则写道：“要么是苏维埃政权，要么是科尔尼洛夫专政。中间的选择是没有的。”（参见《列宁全集》中文第二版第 32 卷，第 162 页）米留科夫和列宁在估计形势方面如此巧合不是偶然的，与讲妥协主义空话的主角相反，这是社会基本阶级的两个重要代表。按照米留科夫的说法，莫斯科国务会议已经明显暴露出“国家分裂为两个阵容，它们之间实质上是不可能达成和解与妥协的”。但是，在两个社会阵容之间不可能达成妥协的地方，问题将会由国内战争来解决。

不过，无论立宪党民主党还是布尔什维克，都没有取消立宪会议的口号。立宪民主党人需要它作为反对立即进行社会改革、反对苏维埃和反对革命的最高上诉机构。资产阶级利用以立宪会议形式向前投出的民主自身的影子去跟活生生的民主对抗。只有在击溃了布尔什维克以后,资产阶级才能公开拒绝立宪会议。但是距离这个目标还很遥远。在现阶段,立宪民主党人力求确保临时
382 政府对与群众紧密联系的组织的独立性,以便今后使它更加忠实地完全服从自己。

可是,没有看到形式民主道路有何出路的布尔什维克也没有拒绝立宪会议的主张。他们还不能这样做,不能脱离革命的现实情况。时局的进一步发展是否会为无产阶级的彻底胜利创造条件呢?还没有绝对的把握预见到这一点。但是除了苏维埃专政以外,立宪会议应该是在这种专政建立之前的革命的最高成就了。恰如布尔什维克要保卫妥协主义苏维埃和民主的市政机关免遭科尔尼洛夫的侵犯一样,他们也准备保卫立宪会议免遭资产阶级的侵犯。

历时 30 天的危机终于以新政府的成立而告结束。最富有的莫斯科工业家科诺瓦洛夫在其中起到了仅次于克伦斯基的主要作用。此人在革命初期资助过高尔基的报纸,后来成了第一届联合政府的成员,第一次苏维埃代表大会之后辞职表示抗议,正当立宪民主党因为科尔尼洛夫叛乱而趋于成熟之际,他加入了该党。现在他又作为副主席兼贸易和工业部长回到了政府。和科诺瓦洛夫一道当上部长的有莫斯科证券交易委员会主席特列季亚科夫、莫斯科军事工业委员会主席斯米尔诺夫。基辅制糖厂厂主捷列申柯仍然担任外交部长。其他的部长包括社会主义者并没有什么特别之处,不过他们做好了充分准备不去破坏协调一致。协约国也许对政府尤其感到满意,因为老外交官纳博科夫继续担任驻伦敦大

使，立宪民主党人、科尔尼洛夫和萨文科夫的盟友马克拉科夫被派往巴黎当大使；担任驻伯尔尼大使的是“进步分子”叶菲列莫夫；争取缔结民主和约的任务就交到了这样一些可靠的人手里。

新政府的宣言乃是民主派莫斯科宣言的恶劣翻版。然而，联 383
合政府的意义不在于改头换面的纲领，而在于力图完成七月危机的任务——将革命斩首，粉碎布尔什维克。不过在这里，《真理报》的化身之一《工人之路》报果敢地提醒联合派：“你们忘记了，布尔什维克——才是现在的工人和士兵代表苏维埃。”这提醒刺中了痛处。米留科夫承认：“致命的问题自然而然地提出来了：是不是太迟了？对布尔什维克宣战是不是太迟了？……”

也许是迟了。就在由六个资产阶级部长和十个半个社会主义部长组成的新政府成立那一天，新的彼得格勒苏维埃执行委员会也最终建立了，它由 13 名布尔什维克、6 名社会革命党人和 3 名孟什维克组成，苏维埃以其新任主席托洛茨基提交的决议来迎接联合政府：“新政府……将作为内战政府写进革命的历史……有关成立新政权的消息从全体革命民主派那里得到的是唯一的回答：辞职！……依靠这种真正民主派的一致呼声，全俄苏维埃代表大会将创建真正革命的政权。”敌人以为在这个决议中看到的仅仅是例行的不信任投票。实际上这是一份革命的纲领，实现这个纲领还需要整整一个月时间。

经济曲线图在急剧地向下滑行。临时政府、苏维埃执行委员会和不久便要建立的预备国会把经济衰败的事实和征兆作为反对无政府状态、反对布尔什维克和反对革命的理由记录下来。可是他们那里连一点经济计划的迹象都找不到。政府下面为调整经济

384 而设立的机构没有采取任何一个重大的步骤。工业家关闭了企业。铁路运行由于缺乏煤炭而缩减规模。城市里的发电站停止了运转。报纸大喊大叫灾祸降临，物价则在不断上涨。不顾各个党派、苏维埃和工会的警告，工人的罢工一浪接着一浪地发生。只有工人阶级当中已经自觉地走向革命的那些阶层没有卷入冲突，恐怕只有彼得格勒比所有地方都更加平静。

由于忽视群众，轻率地漠视他们的需要，用挑衅性的空话回应抗议和绝望的呼喊，因此临时政府使得大家都起来反对它。好像它是在蓄意寻求冲突似的。铁路工人和职员几乎是从二月革命时起就一直要求提高工资。好几个相关委员会都换了好几轮，然而谁也没有给予答复，结果把铁路员工弄得精疲力竭。妥协主义者安抚他们，维克热利（全俄铁路工会执行委员会）则制止他们。可是到了 9 月 24 日，爆炸突然发生了。也只是到了这样的场合，临时政府才想起来要做点什么，对铁路员工做了一些让步，于是已经波及大部分路网的罢工才于 9 月 27 日停了下来。

8 月和 9 月成了食品供应状况迅速恶化的两个月。在科尔尼洛夫叛乱期间，莫斯科和彼得格勒的面包定量就减少到了每人每天半俄磅。[①] 在莫斯科县，开始配售的供应量每周不多于两俄磅。伏尔加河流域、南方、前线和最靠近前线的后方——国家的各个地区都在经受着严重的粮食供应危机。在莫斯科一带的纺织工业区，有些工厂已经开始是真正意义上的挨饿了。斯米尔诺夫工厂的男女工人（该厂厂主刚好就在这些天受国家支配者邀请参加了

① 1 俄磅等于 409.51 克。——译者

新的联合内阁）在邻近的奥列霍沃-祖耶沃一起举行了游行示威，他们的标语牌上写着：“我们在挨饿”，“我们的孩子在挨饿”，“谁不和我们在一起，谁就是反对我们”。奥列霍沃的工人和住在当地部队医院的士兵与示威者共同分享自己本来就不多的口粮，这是起 385
来反对联合政府的另一种联合。

报纸逐日记载了一个又一个新的冲突和暴动的发生地。工人、士兵、小市民都在举行抗议。士兵的妻子要求提高津贴、扩大住房面积、增加越冬的木柴供应。黑帮分子的宣传企图在群众的饥饿当中替自己找到食物。莫斯科的立宪民主党报纸《俄罗斯新闻报》过去曾经把自由主义和民粹主义揉在一起，现在则带着仇恨和厌恶看待真正的人民。有些自由主义教授写道：“漫无边际的混乱浪潮已经在整个俄国泛滥开了……自发的和不可理解的毁灭……使得同混乱进行斗争变得极为困难……赶快采取镇压措施，帮助武装力量……然而正是这支以各地卫戍部队士兵为代表的武装力量在这场毁灭中起到了主要作用……人群……蜂拥走上街头，并且开始觉得自己就是局势的主人。”

萨拉托夫的检察长向司法部长马利安托维奇（此人在第一次革命期间认为自己是一个布尔什维克）报告说：“无力与之进行斗争的主要祸害就是士兵……私自处刑、擅自逮捕和搜查、各种各样的征用——所有这一切在大多数场合要么只是由士兵，要么是在他们的直接参与下干出来的。”在萨拉托夫市，在各个县城和乡村，“根本没有任何方面对司法部门予以协助”。不过检察机关已经来不及记录下全体人民所犯下的罪行了。

布尔什维克自己并没有对未来必将与政权一道落到他们肩上

的困难抱有幻想。彼得格勒苏维埃新任主席说:“在提出‘全部政权归苏维埃!’的口号的同时,我们也知道,这个口号不会瞬间就能治愈所有的病根。我们需要建立类似工会理事会那样的政权,它
386 提供给罢工者所能提供的一切,什么也不隐瞒,不可能提供的时候,它会公开承认这一点……”

这届政府最初召开的会议中有一次是专门讨论各地“无政府状态”的,尤其是农村的“无政府状态”。会议再次认定务必“不停止采取最坚决的措施”。临时政府连带发现,与混乱现象进行的斗争之所以一事无成,其原因就是政府特派委员在农村居民群众中间“缺乏声望”。为了让事情有起色,会议决定在混乱状态所笼罩的所有省份火速建立“临时政府特别委员会”。从今以后,好像农民应当以欢呼声来迎接讨伐队。

不可战胜的历史力量把统治集团往下拉,没有人当真相信新政府会有所成就。克伦斯基的孤立是无法改变的。有产阶级不会忘记他对科尔尼洛夫的背叛。“即使有人准备去跟布尔什维克搏斗。”哥萨克军官卡克留金写道,“他也不会愿意以临时政府的名义和为了保卫临时政府的权力来做这件事。”在抓住政权不放的同时,克伦斯基本人又害怕把它用来做任何事情,日益增长的强大反抗最终使他的意志濒于崩溃。他尽量避免做出无论什么样的决定,也极力不到冬宫去,因为那里面的情况责成他必须采取行动。几乎是紧随着新政府成立之后,他立刻就把主席的职务扔给了科诺瓦洛夫,而自己跑到极少需要他的大本营去了。只是因为预备国会的召开他才回到了彼得格勒,他不顾部长们的劝阻,仍然于14 日重新去前线了。克伦斯基在躲避对他紧追不舍的命运。

据纳博科夫说，克伦斯基最亲近的同事和副手科诺瓦洛夫由于克伦斯基的变化无常和他的话完全不可相信而感到绝望。但是内阁其他成员的情绪与其首脑的情绪没有多大差别。部长们小心 387
翼翼地察言观色，阿谀奉承，耐心等候，反复涂画无用的便笺，做一些无用的屑碎琐事。同样据纳博科夫讲述，司法部长马利安托维奇十分担心最高法院的法官不允许新同事索科洛夫身着黑色礼服来见他们。“您怎样看，还需要做些什么呢？”马利安托维奇忐忑不安地问道。克伦斯基制定的礼仪得到了严格的遵守，致使部长们相互之间不是像普通人那样以父名相称，而要按照所担任的职务来称呼，——“某某部长先生，”——一个有力政权的代表就该这样。当事人的回忆录仿佛就是讽刺作品。关于自己的陆海军部长，克伦斯基本人后来这样写道：“这是所有任命当中最不成功的；韦尔霍夫斯基把某种难以捉摸的笑话带到自己的活动中来了。”然而不幸的是，无意识的滑稽情调贯穿于临时政府的全部活动，这班人不知道他们应该做些什么和怎样实行改变。他们不是在进行统治而是在扮演统治者，就像学生扮演士兵一样，只不过远不如后者有趣罢了。

作为目击证人说话的米留科夫特点鲜明地描述那个时候政府首脑的状态：“克伦斯基失去自己的立足之地，越往后他就越暴露出那种医学语言称之为‘心理上的神经衰弱’的精神病态。那些亲近的朋友早就知道，克伦斯基从早晨精力极其衰弱的状态，在他所服药物的作用下，下午就能进入极其兴奋的状态。”立宪民主党籍的部长基什金原先的职业是精神病医生，米留科夫用他擅长同那位患者打交道来解释他的特殊影响。我们把这些信息完全归由这位自由主义历史学家负责，他确实完全有可能了解真相，但是他远

非总是通过自己的最高准则来选择真相。

388 像斯坦凯维奇这样如此亲近克伦斯基的人的证词，证明了米留科夫提出的即使不是精神病学方面的那么也是心理学方面的鉴定。斯坦凯维奇写道："克伦斯基令我产生的印象是对整个形势持某种程度的漠视，以及任何时候都不曾有过的莫名其妙的安静。围绕在他身边的只有那些忠实的'助手'。然而既没有以前常有的簇拥的人群，也没有代表团，也没有聚光灯了……出现了令人纳闷的闲暇时光，于是我也有难得的机会一个钟头接一个钟头地同他进行讨论，而且他也流露出了某种奇异的从容不迫神态。"

每一次政府的重新改组都是为了实现强有力的政权，每一届新内阁也都是满怀乐观情绪开始工作的，为的是不要过多久便陷入意志消沉状态，然后它等候外部的推动力，却为的是再次垮台。这种推动力每次都是群众运动提供的，如果抛开迷惑人的表面现象，那么政府的每一次改组都是与群众运动的方向背道而驰的。从一届政府过渡到另一届政府往往充满了具有一次比一次更加严重和更加病态性质的危机。每一次新的危机都在耗费一部分国家政权，都在削弱革命，也在使统治者集团精神沮丧。头两个月期间的苏维埃执行委员会可以做任何事情，甚至能要求资产阶级去执掌名义上的政权。在接下来的两个月期间，临时政府和执行委员会一起还可以做很多事，甚至在前线发动进攻。在执行委员会遭到削弱的情况下成立的第三届政府能够着手击溃布尔什维克，但是它没有能力把这事进行到底。经历了长期自身危机以后产生的第四届政府已经没有能力做任何事情了。它好不容易出生了，随即便走向死亡，眼睁睁地等候自己的掘墓人到来。